プロ野球アウトロー列伝
異端の男たち

長谷川晶一

目次

はじめに
会いたい人に会いに行く

元号が「令和」と改まる頃、僕は50代を迎えた。

この頃から無性に、自分がかつて目の当たりにした昭和、平成期のプロ野球選手に対する思いが強くなっていった。具体的に言えば１９８０年代、そして１９９０年代の選手たちである。

学生時代に録りためたプロ野球中継や、地上波時代の『プロ野球ニュース』を見ていると、懐かしい選手が、懐かしいプレースタイルで躍動していた。そんな姿を見るたびに、たまらなく「ぜひご本人にお会いしたい」という思いが募ってくる。それは、「一ライター」としての願望ではなく、「一プロ野球ファン」としての思いだった。そんな思いを抱いていた頃、「何か連載をしませんか？」と、編集者からの依頼が重なった。そこで僕は「何らかのテーマ」、シンプルに言えば「縛り」を設けた上で、往年の名選手たちに会いに行く企画を提案することになった。

それが、『デイリー新潮』においては「異業種で活躍する元プロ野球選手」連載となり、『週刊ＳＰＡ！』では「元日本人メジャーリーガー」連載として結実した。そして、『実話ナックルズ』においては、僕が考える「異端の人たち」をテーマにお話を伺う連載となった。連載タイトル、

「アウト・ロー野球狂列伝」は担当編集者が考えてくれた。「アウト・ロー」とはもちろん【無法者】と【外角低め】のダブルミーニングである。さすが、『実話ナックルズ』である。

50歳のときに始まった連載は53歳まで続き、そして54歳の今、こうして一冊の本となった。人選はシンプルだ。「僕が会いたい人」、ただそれだけである。インタビュー時間は基本的に「一人2時間」。聞きたいことは山ほどある中で、どのエピソードを抽出するか? 毎回、ぜいたくな悩みとともに取材現場に向かった。かつて見た選手たちはみなカッコよかった。命を懸けてグラウンドで闘い続けた男たちの言葉は力強く、そして熱かった。

「昔のプロ野球はよかった」と単なる回顧談をするつもりは毛頭ない。けれども、取材のたびに「あの頃のプロ野球をもう一度見たいな」といつも思った。本書には、異端の男たちによるさまざまなエピソードが並んでいる。ぜひ、しばしの間、「あの時代」にタイムスリップしてほしい。リアルタイムで経験している人も、そうでない人も、ぜひ「あの頃」に耽溺し酩酊してほしい。

オレたちが大好きだった男たちの生の声に耳を傾けてほしい――。

愛甲猛
野球の神様への贖罪

札付きのワルだった学生時代

あまたある「野球本」の中で、愛甲猛の処女作『球界の野良犬』（宝島SUGOI文庫）ほどインパクトのある一冊はない。帯には「暴走族、アンパン、失踪、暴力、野球賭博、筋肉増強剤球界〝出禁〟上等！」と書かれている。そして、これらのフレーズはまったく誇大表現ではない。すべてが事実なのである。

1ページ目「はじめに」の冒頭2行を引用したい。

ケンカ、ドラッグ、ギャンブル、そしてドーピング。
すべてが野球の肥やしになると信じて、やりたいことをやってきた。

「コンプライアンス遵守」をお題目としている令和の現在から見れば……、いや、そもそも昭和の時代を含めて、ケンカ、ドラッグ、ギャンブル、ドーピングが「野球の肥やしになる」と考えられていた時代は古今東西、未来永劫一切ない。断言できる。

この本について、愛甲は淡々と振り返る。

「ヘンに遠回しに書いたり、脚色したりする方がトラブると思ったんで、他人から聞いたことじゃなく、自分が見たこと、実際に体験したことを素直に書いただけ。だから、誰からも訴えられてないし、トラブルにもなっていないですよ。いや、そもそもオレが実際に書いたわけじゃなく、ライターさんにしゃべったものだけどね（笑）」

中学時代、そして甲子園でスターとなった横浜高校時代、いずれも愛甲は自他ともに認める札付きの「ワル」だった。

「だけど、オレだけが突出してワルだったわけじゃなく、オレより悪いヤツはみんな野球部を途中で辞めていっただけ。でも、もしもオレが野球をやっていなかったら、間違いなくソッチの道に行っていたよね」

1978（昭和53）年、高校1年の夏に甲子園に出場し、早くも注目を集めていた愛甲は、その年の秋、野球部から失踪したという。

「1年夏の甲子園が終わって、もうどうしようもなく肩が痛くなった。誰にも言えずに、それでも秋の大会で投げ続けていたら、今度は腰まで悪くなった。先輩にも、監督にも言えない。でも、満足に投げられないから、〝アイツは天狗になっている〟と言われる。それがものすごいイヤで寮を抜け出したんです」

友人の家を転々とする日々が続いた。久しぶりに暴走族の集会に顔を出しもした。すると、ヘッドを務める先輩に「ちょっと来い」と呼び出された。

――お前はこんなところにいるヤツじゃねぇだろ、とっとと戻れ！

そして、こう続けた。

――お前はオレたちの夢なんだよ。

「久々に先輩に会ったから、〝歓迎してもらえるのかな？〟って思っていたら、〝お前、こんなところで何してんだ？〟ってものすごい怒られて。やっぱり、オレたちがガキだった頃はみんな野球が好きだったから、オレが甲子園に出て、テレビに出たっていうことがものすごく自慢だったらしくて、野球もせずにそこにいるっていうことがとっても腹立たしかったらしいんだよね。それで、〝お前はこんなところにいるヤツじゃない、とっとと戻れ！〟って……」

このとき先輩が口にした「お前は、オレたちの夢なんだ」という言葉は、その後も長く愛甲の脳裏に深く刻まれることになる。

ちょうどこの頃、補導された。調書を取った防犯課の担当者は中学時代からなじみのある女性警官だった。取り調べの途中、彼女は涙を流して訴えた。

――もう一回、野球をやってよ……。

「防犯課の林さんっすね。中学の頃、パチンコ屋に出入りしていたときに、〝こんなところで何してんの？〟ってよく怒られていた警察の方なんだけど、彼女が一緒になって泣いてくれたんです。高校のときに補導されて、林さんが調書を取っていたんだけど、〝もう一回、野球やってよ〟って真剣に泣いてくれたんです……」

それでも、まだ自宅に戻ることはしなかった。もちろん、もう一度グラウンドに立つ気持ちも微塵もなかった。そんな折に、弟の居場所を突き止めた兄によって、自宅に連れ戻された。待っていたのは母の言葉だった。

――お前から野球を取ったら、一体、何が残るの？

愛甲は言う。

「小学校3年の頃からずっとアホみたいに野球をやってきた人間だったから、オレから野球を取ったら、何も残らないことは自分でもわかっていた。だから、お袋の言葉に何も答えられなかった。そうしたら、〝ほらみろ、お前には野球しかないんだよ〟って言われてね。この言葉が決定的だったのかな？」

先輩からのメッセージ、婦人警官からの哀願、そして母の言葉――。

答えは一つだった。

「母の問いに対して、オレは何も答えることができなかった。先輩からはすごく怒られた。そして女性警官は一緒になって泣いてくれた……。こうしたことが重なって、〝もう一回、やり直そう〟、素直にそう思えましたね」

類まれなる才能を持った逸材は、寸前のところで道を踏み外さずに済んだのである。

落合博満とマンツーマンの打撃指導

高校3年夏、愛甲の在籍する横浜高校は全国制覇を成し遂げた。

「結果的に優勝はしたけど、オレの中では準決勝の天理（高校）戦がもう限界でしたね。決勝の早実戦はまったく肩が上がらなかったんで。最悪だったのが、決勝前日に監督の配慮でプロ野球チームのトレーナーの方にマッサージしてもらったんだけど、普段、そんなケアなんかしたことないから、決勝当日は揉み返しがひどくて、さらに調子が悪くなっちゃって（苦笑）。監督としては僕と心中するつもりだったようだけど、結局はリリーフを仰いで何とか優勝できた。それが実際のところですね」

このとき、高校野球を愛した人気作詞家の阿久悠は、彼の名字をもじって「愛しの甲子園」という詩を贈っている。一躍、全国区の人気者となり、80年のドラフトでは原辰徳（東海大）、石毛宏典（プリンスホテル）と並ぶ注目選手となった。

「とにかくプロに入って金を稼ぐということだけを考えていたから《大学進学》という選択肢はまったくなかった。社会人野球からは東芝、日産、ニッカといろんなところから声がかかっていたけど、すべて監督さんに任せていましたね」

元々は読売ジャイアンツファンだった。しかし、地元の大洋ホエールズのスカウトが早くから注目してくれていたことに恩義を感じていた。一方で、プリンスホテルの総支配人であり、西武ライオンズの球団副社長との間にも、愛甲は太いパイプを持っていた。

「かなり早いうちから自分に注目してくれていたので、大洋を志望していましたね。で、もしも大洋でなければひとまず社会人のプリンスホテルに入って、その後に西武に入団する。そんな青写真を描いていました」

しかし、愛甲を単独指名したのは「準地元」でもある川崎を本拠地としていたロッテオリオンズだった。

「いやいや、横浜の人間からすれば〝川崎が神奈川だ〟というイメージを持っている人は少ないと思いますよ。少なくとも横浜の人間は川崎を地元だとは思ってない。で、当日の夜にプリンスホテルの総支配人に電話をしたら、〝ひとまずロッテに入れ。後で必ずトレードで西武に呼んでやるから〟と言われたので、〝じゃあ、ロッテに行きます〟って……」

その後、大洋のスカウト部長からも「必ずトレードで呼ぶから」と電話が入った。大洋、西武からの猛烈なラブコールを受けて、愛甲のプロ野球人生はスタートしたのだ。

しかし、投手として入団したもののなかなか結果を残せず、1勝も記録できない。そしてプロ3年目のオフに打者に転向する。後押ししたのは落合博満だった。

「プロ2年目にファームで奪三振王を獲ったんだけど、入団当時からずっと落合さんからは〝投手はやめろ、打者になれ〞って言われ続けました。〝投手がダメというんじゃなく、お前のバッティングはプロで通用する〞って言われたんです」

愛甲の打撃センスを見抜いていたのは落合だけではなかった。入団当時の監督だった山内一弘には「投手と打者と両方やれ」と、早過ぎる二刀流を命じられて打撃指導を受けたこともあった。さらに、球界を代表する張本勲からも打者転向を勧められたという。

「張本さんにも、突然、〝お前、バット振ってみろ〞って言われて、〝ピッチャーやめろ〞って言われたこともあったよね（笑）」

本人は何も自覚していなかったが、当時チームメイトだった落合、張本といった球史に残る大打者が口を出したくなるほど、彼の打撃センスは卓越していた。

そして愛甲は打者転向を決断する。「もしも失敗したら、きちんと責任を取って下さいよ」と軽口を叩くと、落合は「わかった」と答えたという。

「オレの人生の分岐点はプロ3年目の秋のキャンプでした。本来、落合さんは一人部屋だったのに、僕を部屋子にするようにマネージャーに命じて、つきっきりで打撃指導してくれたんです」

日中はグラウンドで徹底的にバットを振り込んだ。そして、夜8時の夜間練習が終わると、宿舎の自室で落合の指導の下、再びバットを握った。連日、深夜1時まで続いた。

「もう、毎日ですよ。信じられないかもしれないけど、あの落合さんが新聞紙を丸めて、僕にトスを上げるんです。このとき落合さんには、〝左ピッチャーのボールをライトにホームランを打てるようになれ〟って何度も言われました」

深夜の特訓が続いたある日。落合は「よくなったな」と言い、打撃コーチの部屋に、その場で電話をかけたという。

「深夜1時過ぎですよ。いきなり打撃コーチを呼び出して、〝ようやく猛がモノになった。見てやってほしい〟と言ってくれたんです」

さらに落合は「オレはバッティングの基礎は教えられる。でも、オレは右打ちだから、左打ちについては（レロン・）リーさんに聞け」と言ったという。

「当時、すでに三冠王を獲っていたのに、そんなことを言うんですから。やっぱりすごい人ですよ、落合さんは」

深くうなずきながら、改めて愛甲は感嘆していた。

全試合フル出場にこだわった、王貞治からの教え

落合や張本が見込んだ通り、打者に転向してからの愛甲は着実に成績を残し、88年、89年にはリーグ最多二塁打も記録している。さらに、88年から1992（平成4）年までは、5年連続で

AIKOH
1

全試合出場を果たしている。

「カネやん（金田正一）が監督だった頃、〝おい愛甲、サダハルと飯を食わせてやる〟って言われたことがありました。なぜか金田さんは王さんのことを《サダハル》と呼んでいたんだよね（笑）。オレとしては、憧れの王さんと会えたんで、ずっと凝り固まっていたんだけど、このとき、王さんに言われたんです……」

王が口にしたのは、「ファンの人が一人でもいる限り、レギュラーというのは絶対に最初から最後までグラウンドに立ち続けなければいけない。オープン戦も含めて全試合だ。途中で交代するなんていうことは絶対にあってはいけない」というプロとしての矜持だった。以来、愛甲はこの言葉を肝に銘じ続けた。

現役時代の愛甲が心がけていたことがある。それが「毎年サインを変える」というこだわりだった。その理由とは何か？

「毎年1月1日に、その年のサインを考えるんですよ。普通、一度サインをもらったら〝もういいや〟ってなるじゃないですか。でも、毎年サインを変えれば、〝また新しいサインがほしい〟という思いになるでしょ。だからサインを変えていたんです」

入団から数年の間は、ファンレターをもらうと直筆年賀状で返信していた。その数は3000通を超えていたという。さらに、チャリティー活動にも熱心だった。

「シーズンオフに川崎の養護施設を訪れたときの光景が忘れられなかったからね。水頭症や小児麻痺、足の不自由な子もいて、彼らが全身で喜びを表現してくれていた。〃何とか力になりたい〃という思いで、引退するまで、施設を訪れたり、チャリティーオークションをやったりしていましたね」

いずれも、誰とも群れない「球界の野良犬」の異名を持ち、一匹狼として知られる愛甲の知られざる一面である。

そして、禁断の薬物使用……

93年には長嶋茂雄率いる読売ジャイアンツとの移籍話が持ち上がったこともあった。スポーツ新聞紙上では「斎藤雅樹・槙原寛己と西村徳文・愛甲猛」の2対2の交換トレードとウワサされていたが、愛甲自身は「あり得ない、格が違いすぎる」と否定する。95年にGM（ゼネラルマネージャー）に就任した広岡達朗との確執もあった。

そして、波瀾万丈だったプロ生活の転機となったのは、現役晩年が近づき、心機一転を図った96年の中日ドラゴンズ移籍だった。

「自由契約になったので、〃たとえ給料が半分になってもいいから野球を続けよう〃と考えていたら、ロッテ時代にお世話になった高畠（導宏）さんから電話があって、〝星野さんがすぐ獲れと言っている〞ということで中日移籍が決まりました」

95年シーズンは広岡GM、そして「広岡派」と呼ばれるフロント、首脳陣とそりが合わずに出場機会は激減していたが、星野仙一監督は「まだまだやれる」と踏んでいた。

いわゆる「管理野球」と称された広岡GM時代とは異なり、「闘将」と呼ばれ、表裏なく、感情の起伏が激しい星野監督の下での野球は楽しかった。

「それまで、ロッテではずっとお山の大将だったのに、ドラゴンズでは外様になることもあって、移籍1年目は自分を押し殺す意識だった。そして、2年目になるとチームに溶け込んで、代打に転向してチーム内での自分のポジションを見つけた気がしたよね」

移籍4年目となる99年には規定打席不足ながら、10年振りの3割となる、打率・387を記録し、星野監督の胴上げに貢献した。

しかし――。

この頃にはすでに愛甲は禁断の扉に手をかけてしまっていた。

「33歳で中日に移籍して少しずつ出番も減っていく中で、〝このまま終わっていいのか？〞といろいろ考えた結果、肉体改造を始めてみた。そしてこのとき、禁断のドーピングに手を出してしまったんです……」

当初はプロテインを摂取してからのウエイトトレーニングに打ち込んだ。それでも、「もっともっと効果を」の思いが愛甲の胸の内に募っていく。

当時、海の向こうではマーク・マグワイアが「アンドロステンディオン」と呼ばれる薬物を使用し、ホームランを量産していることが話題となっていた。現在は禁止薬物に指定されているが、当時は厳格化されていなかった。禁止規定もなければ、現在のようにその副作用に関する知識も未熟だった。

「野球で一生を棒に振るかもしれない。そんなことも考えたけど、オレには野球が第一だったし、〝太く短く生きるのもオレらしいかな〟という思いもあった。それで資料を読んだり、医者を訪ねたり、いろいろ薬物について調べていきました」

当初は、ソウルオリンピックにおいて、ドーピングによって金メダルを剥奪されたベン・ジョンソンが使用したという「アナボリック・ステロイド」に興味が湧いた。しかし、専門医の説明によれば、それは末期がん患者に用いられるもので、副作用が強すぎて全身がボロボロになることを知る。

「そのことを知ったんで、マグワイアと同じアンドロステンディオンを取り寄せてもらって、使うことを決めました」

その効果はてきめんだった。男性ホルモンのテストステロンレベルが急上昇し、短期間で信じられないほどの筋肉がついた。しかし、だからといって、それがそのまま成績に直結するほどプロ野球の世界は甘くなかった。

当然、薬物には手を出すべきではなかった。足はむくみ血行障害となり、立ちくらみや頭痛、めまいなどの諸症状に、その後も悩まされ続けることになった。

「オレは野球がなかったら、間違いなく道を外していた。野球のおかげで救われた。それなのに薬物に手を出したことで今も副作用に苦しんでいる。野球の神様からの罰を受け続けているんです。だからこそ、オレは正しい野球を後世に伝えるために真摯に野球と向かい合わなくちゃいけないんです」

そして愛甲は「ほら、これ」と言って、右手を差し出した。人差し指の先端には小さくテーピングが巻かれている。

「壊死したんです……」

薬の副作用によって、閉塞性動脈硬化症となった。両足がむくみ、血管を圧迫することで、全身に血液が回らなくなったことが原因だった。40歳の時点ですでに「血管年齢は70歳ですよ」と医師から告げられるほど、愛甲の全身は蝕まれていた。

一時は野球から逃げ出した。それでも、再び野球に戻り、野球のおかげでまっとうな道を歩むことができた。野球には感謝の思いしかない。しかし、薬物に頼ってしまった。だからこそ、あえて愛甲はこれからも野球人として、野球とともに人生を歩む覚悟を抱いている。

「プロ野球に関わった人間というのは、死ぬまで野球人として生き続けなくちゃいけない。それがオレの考えです。これは義務ですよ。妙に信心深いことを言うようだけど、やっぱり野球の神様はいると思う。一生懸命やっていれば必ず見ていてくれる。でも、いい加減にやっていれば必ずそれも見られている……」

一拍の間をおいて愛甲は繰り返す。

「……オレは禁止薬物に手を出してしまった。野球の神様による、その罰はこれからもずっと受け続けるだろうね」

オリオンズとマリーンズ、そしてドラゴンズでの現役生活は20年続いた。入団時からスター街道を歩んだものの、その道のりは決して平坦なものではなかった。改めて、愛甲に問うた。

——20年間のプロ野球生活、ご自分ではどのように振り返りますか？

少しだけ考えた後、愛甲はゆっくりと口を開いた。

「ロッテの中心人物だという自負があったから、本心とは裏腹の強気の態度や言葉を発したこともあったけど、オレは決して天才的な才能を持っていたわけでもない。本来ならば10年ぐらいで終わっていてもおかしくない、オレレベルの人間が20年もプロで野球ができたなんて、野球の神様には感謝しかないですよ。他のことは別にどうでもいいけど、野球に関してだけは一生真摯に向き合っていくつもりです。そうしないと、本当の罰当たりになってしまうから……」

それは野球の神様への贖罪でもあり、野球人としての義務でもあり、愛甲猛の生きる理由の表明でもある、そんなつぶやきだった――。

あいこう・たけし
1962年8月15日生まれ、神奈川県逗子市出身。横浜高校ではエースでキャプテンとして3年夏の甲子園でチームを優勝に導く。80年ドラフト1位でロッテ入団、打者転向後は一塁手・外野手として活躍した。95年オフ、中日にトレードで移籍し、2000年引退。ゴールデングラブ賞1回（89年）。左投左打、身長181cm・体重87kg。

【投手成績】

年度	所属	登板	勝利	敗北	セーブ	投球回	防御率
1981	ロッテ	8	0	2	0	17	10.06
1982	ロッテ	5	0	0	0	5.1	7.20
1983	ロッテ	48	0	0	0	24.2	4.38
通　算		61	0	2	0	47	6.70

【打撃成績】

年度	所属	試合	打数	安打	本塁打	打点	盗塁	打率
1981	ロッテ	13	0	0	0	0	0	.000
1982	ロッテ	5	0	0	0	0	0	.000
1983	ロッテ	48	0	0	0	0	0	.000
1984	ロッテ	2	6	0	0	0	0	.000
1985	ロッテ	40	59	18	2	8	0	.305
1986	ロッテ	108	268	71	7	26	4	.265
1987	ロッテ	105	292	76	8	31	2	.260
1988	ロッテ	130	493	141	17	63	7	.286
1989	ロッテ	130	528	160	13	65	8	.303
1990	ロッテ	130	523	127	21	72	15	.243
1991	ロッテ	130	495	134	8	59	7	.271
1992	千葉ロッテ	130	464	127	8	53	4	.274
1993	千葉ロッテ	125	398	100	8	33	3	.251
1994	千葉ロッテ	111	327	95	5	41	1	.291
1995	千葉ロッテ	46	105	19	2	7	1	.181
1996	中日	56	82	17	4	17	0	.207
1997	中日	93	99	28	2	20	0	.283
1998	中日	78	62	14	2	13	0	.226
1999	中日	38	31	12	0	3	0	.387
2000	中日	14	12	3	1	2	0	.250
通　算		1532	4244	1142	108	513	52	.269

髙橋慶彦

時代に愛された男

1980年代は慶彦の時代だった――

勝手ながら、断言したい。
1980年代は高橋慶彦の時代だった――。
あの頃の慶彦ほど、疾走感にあふれ、時代を駆け抜けたプロ野球選手はいなかったのではないか？　初めに断っておくが、本稿では「高橋」ではなく、あの頃の野球ファンがそう呼んでいたように、あえて「慶彦」と表記させてもらいたい。作家・村上龍は、慶彦に関わる連作小説である『走れ！　タカハシ』について、このように記している。

もっともスリリングだったのは盗塁で、とくに走り出す瞬間、胸が高鳴った。ぎりぎりまでリードをとり、投手のモーションを盗み、躊躇なくグラウンドを蹴った。まるでリスクを楽しんでいるかのようだった。そう、高橋慶彦は、グラウンドで誰よりも楽しそうで、すべてのプレーからそのことが伝わってきた。あんな選手はもういない。これからも現れないだろう。もっとも好きなプロ野球選手、いやもっとも好きなプロスポーツ選手だった。

もちろん慶彦は「記憶」だけの選手ではない。80年代に限って言えば、彼はさまざまな「記録」

も残している。

《1980年代通算安打》
1位・高橋慶彦……1425安打
2位・落合博満……1367安打
3位・篠塚利夫……1352安打

慶彦は80年の169安打を筆頭に、80年代の10年間すべてにおいて110安打以上を記録。三冠王の落合や、二度の首位打者に輝いた篠塚を差し置いて、堂々の1位を誇っているのである。ちなみに慶彦は、80年代に限定すれば「通算試合・1253試合」「通算盗塁・380個」、ショートとしての「通算出場・1237試合」でいずれも1位となっている。

冒頭に記した「1980年代は高橋慶彦の時代だった」というフレーズは、決して単なる思い込みでも、誇張でもないのである。

広島東洋カープの一番打者として、正遊撃手として、グラウンドを所狭しと駆け回った。通算三度の盗塁王に輝き、疾走感あふれるプレースタイルは多くの野球ファン、特に女性ファンの心をわしづかみにしていた。本人が「あの頃」を振り返る。

「あの頃はたくさん遊んだよ。遊ぶために野球をやっていたと言ってもいいかもしれない。でも、本業だけは絶対に忘れんかった。だって、野球がすべてを生んでいるんだから。《野球》という大きな幹があるから自由に遊べて、女の子にもモテるんだから（笑）。それを忘れちゃいけないよね。それはいつも思っていたよ」

本人の言葉にあるように、プロ野球界では今でも「慶彦ほど練習をした選手はいない」という言説が流布している。

「確かに練習はしたけど、特別すごいことをしたわけじゃないよ。小学校の頃に時間割ってあったでしょ。あれと同じ。食事の時間、練習時間、寝る時間をきちんと決めていけば、自然と遊ぶ時間もできるんだよね。それはつまり、〝グレーゾーンをなくすこと〟なんだよね。今の若い選手たちは、気がつけばケータイをいじっているでしょ。でも、それって何の役にも立たないグレーゾーンの時間なんだよね。そんな時間をなくせば、遊ぶ時間なんていくらでも作れるはずなんだけどね」

スマホで動画を見る、マンガを読む、ゲームをする。気がつけばあっと言う間に何時間も経過していた……。多くの人が、そんな経験をしているはずだ。しかし、こんな「グレーゾーン」をなくせば、人は一大事を成し遂げることもできる。

慶彦にとっての「一大事」とはもちろん、「左打ちを習得すること」だった。

右投げ右打ちで入団した慶彦は、持ち前の俊足を生かすためにスイッチヒッター転向を命じられる。一から始めた左打ち。どのような心構えでモノにしたのかを尋ねると、逆に質問された。

「もしも、右利きを左利きに変えるとしたら、どうします?」

考えた末に「四六時中、左手で生活します」と答えると、彼は「正解!」と笑い、こんな言葉を続けた。

「オレならば右腕を切り落とすね。そうすれば、左手しか使わざるを得なくなる。それぐらいの覚悟があれば、絶対に左利きになれる。要は覚悟の問題だよね。海外には、腕がなくて足だけでギターを弾くプロの方がいるからね。オレよりもすごい人はまだまだたくさんいるんじゃないのかな?」

それは、一流のプロ選手としての覚悟が垣間見える発言だった。

「スイッチヒッターになって、〝すごいね〟ってよく言われるけど、誰でもできることだからね。宮大工でも、刀鍛冶でも、何でもそうだけど《名人》と呼ばれる人たちだって、元々は素人やからね。生まれたときからよーいドンで名人なんて一人もいないんだから。何もそんな立派な人じゃなくても、例えば赤ちゃんがスプーンから始まって、気がつけば上手に箸を使いこなすようになるわけでしょ? 技術というのはそういうもの。数をこなす、時間をかければ、誰だってできるようになるものなんだよね」

何の気負いもなく、慶彦はサラリと言った。

「オレはお袋が秋田出身で、親父が宮城県。東北の血だから粘っこいんだよね。オレ自身も北海道生まれだから粘り強いんだよ」

生涯の恩師・古葉竹識との出会い

1974（昭和49）年ドラフト3位で広島東洋カープに入団した。

城西高校時代はエースで四番として甲子園にも出場したが、類まれなる俊足が評価され、プロ入りと同時に打者に専念することになった。プロ1年目となる75年、カープは待望のリーグ優勝を果たした。チームを率いていたのはシーズン途中にジョー・ルーツの後を受けて監督となった古葉竹識だった。

「広島、ロッテ、阪神で現役時代を過ごしたけど、オレにとって《監督》って言ったら、古葉さんしかいないから。みんなからはよく〝お前はどのチームに入っていてもレギュラーになれただろう〟って言われるけど、決してそんなことはなくて、広島という畑があって、古葉さんという耕す人がいたからレギュラーになることができた。それは絶対、間違いないって思っているよ」

プロに入ってすぐのことだった。当時、まだコーチだった古葉は言った。

CARP
72

「いいか慶彦、プロっていうのは足だけでも飯が食えるんだぞ」

たとえ走攻守、三拍子そろっていなくても、俊足であること、強肩であること、あるいはバントの名手であったり、鉄壁の守備を誇っていたり、何か一つでも他人にはないストロングポイントがあれば金を稼ぐことはできる。

高校を卒業したばかりの若者に、古葉は「プロとして生きる覚悟」を説いた。

「オレのプロとしての人生は監督から始まったんだ。だけど、入団当初はバッティングはひどくて、〝すぐにクビになるだろう〟と覚悟していたよね。さっき《広島という畑》って言ったけど、オレにとって、当時の環境は本当によかったと思うね。あの頃、月に10万円、年俸で言えば120万円だった。で、バットやグローブ、手袋は自前で買わなければいけなかったし。寮費も払って、寮の近くのお好み焼き屋さんのツケを払うと、手取りが2万円とか3万円程度。だから、いつも金がなかった。でも、その代わりに時間とヤル気だけはあった……」

金はないけれど、時間とヤル気はある。そうなると、結論はただ一つだった。

「……そう、練習するわけだよ。で、オレの場合は本当に下手くそだったのも幸いしたと思うね。毎日、何千球とバッティング練習するんだけど、初めは10球のうち3球しかまともに当たらない。でも、ずっと練習をしていると、それがすぐに4球になる。気がつけば5球になり、6球になる。ようやく8球ぐらい当たるようになって初めて、周りの二軍選手と同等のレベルになってくる。

これが初めから上手な選手の場合、なかなか〝成長しているな〟という実感を得られない。だけど、オレの場合は倍々、倍々でいい当たりが増えていくわけだから、誰よりも成長を実感できる。それがよかったんだろうね」

——練習しないと不安になるからですか？

そんな質問を投げかけると、慶彦は平然と首を横に振った。

「わかりません。練習しなかったことなんてなかったから（笑）。何で練習をするかと言えば、まな板の上の鯉になりたいからなんだよね。要は、〝これ以上やってダメなら、もう何もできません〟っていう心境になりたいわけ。自分で自分を信用したいからなんだよね。練習が足りないと、どうしても自分を信用するのは難しいから」

そして、慶彦は言った。

「そもそも、下手って、逆に上手くなるんだよね」

すでに述べた「時間割」を活用して、ここから慶彦は、スター選手への階段を一気に駆け上っていくことになる。

下手は逆に上手くなる——。

彼が口にしたこの言葉は、後に指導者となったときに生かされることになる。

「髙橋慶彦モテモテ伝説」の真相

慶彦には「猛練習伝説」に加えて、「彼ほどモテた選手もいない」といううらやましい伝説も同時に残っている。

「63歳（取材当時）にもなって、今でも《髙橋慶彦》で検索すると、《夜の盗塁王》って出てくるんだよね。もう、今では自分の売りにしているけどね（笑）」

かつて、「夜の盗塁王」と称された。猛練習を続け、試合にも出続けながら、80年代の慶彦は「遊びの時間」も充実していた。

「誤解してほしくないのは、最終的には男が女を選ぶんじゃなくて、女が男を選んでいるんだからね。例えば銀座のクラブに行っても、野球選手は足下にも及ばないような金持ちもいれば、大社長やタレントもいる。その中で女の子が品定めをして、〝髙橋慶彦がいい〟ってなるんだから。そこを忘れちゃいけない。女に選んでもらうために男は一生懸命に仕事をするんだよね」

かつて、銀座にあった直木賞作家・山口洋子がマダムを務めた「姫」という名店を訪れたときのことだった。

「このとき、お姉さんたちから、〝慶彦ちゃん、女の子たちから逆指名されるような呑み方をしないとダメよ〟って言われたんだよね。お客が女の子を指名するのではなく、女の子の方から、〝慶彦さんのテーブルにつきたい〟って言われるような呑み方をしなくちゃいけない。酒が入って威張ったり、横柄になったりするのはやっぱりダメだよね。この言葉は忘れられないし、今でも肝に銘じているよ（笑）」

慶彦には「女性の部屋に行ってもバットを振っていた」という伝説もある。

「あぁ、バットはいつも振っていましたよ。だって、〝素振りをする〟という、僕のルーティーンの中に女性が入ってきているんだから、まずはルーティーンを優先するのは当然でしょ。その間、女の子は何時間も待っていたよね。〝あんた、野球と私とどっちが大事なの？〟ってよく聞かれたけど、〝野球に決まってんじゃん〟って言ったよね。まぁ、怒った、怒った（笑）」

これもまた、慶彦の「時間割理論」である。

時間割の基本はあくまでも野球にある。野球以外のことに時間を割くならば、「登校前」か「放課後」しかない。公私の区別は徹底していた。

もちろん、これだけの人気者を周囲は放っておくはずがない。

レコード会社も、その人気に目をつけるのは当然のことだった。当時のプロ野球選手にとってレコード発売は大きな勲章でもあった。もちろん慶彦も、何枚ものオリジナル曲をリリースしている。中でも『うわさのセクシークィーン』は「野球ソングの名曲」として、今でも熱狂的な人気を誇る幻の一曲だ。

「あの頃はラジオの番組も持っていたからDJもやったし、リスナーからの人生相談もやったし、まぁ、調子に乗っていたよね。でも、今になって思えばやってよかったと思うよね。たまに、〝レコード持っています〟っていうファンの人がいるからね。自分では、〝何が、セクシークィーンだ〟って思うけどね（笑）。だけど、大切なことは〝決して本業を忘れない〟ということ。副業が本業になったら絶対ダメ。そこだけは絶対に忘れんかったからね」

改めて、82年に発売された慶彦のベストアルバム『YOSHIHIKO』を取り出してみる。自身の曲だけでなく、79年7月31日の「日本新記録!! 33試合連続安打」や、79年の「日本シリーズMVPインタビュー」など、実況中継も収録されたLPである。

『君の声がきこえる―広島カープファン讃歌―』『僕の世界へ』『青春の一ページ』『鏡の中のメモリー』など、『うわさのセクシークィーン』以外にも、甘い歌声が並ぶ青春ソングを聴きながら、今この原稿を書いている。

風の香り　変わる頃に
恋もほどよく終わりを告げ
気に入りのこの店も色あせた
Bitter and sweet memory（『鏡の中のメモリー』）

79年、33試合連続ヒットの日本記録を樹立

プロ４年目となった78年には、開幕から「一番・ショート」に抜擢され、レギュラーに定着。打率・３０２を記録して、ベストナインにも選出された。さらに翌79年には、現在まで破られていない33試合連続安打の日本記録を打ち立てる。

「18年間のプロ生活最高の思い出と言えば、この記録かな？　みんな、〝記録は破られるためにある〟とか、〝早く僕の記録を破ってほしい〟とか言うけど、そんなのはウソ（笑）。やっぱり、記録は破られたくないよ。もしも破られそうになったら、オレはバックネット裏の席を確保すると思うね……」

少しの間をおいて、慶彦はいたずらっぽく笑った。

「……そいつが打席に入るたびに、〝次はカーブが来るぞ……〟、いやストレートかな？〟ってヤジり倒して混乱させるね（笑）」

79年は慶彦にとって、名実ともにスター選手の仲間入りを果たしたシーズンとなった。55盗塁を決めて盗塁王のタイトルを奪取し、１２０試合に出場して打率・３０４を記録して、チームの

リーグ優勝に貢献する。さらに2年連続でベストナインにも選ばれた。

後に「江夏の21球」として語り継がれることになる近鉄バファローズとの日本シリーズでは、全7試合で27打数12安打、打率・444を記録。対戦成績4勝3敗で、カープ初の日本一に貢献してMVPに輝いた。

「でも、『江夏の21球』のことはほとんど覚えていないんだよね。頭が真っ白になるぐらい緊張していたから。覚えているのは、ノーアウト満塁の大ピンチ。〝ここに飛んでくるなよ〟っていう思いだったな。いや、〝オレを代えてくれ〟というのが正直なところかもしれないね。決して守備だって上手な方ではなかったけど、古葉監督は絶対に交代させないということもわかっていたので、〝とにかく飛んでくるな〟という思いが強かった」

カープのリリーフエース・江夏豊は、この場面を無失点で切り抜ける。そして、この緊迫した場面は、山際淳司の手によって、『江夏の21球』と題されて、後世に語り継がれることになる。

チーム初となる日本一、球史に残る名シーン、慶彦もまた歓喜の瞬間の中にいたのだ。

「もう一度、カープに戻りたい」

現役時代、広島のスーパースターだった慶彦も、1989(平成元)年限りでチームを去り、

90年にはロッテオリオンズに、91年には阪神タイガースに移籍した。

そして、92年限りで惜しまれつつユニフォームを脱いだ。

通算1826安打、2000安打までは残り174本だった。

「よく、〝2000本まで残りわずかで引退して悔いはないですか？〟と聞かれるけど、何も悔いはないね。これは本音だよ。カープを去ることになった89年の時点ですでに2000本を記録することは無理だと思っていたから。当時の自分としては体力面よりも気力面で、すでにピークが来ていたし、そこから立て直すこともできないと思っていたから」

その口調は、実にサバサバしたものだった。

現役時代には全部で三つのチームに所属したものの、ファンにとっても、そして本人の中でも最も愛着のあるのは「カープの慶彦」だ。14年に発売された自著『赤き哲学』（ＫＫベストセラーズ）において、慶彦は率直な思いを吐露している。

高橋慶彦にとって、やっぱりカープが全てだ。

現役生活を終えてからの私は、これまで福岡ダイエーホークスと千葉ロッテマリーンズのユニフォームを着ましたが、最も大切な球団であるカープのユニフォームに袖を通したことがありません。

その後、16年には1年だけオリックス・バファローズのコーチも務めることになるが、やはり古巣への復帰は実現していない。しかし、最近のインタビューではしばしば「広島のユニフォームを着たい」と、慶彦は公言している。

改めて、古巣カープへの思いを尋ねると、率直な思いが吐露された。

「それは戻りたいよ。もう一度、カープのユニフォームを着たいですよ。ファンの人だって待ってくれているのはよくわかっているから。でも、自分ではどうしようもない。なるようにしかならない。みんなが願っていても実現しないというのも、それはそれで面白いんじゃないかな……」

87年、開幕直前に行われた球団主催イベントを「時期が悪い」と球団に直訴して謹慎処分が下された。それ以降、球団との関係がギクシャクすることになったのは野球ファンの間では有名な話だ。あれから40年近いときが流れた。本人はこの一件をどう考えているのか？　彼は淡々と語り始めた。

「もしも、あのときに戻れるのならばあんな発言はしなかったし、仮に発言しても、すぐに謝ったと思うな。でも、だからと言って今さらどうしようもないし、誰かに頼んで復帰の道筋を作ってもらうのもオレらしくないと思う。後悔先に立たず、覆水盆に返らずじゃないけど、人間って、失敗するから成長するものだと思うし。やっぱり、なるようにしかならない。そんな思いです」

さらに質問を重ねようとすると、慶彦はやんわりと拒絶した。

「もう、その話はいいじゃない。これ以上聞かれても何も答えられないから……」

現在は自身の公式YouTubeチャンネル「よしひこチャンネル」で精力的に近況報告を行い、往時の思い出話をファンに披露している。

「あれもふざけているよね（笑）。他の人は再生回数とか気にして、金儲けのためにやっているのかもしれないけど、SNSっていうのはオモチャみたいなものだと思うんですよ。別に再生回数を気にせずに、これからも気軽に遊べるオモチャとして楽しくやっていければいいよね」

今でも往時の輝きを失わないオーラを身にまとい、高橋慶彦は破顔一笑した。その笑顔は、時代に愛された男、80年代を風靡したスーパースターのそれだった——。

たかはし・よしひこ
1957年3月13日生まれ、北海道芦別市出身。74年城西高校からドラフト3位で広島東洋カープ入団、盗塁王（79年、80年、85年）、日本記録となる33試合連続安打（79年）など活躍。89年オフにロッテへ、90年オフに阪神へ移籍し、92年現役引退。ダイエー、ロッテ、オリックスのコーチを歴任した。右投両打、身長176cm・体重79kg。

【打撃成績】

年度	所属	試合	打数	安打	本塁打	打点	盗塁	打率
1976	広島東洋	5	0	0	0	0	0	.000
1977	広島東洋	58	130	38	0	6	14	.292
1978	広島東洋	110	427	129	7	47	15	.302
1979	広島東洋	120	490	149	5	33	55	.304
1980	広島東洋	130	550	169	5	33	38	.307
1981	広島東洋	111	460	133	5	31	14	.289
1982	広島東洋	130	546	147	6	27	43	.269
1983	広島東洋	124	465	142	24	58	70	.305
1984	広島東洋	126	495	150	23	71	30	.303
1985	広島東洋	130	533	147	24	68	73	.276
1986	広島東洋	130	552	157	21	55	39	.284
1987	広島東洋	118	462	130	11	53	28	.281
1988	広島東洋	127	499	119	11	43	32	.238
1989	広島東洋	127	491	131	12	47	13	.267
1990	ロッテ	100	261	54	9	28	7	.207
1991	阪神	57	126	26	0	2	6	.206
1992	阪神	19	23	5	0	2	0	.217
通　算		1722	6510	1826	163	604	477	.280

八重樫幸雄
ミスターオープンスタンス

球場照明のせいで視力が悪化

球界では珍しい眼鏡をかけたキャッチャーとして、そしてほぼピッチャーと正対する極端なオープンスタンスの使い手として、今でも多くの野球ファンの記憶に残る個性的な選手――。それが、ヤクルトスワローズひと筋で24年間プレーした八重樫幸雄だ。

「目が悪くなったのは神宮球場の照明のせいなんだよね。当時、バックスクリーンに赤い電飾の広告があったんです。僕はキャッチャーだったから、いつも自分の正面に赤いネオンがきらめいていたんだけど、ちょうどそれがボールと重なってすごく見えづらい。打者としても捕手としても、すごくプレーの邪魔になっていたんです」

すぐに球団に「せめてプレー中だけは消灯してくれ」と注文をつけたものの、「契約上それはできない」の一点張り。それが視力低下の原因となったという。

「翌年からは、〝プレー中は消す〟という契約になったけど、最初の年は電気がついたまま。それで視力が一気に悪くなっちゃったんだよね（笑）」

80年代前半からは、眼鏡をかけてプレーを始めた。

「眼鏡をかけてキャッチャーマスクをかぶろうとしてもサイズが小さくてうまくかぶれない。だから仕方なく、審判用のマスクをしてプレーするしかなかったんですよ。眼鏡は邪魔だし、マスクはデカいし、プレーするには最悪の環境だったよね」

現在のような、軽量で丈夫なスポーツ用アイウェアと違って、当時の眼鏡は重厚でいかついシルバーフレームが主流だった。

「眼鏡のフレームと目の間の隙間がすごく空いているんですよ。だから、投手が投げたボールが一瞬、フレームから外れてまた視界に入ってくる。それじゃあ打てないですよ。で、ボールを正面で見るために仕方なくピッチャーと正対するように構えるようになって、気がつけばあの打撃フォームになったんです」

球場の照明が原因で視力が低下したから眼鏡をかけた。そして、眼鏡が邪魔でボールが見づらくなったから極端なオープンスタンスで構えるようになった。

こうして、後に多くの人が思い描く「八重樫幸雄」が完成した。

テレビのバラエティ番組では、中居正広やサンドウィッチマンの伊達みきおが八重樫のバッティングフォームを真似して笑いを取っている。神宮球場では、球界屈指の人気マスコットのつば九郎がメガネのズレを直しながら、八重樫のモノマネでファンからの喝采を浴びている。

「ありがたいよね。みんな単なる悪ふざけじゃなくて、敬意を持って真似してくれているのがわかるからイヤな気持ちはしないですよ（笑）」

現役時代の八重樫のことを知らない世代にも、それはサブリミナル効果のように、プロ野球史に残るユニーク過ぎるオープンスタンスはジワジワと浸透しているのである。

およそ四半世紀にわたる現役生活において、八重樫は数々の名将の薫陶を受けている。特に三原脩、広岡達朗、そして野村克也の下で現役生活を過ごした貴重な経験は、日本プロ野球史を語る上で重要な意味を持つ。

ミスターオープンスタンスが目の当たりにしてきた名将たちの姿を改めて振り返りたい――。

名将・三原脩の胆力に感嘆する

1951（昭和26）年、宮城県仙台市で生まれた八重樫は、仙台商業高校1年、3年時に甲子園に出場。東北球界を代表するスラッガーとして注目され、69年には全日本高校選抜メンバーの一員となる。この年のドラフト会議ではヤクルトアトムズにドラフト1位指名を受けてプロの世界に飛び込んだ。

「元々、親も僕も社会人志望だったんです。でも、高校のOBたちが〝お前なら通用する。やってみろ〟って熱心で、それからプロに気持ちが傾いていったんだよね」

「どうしてもプロ野球選手になりたい」と熱望していたわけではなかった。しかし、この選択によって、八重樫は実に24年もの長期にわたってプロの世界で生き抜き、この間、「名将」と謳われた数々の指揮官の下に仕えることになった。

「僕がプロ入りした70年は別所毅彦さんが監督で、このシーズン途中からは小川善治さん。そしてプロ2年目の71年からは三原脩さん、続いて荒川博さん、広岡達朗さん……と続いていくんだけど、みなさん、それぞれ個性的な監督でしたね」

「三原マジック」と謳われた名将とはどんな監督だったのか？

「別所さんの時代は、キャンプのときには軍歌を流しながらの練習で、まさにスパルタ指導で軍隊式の統率を目指していたんだと思うけど、三原さんは選手を大人扱いして自主性に任せた。その代わり、ヤル気のない選手は容赦なく切り捨てた。僕はまだ入団したばかりの若手だったけど、三原さんがヤクルトに厳しさをもたらしたのはよくわかったよね。それまでのだらけた空気、負けグセみたいなものが少しずつ払拭されていったから」

八重樫を筆頭に、三原監督時代に鍛えられた若松勉、大矢明彦、松岡弘らが、78年広岡達朗監督の下でのチーム初優勝の立役者となる。

「三原さんは別所さんとは正反対の性格で、《好々爺》という表現がピッタリの方だったという印象が強いかな。あまり口やかましいことは言わずに、選手たちを大人扱いしていた監督。印象に残っているのは、高校を出たばかりの僕に対しても、決して呼び捨てにしないで、〝八重樫君〟って、選手を君付けで呼んでいたこと。呼び捨てが当たり前のあの時代には珍しかったから、今でもすごく覚えていますね」

この頃、八重樫には忘れられない思い出があるという。

「僕がよく覚えているのは、ナゴヤ球場での中日戦のこと。あるとき、うちのショートを守っていた東条（文博）さんが、走者に足を引っかけられて転んだことがきっかけで、大乱闘になった。それで、険悪なムードのまま試合が終わったんだけど、試合終了と同時に、観客たちがグラウンドになだれ込んで大騒ぎになったんだよね」

ドラゴンズファンの怒りは収まらない。怒気をはらんだまま、三塁側のアトムズベンチに押し寄せてくる。選手たちは大慌てでベンチ裏に避難する。しかし、三原はベンチに座って腕を組んだまま微動だにしない。コーチや選手に対して、「早く避難しなさい」と自ら指示をしていたのに、当の本人はまったく逃げようとしなかった。

「でも、三原さんは無事だった。ただ黙って座っているんだけど、中日ファンは近づいていけないんだ。遠巻きに三原さんを見ているだけで、一歩を踏み出すことができない。そのときに、〝この監督は肝が据わっているな〟と思ったし、〝ハートが強い人だな〟と感じたことは、今でもよく覚えているな」

イヤイヤ始めた一本足打法は大失敗

八重樫の打力に注目した三原は育成に時間のかかる捕手としてではなく、内野手にコンバートして彼の打力を生かそうとしたという。

「足も速かったし、パンチ力もあったので、バッティングを買われていたみたい」

現役晩年の姿からは想像できない意外な発言だが、入団当時の八重樫はひょろひょろしたスリムな体形で、100メートル走で11秒台を計測する俊足巧打が売りだった。

しかしこの頃、八重樫は当時アトムズ、スワローズ打撃コーチだった荒川博の指導により、大幅な軌道修正を余儀なくされることとなる。

「確か、義理の息子（荒川尭）が入団したときに荒川さんが臨時打撃コーチに呼ばれて、その後、正式な打撃コーチとしてヤクルト入りしたんだよね。そのときに、僕と杉浦（享）と渡辺（進）の若手3人が、〝荒川道場に来い〟と指示されたんだよ」

本人としてはまったく乗り気ではなかった。しかし、指導者からの指示とあれば、若手選手は従うしかなかった。

「巨人の王（貞治）さん同様に、僕も一本足打法の特訓を命じられました。パンツ一丁で真剣を持って天井からぶら下げられた新聞紙の短冊をバッサリと一太刀する。何とかコツをつかんで切

Yakult
27

れるようになったけど、僕にはまったくハマらなかった。バッティングのタイミングがバラバラになって、取り戻すのに数年の遠回りをしてしまったからね……」

当時、もっとも困惑したのが、「左足が着く前に振れ！」という指導だった。右打者の八重樫は、左足を上げてタイミングを計る。その左足が着地する前にスイングするというのは、意味がわからなかった。ますます混乱の極みに陥っていく。

「僕らも当時、まったく理解できなかった（笑）。実際に左足を着地しないとスイングなんかできないんだから。要は〝空中で振れ！〟ということだからね。それでも、自分なりに〝着地前に振ろう〟と意識して素振りをするんだけど、荒川さんにはいつも〝まだ遅い！〟って叱られてばかり。当時はよくわからなかったから困惑したけど、今なら意味もわかるけどね」

八重樫は続ける。

「要は〝スピードボールに負けないためには、左足が着地する前にスイングを終えているくらいの意識を持っていないと差し込まれるよ〟という意味だったんだと思いますね。でも、その説明が何もないまま〝着地前に振れ〟とだけしか言われていないので、当時はまったく意味がわからなかった。でも、僕らは若手だったので、〝これも修行だ〟と思いながら続けていたんだけどね」

入団以来、順調に成長を続けていたが、一本足打法の特訓によって、本来持っていた八重樫のタイミングがすべて狂うことになった。これにより、70年代半ばまで停滞期を過ごすことになる。

復調のきっかけは荒川がチームを去り、広岡達朗がチームを率いることになった76年以降のことだった。

6年間一度も笑わなかった広岡達朗

八重樫にとって、広岡は「まったく笑わない人」だった。プロ7年目となる76年シーズン途中、荒川監督が退任し、広岡が監督代行を経て、正式に監督となった。

「僕にとっての広岡さんは〝とても厳しい人だな〟っていう印象かな？　だって、コーチとしてヤクルトに入団した74年から79年に監督を辞任するまで、一回も笑ったところを見たことがないんだから」

いくら何でも、およそ6年もの間、シーズン中はほぼ毎日身近に接していて「一回も笑ったところを見たことがない」ということがあるのだろうか？　こちらが、そんな思いを抱いていることを察した八重樫が白い歯をこぼす。

「いやいや、本当。本当に一回も笑ったところを見たことがないんだから。その後、82年から広岡さんは西武ライオンズの監督になるでしょ？　あるとき、ベンチに座る広岡さんの姿をテレビで見てビックリしたことを、よく覚えているよね。だって、笑っていたから（笑）。それぐらい、笑ったところを見たことがなかったんだよ。思い返してみれば、78年に初優勝を決めた試合、試合後のグラウンド一周で握手をしたときに、少しだけ白い歯が見えた。それ以外、白い歯さえ見た覚えがないくらいだもの」

グラウンドだけではなく、私生活も含めて徹底的に監視の目を光らせていた広岡流指導は、いわゆる「管理野球」と称された。八重樫から見た「広岡野球」とはどのようなものだったのか？

「広岡さんの野球は、ひと言で言えば《型にハマった野球》ですよ。強いチームを作るために必要だという考えだったんだろうけど、それに合わないものは一切許さない。だから、実績を残している選手の中からも反発する人が出たりしたんだよね。攻守ともに型にハマった野球が理想で、独創性とか、選手が自らオリジナルで作ったものとかはダメ。バッティングについても、構えたらもう動いちゃダメ。余計な動きをせずに、そのままの姿勢で打たなくちゃダメだった」

もちろん、広岡の理想は攻撃面だけではなく、守備面でも同様だった。

「守っているときも、背筋をピンと伸ばして普通に捕る。決してファインプレーに見せるような捕り方は許さない。いつも、〝正面に入って捕りなさい〟と言って、基本に忠実なプレーを求めていましたね」

こうして、球団創設29年目となる78年、スワローズはセ・リーグを制覇。さらに、当時黄金時代を迎えていた阪急ブレーブスも撃破し、日本一に輝いた。しかし、翌79年にチームは瓦解し、広岡はシーズン途中での退任を余儀なくされた。

「広岡さんがチームにもたらしたものは、そのときに指導を受けた選手たちじゃないのかな？　杉浦、渡辺、水谷（新太郎）、そして僕。そうした中堅選手たちが広岡さんの時代に育って、その後に長くチームを支え、現役引退後もコーチになって残ったわけだから。広岡さんからは、〝厳しく基本を徹底したら、チームは強くなるんだ〟ということを学びましたね。ただ、固定観念が強い部分があって、それを嫌う選手との衝突があった。〝その点だけは、何とかならなかったかなぁ〟という思いは、今でもありますね」

およそ四半世紀にわたる現役生活において、八重樫にとって忘れられない瞬間がある。それが、広岡監督時代に行われた「ある一戦」である。

77年9月3日、後楽園球場――。

この日、巨人・王貞治が世界記録となる756号ホームランを放った。打たれたのはスワローズの鈴木康二朗、そして八重樫のバッテリーだった。

「この日は第一打席がフォアボールで、球場中が〝勝負しろ！〟って異様な雰囲気になったんだよね。3回裏、第二打席もまたフルカウントになったんですよ。それで、さらに球場中が〝ウォーッ〟と異様な雰囲気に（笑）。このムードに鈴木さんも圧倒されたのかもしれないね。ヤジもすごかったけど、ゴロ狙いで投げたシンカーがスーッと甘いところに入って、あっと言う間に新記録達成」

　困ったのはこの後だった。

「打たれた瞬間は悔しいんだけど、少しずつ冷静になってきたら、王さんがセカンドを回るときに、ショートの水谷が帽子を取って、〝おめでとうございます〟って頭を下げたのが見えた。で、〝オレはどうしよう？〟って迷ったんだよね。打たれたのに頭を下げたら、イカサマをしたみたいでしょ？　だから、王さんがホームベースをきちんと踏むかどうかを確認するふりをしてうやむやにしたんだよね（笑）」

現役最後の4年間は野村克也とともに

　79年シーズン途中の広岡の退任後、スワローズは迷走を続けた。武上四郎監督が誕生した80年こそ2位に躍進したが、それ以降は10年連続でBクラスが続いた。

　そして、関根潤三監督の後を受けて、満を持して1990（平成2）年に誕生したのが「月見草」野村克也だった。

「ノムさん以前とノムさん以後では、チームの雰囲気がガラッと変わったよね。1年目の90年は5位で、2年目の91年に3位になったけど、この2年間の違いがすごく印象的なんだ。1年目のミーティングは人格形成というのか、人間教育というのか、とにかく〝人間とは?〟〝人生とは?〟という精神面の話が多かった。だけど、それを踏まえて、2年目になると具体的な戦術に入っていって、少しずつ少しずつチームが強くなっていった気がするんだよね」

野村の教えをまとめた、いわゆる『野村ノート』は八重樫にとっても、初めて知る驚きに満ちていた。

「野村さんがしゃべるのは最初の数分だけで、あとはひたすらノムさん自らホワイトボードに板書を続けるんです。もう、よどみなく次から次へと書いていく。僕らはそれを必死でメモを取る。その繰り返し。とにかく書くのが速いんです。で、ホワイトボードいっぱいになると、マネージャーが裏返してしまうから、とても大変でしたよ」

当初は野球の戦術、技術面での話題はほぼなく、その大半が人生論であり、人間論であり、野球とは無縁だったという。

「確かに野球には関係ない話のようではあるけど、それまでに聞いたことのない話ばかりだから、僕は面白かったけどね。最初に聞いたのは《耳順《じじゅん》》という、論語の言葉でした。他にも《働き一両、考え五両》という言葉も印象に残っているな」

八重樫が口にした「耳順」は、60歳の異名で、「人の意見を素直に受け入れる」という意味であり、「働き一両、考え五両」とは、考えることの重要性を説いた言葉である。

野村によれば、「考え方が取り組み方になり、訓練によって取り組み方が習慣を作り、習慣が性格を作っていく」ということであり、考え方の大敵は「しゃべりすぎ、食べすぎ」だという。持参した『野村ノート』を繰りながら、八重樫は続ける。

「《成功の条件》は全部で10個。《(1)願望の持続、(2)信念(反復の中で信念が生まれる)、(3)良き理解者に恵まれる、(4)計画性、(5)専門知識の豊富さ、(6)忍耐力、(7)判断力と決断力、(8)潜在意識の判断、(9)頭脳明晰、(10)第六感》と書いてあるね。そして、その次には《代償を求めない成果は存在しない》《生きがいを無視に成功は考えられない》とあるね。当時は意味を考える間もなく、ひたすらペンを動かしていたよね」

細かい文字でビッシリと埋め尽くされているノートは、まったく初めてのことを学び、知ることができる知的好奇心にあふれたものだった。

「うん、確かにそれはまったく新しい価値観だったな。結果的に、そのおかげで僕は42歳まで現役を続けられたと思う。それまで培った技術と経験に加えて、ベテランになってから頭を使うことを覚えて、それで結果的に選手寿命が延びた。それがなかったら、体力の衰えとともにもっと早く引退していたはずだから」

80年代半ばまでレギュラーとして過ごした八重樫は、野村監督時代には代打の切り札として勝負強い打撃でチームに貢献し、93年の日本一を置き土産にユニフォームを脱いだ。完全燃焼の24

年間だった。

「いろいろなことに挑戦しながら、24年間も現役を続けさせてもらえたのだから何も後悔も未練もないですよ。入団当初は〝もっと活躍できるかな?〟という思いもあったけど、その後も長い間、指導者を経験させてもらったりもしたし、自分なりによく頑張ったと思いますよ」

24年間の現役生活で放ったヒットは773本。

キャリアの割には決して多い数字ではない。

それでも、「極端なオープンスタンスの眼鏡のキャッチャー」として、「ミスターオープンスタンス」八重樫幸雄は、今でも多くの人の記憶に息づいている——。

やえがし・ゆきお
1951年6月15日生まれ、宮城県仙台市出身。69年、市立仙台商業高等学校からドラフト1位でヤクルトアトムズに入団。85年には打率.304をマークしベストナイン選出、オールスター出場3回（84、85年、87年）など活躍。93年現役引退。右投右打、身長180㎝・体重92㎏。

【打撃成績】

年度	所属	試合	打数	安打	本塁打	打点	盗塁	打率
1971	ヤクルト	7	11	2	0	0	0	.182
1972	ヤクルト	38	46	9	1	7	0	.196
1973	ヤクルト	20	17	0	0	1	0	.000
1974	ヤクルト	8	10	2	1	1	0	.200
1975	ヤクルト	29	33	6	1	1	0	.182
1976	ヤクルト	36	54	10	1	1	0	.185
1977	ヤクルト	60	176	47	6	18	0	.267
1978	ヤクルト	22	60	11	1	3	0	.183
1979	ヤクルト	74	173	36	10	27	0	.208
1980	ヤクルト	63	113	24	3	13	1	.212
1981	ヤクルト	71	164	28	3	15	0	.171
1982	ヤクルト	73	186	34	5	14	0	.183
1983	ヤクルト	97	264	67	16	45	0	.254
1984	ヤクルト	124	398	100	18	58	1	.251
1985	ヤクルト	120	427	130	13	68	2	.304
1986	ヤクルト	119	365	79	6	23	0	.216
1987	ヤクルト	120	400	112	9	47	2	.280
1988	ヤクルト	53	92	24	2	11	0	.261
1989	ヤクルト	55	49	17	3	17	0	.347
1990	ヤクルト	54	78	14	2	13	0	.179
1991	ヤクルト	38	33	9	0	7	0	.273
1992	ヤクルト	36	33	8	1	9	0	.242
1993	ヤクルト	31	25	4	1	2	0	.160
通　算		1348	3207	773	103	401	6	.241

駒田徳広
王さんに褒められたくて

力があれば、誰にも文句は言われない

かつて、「満塁男」として一世を風靡し、読売ジャイアンツ第52代四番打者を務めた駒田徳広。彼は、巨人の生え抜き選手で唯一、国内球団にFA移籍した男でもある。

まだ若かった頃、当時の王貞治監督に「お前も一本足打法に挑戦してみないか?」とアドバイスを受けたものの1年で断念したこともある。

唯我独尊、自身の考えを貫き通す孤高の男――。

世間にはそんな印象が根強くあるように思える。

「自分の性格はワガママだけど、根は素直だと思います。たとえば、人から何か提案されて〝ノー〟と言ったとします。何も考えずに、ただ〝ノー〟と言うのなら、それはただのワガママかもしれない。でも、きちんと話を聞いた上で、〝ノー〟と言うなら、それはワガママではないんじゃないか? 僕は人の話を聞くのが大好きです。僕がアウトローなんじゃなく、世間がインハイすぎるんです(笑)」

指導者や先輩など、年長者の教えが絶対的な体育会社会において、駒田の考えは異質だ。つい、「その考えを貫くのは難しくなかったですか?」と口にすると、彼は躊躇することなく言った。

「力をつければいいんです。力をつければ、みんな言うこと聞くんですよ。入団当時の藤田(元司）監督、王（貞治）監督にはとてもよくしてもらいました。でも、決して〝かわいがってもらおう〟と生きてきたわけじゃない。それでも面倒を見てもらえたのは、野球が好きで一生懸命だったから。そして、チームや監督に対する忠誠心があったからだと思うんです」

真剣な表情で駒田は続ける。

「自分のプレーで監督やコーチに指摘されたとき、僕は納得いかないことや疑問があれば、監督に聞くタイプです。それで納得できれば〝なるほど、すみませんでした〟と言って必死にプレーします。でも納得できなければイヤな顔をしてしまうでしょうね。実際そういうことも、藤田監督、近藤昭仁ヘッドコーチ時代には何度もありましたからね」

決して器用な生き方ではない。むしろ不器用な生き方だろう。しかし、それが駒田徳広という男なのだ。

奈良県立桜井商業高校から、ジャイアンツにドラフト2位指名されたのは1980（昭和55）年秋のことだった。数多くのプロ野球選手を輩出している甲子園常連校ではない。強豪校出身者の場合、母校の先輩後輩だけでなく、ライバル校出身者も含めて、さまざまな人脈を築くことができる。その後大学、社会人と進めば、そのネットワークはさらに広がっていく。

しかし、強豪校を卒業したわけでもなく、大学や社会人経由でもない駒田は、よく言えば「何もしがらみはない」けれど、一方では「誰の助けも借りられず独力で歩まねばならない」という側面もある。

「いや、それをデメリットに感じたことはないですね。ある意味では自由ですよ。僕の場合は誰も知り合いがいないから、誰からも注目されない代わりに、誰からも文句を言われることもなかったですから（苦笑）」

駒田は淡々と語り続けている。

「王二世」として一本足打法に挑戦

最初に注目されたのはプロ3年目の83年のことだった。開幕2戦目の対大洋ホエールズ戦の試合前に負傷した中畑清に代わって急遽、スタメンに抜擢された。初回に迎えたプロ初打席。駒田は日本プロ野球史上初となるプロ初打席満塁ホームランを放った。

「デビューはすごく目立ったけど、でも、その後は鳴かず飛ばずの時期が、しばらくの間は続きました……」

この言葉通り、センセーショナルなデビューを飾ったものの、中畑が復帰すると再び控えとなり、レギュラーを奪い取ることはできなかった。

転機は王監督時代のプロ4年目、84年シーズンに訪れた。

「4月の終わりだったと思います。突然、〝一本足打法にしてみないか？〟と言われました。王さんは僕のことをもっとホームランを打てる打者にしたいという意思を持っていたんだと思います。もちろんとまどいはあったけど、監督から〝やれ〟と言われて、〝イヤです〟とは言えないし、自分のためにもなると思って一本足打法に取り組みました」

王は、自らの師である荒川博に頭を下げて、駒田の指導を依頼した。以来、駒田と荒川によるマンツーマンの指導が連日連夜続くこととなった。いわゆる「荒川道場」では、パンツ一枚になって、天井から吊り下げられた新聞紙の短冊を真剣で斬り落とす練習が展開された。

84年4月、開幕直後から一本足打法に取り組んだ駒田は一軍にいるときには後楽園球場でナイトゲームに出場し、試合終了後には都内の荒川の自宅に行き、朝方まで特訓に励んだ。そして二軍では、朝から一軍練習が始まるまで新打法に取り組んだ。

「荒川さんのお宅には毎日行きました。なかなかうまくいかなくて、長いときには朝4時半過ぎまでやったこともありました。夏だから外はもう明るかったですね。そこから寮に戻って、またその日の試合に備える。そんなことの繰り返しでした」

当時21歳だった駒田は「とにかく真っ白な状態で何でも受け入れよう」と決意していた。しかし、それまで二本足で打ち、高校球界で実績を残してプロに入ってきた自負もある。一からの練習は大変だった。

「王さんの一本足打法はピタッと足を静止して構える。そうしてボールをきちんと見極めて打ちにいくという、非常に高度なバッティングフォームです。〝本当に自分にできるのかな?〟という思いと〝22歳の王さんにもできたのだから自分にもできるはずだ〟という思いを持ちながら練習を続けました。でも、なかなかしっくりとこなかった。相手ピッチャーに緩急をつけられたときの間の取り方が大変でした」

こうした一本足打法の特訓は1年ほど続けられることとなった。

「若い頃の王さんが取り組んだことと同じ指導を受けました。それはとても光栄なことだったし、〝王さんと同じ練習をして、同じ道を歩んでいるんだ〟と考えると、嬉しさが勝りました。でも、年齢も若かったし、結果が出ないことに関してはとても苦しかったです。王さんの顔に泥を塗ることはできない。けれども、全然結果が出ない。その苦しみはずっと続きました」

この頃、傍目にわかるぐらい駒田は憔悴していた。悲壮感を漂わせて考え込む姿は痛々しく、周囲からは「考える人」から「ロダン」とあだ名された。久しぶりに父と食事をした際には、「死ぬなよ。死ぬんだったら、野球なんか辞めて奈良に帰ってこい」と言われたこともあったという。

「でもこの頃、一人だけ僕とちゃんと向き合ってくれたのが原さんでした」

80年ドラフト同期ながら年齢は4歳年上で、すでにスター街道を邁進していた原辰徳は、悩め

る駒田に言った。

「今、何も明日が見えず、本当にキツいことだと思う。でも、一つのことを信じて続けていたら、絶対に明かりが見えてくるから。オレだって、オヤジに対して〝ノー〟とは言えなかった。でも、それでも続けてきたから今があるんだ。やり通したら必ず何かが見えてくるから」

胸に沁みる言葉だった。この頃、心ないコーチやチームメイトから「駒田はノイローゼだ」と揶揄されていることは自分でもわかっていたからだ。王や原の期待を背負っていることはよく理解していた。「何としてでも成功させる」、その思いで必死にバットを振り続けた。

しかし、駒田は翌85年に一本足打法を断念することになる――。

王の思いを無下にしてしまう無念さ……

駒田の自著『問いただす〝間違いだらけ〟の打撃指導』(ベースボール・マガジン社)には、次のように記されている。

僕はプロ入り4年目の84年、一本足打法を習得しようと王さんの師である荒川博さんのもとに弟子入りし、練習したことがありました。しかし、結局ものにはできませんでした。

それは一本足で完全に立った状態を維持できなかったのが最大の原因です。王さんはそれができたということです。

駒田が振り返る。

「一本足打法には丸1年取り組みました。でも、85年の4月、開幕1週間が経ってファームに行くことになったときに、〝このままじゃ結果が出る気がしない〟と、自分なりに考えてやめることを決めました。あの当時の自分の器では、コップから水があふれている状態で、あれ以上、詰め込むのは技術的にも精神的にも無理だったんでしょう。王監督と荒川さんには非常に迷惑をかけたと思います……」

恩師に迷惑をかけてしまったこと。1年の回り道を経験したこと。駒田はますます「考える人」になっていった。

「別に二本足で打てるという確信もないまま、真っ暗な状態でやめているから、このときは〝これからどうしよう〟という思いだけでしたね。ファンの方の僕への期待感。このとき、それが顕著になくなりましたね（苦笑）。その間に吉村（禎章）はレギュラーになっているわけですよ。でも、僕は一軍と二軍を行ったり来たり。たまにライトで吉村と一緒にノックを受けていても、〝吉村、お前は頑張れよ！　駒田、お前はもういいよ！〟って、よく言われました」

こうして、駒田はついに決意した。

「最初にコーチに伝えました。当然、コーチから王さんに伝わっていると思っていましたが、実際は伝わっていなかったのです」

自分の耳に入る前に『報知新聞』の記事で駒田の決意を知った王が、本人に事情を聞くために合宿所にやってくることになった。4階の自室で駒田は到着を待った。

「王監督を待っている間は、〝死ななくちゃいけないな〟って思っていました。そんな勇気もないのに、4階から飛び降りようと考えていましたから……」

そして、ついに王と対面する。

「これは自分で決めたことなのか？」

「はい、自分で決めました」

「そうか、わかった。これからは自分自身でしっかり練習するんだぞ」

「はい……」

短い問答だった。王は何も詮索しなかった。

その後、すぐに王自ら荒川の下に足を運んで謝罪したということは後で知った。「取り返しのつかないことをしてしまった……」という思いだけが、駒田の胸に残った。

結局、一度も日本一になれぬまま、88年限りで王は監督を退くことになる。

一方、再び二本足に戻した駒田は少しずつ才能を開花させてレギュラーポジションを勝ち取り、球界を代表する選手となっていく。89（平成元）年には近鉄バファローズを撃破し、藤田監督の下で日本一に輝き、打率・500で日本シリーズＭＶＰも獲得した。

「その後、いくら成績を残してもずっと王さんに対する負い目は消えませんでした。その思いは、現役を引退するまでずっと続きました」

ジャイアンツ史上唯一の生え抜きによるFA移籍

ＦＡ宣言して、横浜ベイスターズに移籍したのは94年のことだった。前年に満を持して長嶋茂雄がジャイアンツに復帰した。この年のシーズン中、「事件」が起こった。15年７月16日に配信された『サンスポ』公式サイトには、次のような記事が掲載されている。

【私の失敗（３）】駒田徳広「バントおもしろくない」中畑コーチに反発

決定打は５月９日のヤクルト戦（神宮）だったという。

「いつも７番だったのに、その日は３番。期待されているなと張り切っていると、一回に１、２番に連続ヒットが出て、僕には送りバントのサインでした。ちゃんと決めましたよ。でも、翌日の練習日に中畑さんが『バントのサインを出されたくらいで、何をふてくされてんだ。おもしろくないのか？』と言ってきたので、『そういう聞き方をされると、おもしろくないです』と答えました」

まさに、冒頭で記したような事態に陥ってしまったのである。

「長嶋さんも期待してくれていたのにその期待に応えられなかった。9月に入ると、〝このままオフになったら、えらいことになる〟という中畑さんの談話が新聞に載りました。シーズン終了後に長嶋監督と直接話をしたかったけど機会がなくて、仕方がないので藤田さんに電話で相談しました。前監督ですから、いろいろと調べてくれたんでしょう。40分後くらいに電話が鳴って、〝このままだとトレードは確実だ。巨人を出る勇気と根性はあるか？〟と聞かれ、これで覚悟を決めました」

中畑清コーチと意見の相違があったのは事実だ。再び『サンスポ』から引用したい。

「ノックする姿を見て、長嶋さんのもとでコーチをやるんだから、張り切っているなあと思いましたよ。僕の番になると『日頃、練習してねえからバテるんだ』と怒鳴られて。『前の首脳陣が駒田に厳しい練習をやらせなかった』という意味に聞こえたんですよ。僕は決して練習嫌いじゃなかったし、藤田監督に育ててもらったと感謝していましたから、『じゃあノックを受けるのをやめます』と言ってしまったんです。隣で僕の性格をよく知る福王昭仁が、『また始まったよ』と苦笑いしていました」

あれからかなりの時間が経過した今、駒田は言う。

「中畑さんにはもちろん、長嶋さんにも申し訳ないことをしてしまいました。僕と中畑さんが対立してしまえば、長嶋さんとすれば、自分を支えてくれて、教え子でもある中畑さんの肩を持つのは当然のことですから」

こうして駒田は、ジャイアンツ史上初となる生え抜き選手によるFA宣言をし、94年シーズンからはかつてともに戦った近藤昭仁が率いる横浜ベイスターズへの移籍を決めた。移籍後の駒田は「絶対に2000安打打つぞ」と死ぬ気で決意していた。

「僕はジャイアンツ時代に1027安打放ちました。残りは約1000本です。もしも2000本を打てなければ〝アイツ、巨人を辞めてバカだな〟って言われて終わりですよ。だから明確に2000本は狙っていました。余計なことは考えずに〝とにかくヒットを打つんだ〟という思いで過ごしていました」

98年には「マシンガン打線」の一員として日本一の栄誉にも浴した。現役通算2006安打を放ち、一流選手の証である名球会入りも果たした。

こうして駒田は20年間のプロ野球人生を駆け抜けたのだ。

長年の胸のつかえが取れた瞬間

それでも、この間も王に対する複雑な思いは消えなかった。

しかし、ひょんなことからその思いは氷解する。現役引退からしばらくした頃のことだった。

知人を通じて駒田は「あるエピソード」を耳にした。

「その方が王さんと食事をする機会があったときに、話の流れから、〝王さんの最初の弟子は誰ですか?〟と直接、ご本人に聞いたそうです。僕は、〝イヤな質問だな〟と思って、その話を聞いていました……」

ジャイアンツ監督時代の吉村の名前が出るのか、それともダイエーホークス監督時代の小久保裕紀、松中信彦の名が飛び出すのか……。

しかし、続く言葉を聞いて、自分の耳を疑った。

「その質問を聞いた王さんは、〝駒田だな〟って言って下さったそうです。本当に涙が出るくらいに嬉しかったです……」

その瞬間、胸のつかえが取れたような気がした。結果的に王の好意を無駄にすることになってしまったあの日から、かなりの年月が経過していた。

「僕は今でも王さんに会うと緊張します。王監督時代にサインを見落として、王さんに呼び出されたことがあります。マネージャーから〝監督の近くに行け〟と言われたけど、僕は行きませんでした。王さんは決してそんな人じゃないのはわかっているけど、もしも王さんに殴られたらもう生きていけないと思ったからです。自分の夢に引っぱたかれる。そんな惨めで情けない人間はいないですから……」

駒田の言葉の端々には、王に対する深い敬意が滲み出ている。これこそ、冒頭で彼が口にした「忠誠心」なのだろう。

それからさらに時間が経過したある日、駒田と王は野球教室で一緒になった。その翌日、駒田はすぐにお礼の電話を入れた。

「そのとき留守電になっていたので、〝昨日はありがとうございました〟とメッセージを残しました。すぐに王さんからお電話をいただいたんですけど、今度は僕が電話に出られなかったんです……」

このとき、今度は王からの留守電メッセージが残されていた。

「丁寧なメッセージを残してくれてどうもありがとう。これからは遠慮することなく、気軽にときどき電話をかけておいでよ……」

感慨深い面持ちで駒田は言った。

「留守電を聞いて涙が止まらなかったんです。〝気軽に電話をかけておいでよ〟という言葉も嬉しかったけど、それよりも〝丁寧なメッセージを〜〟と言われたことが嬉しかったんです。僕には、〝ようやくお前も、礼儀をわきまえたまともな大人になったな〟という意味に聞こえたからです。王さんに初めて褒めてもらった。僕にはそう思えてならなくて、涙が止まりませんでした……」

王と駒田の師弟関係は、時間による熟成期間を経てついに完成したのだ――。

こまだ・のりひろ
1962年9月14日生まれ、奈良県出身。80年、桜井商業高校から読売ジャイアンツにドラフト2位入団。ゴールデングラブ10回は一塁手として歴代最多。日本シリーズMVP（89年）、オールスターゲームMVP（92年第3戦）、ベストナイン（98年）ほか表彰多数。93年オフにFA宣言し横浜ベイスターズ移籍。2000年引退。左投左打、身長191cm・体重90kg。

【打撃成績】

年度	所属	試合	打数	安打	本塁打	打点	盗塁	打率
1983	読売	86	182	52	12	47	2	.286
1984	読売	79	84	20	2	11	1	.238
1985	読売	92	151	38	3	20	1	.252
1986	読売	64	101	26	3	18	1	.257
1987	読売	113	331	95	15	40	1	.287
1988	読売	116	365	112	11	40	0	.307
1989	読売	126	413	125	11	56	10	.303
1990	読売	130	470	135	22	83	7	.287
1991	読売	130	510	160	19	66	5	.314
1992	読売	130	505	155	27	64	1	.307
1993	読売	122	437	109	7	39	1	.249
1994	横浜	130	525	149	13	68	0	.284
1995	横浜	130	499	144	6	66	0	.289
1996	横浜	130	485	145	10	63	1	.299
1997	横浜	135	507	156	12	86	2	.308
1998	横浜	136	551	155	9	81	0	.281
1999	横浜	129	519	151	9	71	0	.291
2000	横浜	85	306	79	4	34	2	.258
通　算		2063	6941	2006	195	953	35	.289

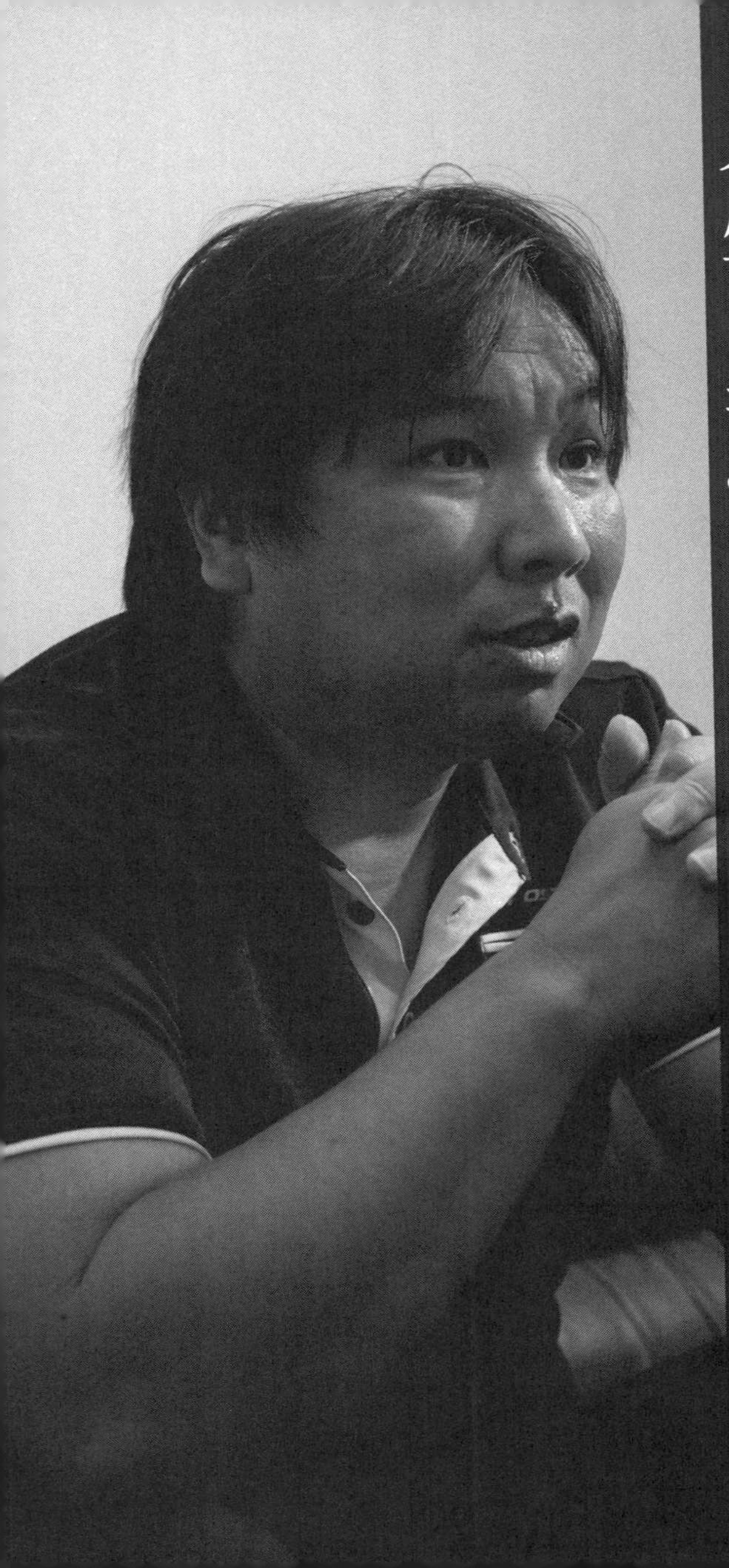

里崎智也
人生を幸せに生きる達人

TOMOYA SATOZAKI

超人気ユーチューバーとして

まずは、２０２１（令和３）年夏に書いた文章を再録したい。

文中に登場するYouTubeのチャンネル登録者数はその時点のものであり、ここでの「去年」とは、コロナ禍が直撃した２０２０年のことである。

里崎チャンネル――。２０２１（令和３）年8月現在、チャンネル登録者は47万人。プロ野球OBとしては清原和博「清ちゃんスポーツ」の48・3万人に次ぐ超人気コンテンツだ。

「清原さんを登録している人は、僕とは違って、きっと野球好き以外の人も見ていると思うんです。清原さんはレジェンドだし、僕と同じフィールドにはいないです。でも、僕はわりといいオプションを積んでる軽自動車なんですよ」

千葉ロッテマリーンズの正捕手として05（平成17）年、10年と二度の日本一に貢献。06年の第1回WBC（ワールド・ベースボール・クラシック）では日本を世界一に導き、大会ベストナインにも選ばれた。その里崎は、自らのことを「軽自動車」と称した。

「僕は決してセンチュリーとか、クラウンとか、ベンツじゃないんですよ。通算で１０００試合ぐらいしか出てないし、ヒットを１０００本も打ってない。ホームランだって１０８本です。ただキャラクターだけで成り立っている軽自動車なんですよ（笑）」

通算出場1089試合、通算安打890本の里崎は言う。しかし、「いいオプションは積んでいる」と饒舌に続けた。

「だけど、WBCでは世界一になりました。大会ベストナインになりました。（北京）オリンピックにも出ました。クライマックスシリーズ（CS）3位から日本一になりました……。こういう、わりといいオプションは全部持っているんです（笑）」

現役引退直後、里崎は「現役時代同様、引退後の第二の人生でも1億円プレイヤーになる！」と宣言している。売れっ子ユーチューバーである現在、その「夢」は実現したのだろうか？

「まだ達成していないです。去年は（1億円に）いきそうだったんですけど、コロナ禍で講演、イベント、野球教室と大口案件が全部なくなっちゃったんですよ。大口がなくなった分をYouTubeが補填したけど、まだまだですね」

何を聞いても、どんな質問でも、立て板に水のような回答が返ってくる。頭の回転の速さと明晰な論理展開。現在、メディアで引っ張りだこの理由がよく理解できる。

……ここまでが2021年の夏に書いた文章である。ここから先に記すのは、それから3年が経過した24年春の文章であるということをまずは断っておきたい。

結論から述べれば、里崎は21年、ついに年商1億円を突破する。22年11月に発売された里崎の自著『YouTube『里崎チャンネル』はなぜ当たったのか　再び1億円プレイヤーになるまでにしたこと全部』(徳間書店) において、彼はこんなことを述べている。

これでメディアの前に出ての仕事や、講演会、野球教室にYouTubeが加わって、21年にはとうとう年商が1億円を突破しました。引退から7年が経っていました。現役で1億円に到達するまでに9年かかっていますから、引退後のほうが早かったというのも嬉しい話ですね。

まさに有言実行である。これまで、ここまで自身の収入を開示するプロ野球評論家がいただろうか？　そして、ここまで自己分析をキッチリと行い、成功への道を歩んでいる元プロ野球選手がいただろうか？　里崎智也とは、実に稀有な異能の人なのである。

自分の利益を最優先する

徳島の鳴門工業高校から帝京大学を経て、99年に逆指名でマリーンズに入団した。球団選択の理由は「弱い、ヘボいから」というシンプルなものだった。

「僕が入団する前年の98年にロッテは18連敗をしているんです。で、連続最下位だったたんです。今ならば全球団、全試合、見ようと思えば見られるじゃないですか。だから、〝この球団には、こんな選手がいるのか……〟って、大体わかりますよね。でも当時は今と違って、ロッテ戦中継を見る方法もなかったから、〝18連敗、連続最下位＝弱い、ヘボい、試合に出られる〟って考えて、マリーンズに入ることにしたんですよ（笑）」

当時、ヤクルトスワローズには古田敦也、横浜ベイスターズには谷繁元信、福岡ダイエーホークスには城島健司が不動のレギュラーとして君臨していた。当然、里崎はその点も考慮していた。

「それだけじゃないですよ、巨人は村田真一さん、中日は中村武志さん、阪神は矢野（輝弘／現・燿大）さんが台頭する頃だったし……。他球団を全部比較した結果、日本ハムと近鉄、そしてロッテには絶対的なキャッチャーがいなかった。だから同じ年のドラフトで、日本ハムは實松（一成）、近鉄は藤井（彰人）、ロッテは僕を獲得したんです」

やはり、立て板に水のごとく、四半世紀も前の各チームのキャッチャー事情が流暢に語られる。現在の評論家活動でも垣間見られるように、里崎の判断は常に合理的だ。したたかな計算と策略が、背後に見え隠れする点はずっと一貫している。

「親に言わせると、〝智也は子どもの頃から、自分の利益になる人はすごく大事にするけど、利益にならない人とはつき合わなかったもんね〟って（笑）。その点はまったくブレてないですね」

悪びれもせず、恥じらいもせず、満面の笑みで言い切るところに彼の魅力はある。強いチームの控えに甘んじるのなら、弱いチームで出場機会を得た方がずっといい。当然の判断だった。しかし、里崎の目論見はもろくも崩れ去った。

「大学ではバリバリのレギュラーで、大学生捕手としては1、2位の成績を残していたけど、プロではまったく歯が立たなかったです。〝このチームが18連敗するなら、他のチームはどんだけ強いんだよ〟と死ぬほど思い知りました」

入団から3年間は雌伏の時代を過ごした。少しずつ出場機会を増やし、大輪の花を咲かせるのはボビー・バレンタイン監督が就任した04年以降のことだった。

「ボビーがちょうどいいタイミングで監督になってくれたんです。試合前に監督がファンの前で社交ダンスを踊るんですから、あの当時のロッテは何をやっても許される雰囲気だったんです」

試合後、球場外周の特設ステージで、ファンの前で歌声を披露したこともある。自分を売り出すには最高の環境だった。

「黙っていたら、ロッテのことなんか誰も報道してくれないんですよ。巨人や阪神だったら、ホームラン1本打てば1面で大見出しになるけど、ロッテなら3本打っても小さい記事程度です。下手したら、せっかくソフトバンク相手に6対3で勝ったのに、翌日の新聞を見ると〝ホークス敗れる〟とか、〟斉藤和巳打たれる〟って、負けた方が主語になるぐらいですから」

苦笑を浮かべながら里崎は言った。

「だから当時の僕は、〟どうやったら知名度が上がるのか、有名になれるのか？〟ということをずっと考えていました。ロッテの場合は、野球だけしてたって絶対に有名になれないから（笑）」

シーズンオフにはディナーショーも敢行した。メディアに呼ばれれば、どんな仕事でも全力でこなした。それは現役中も、今もまったく変わらぬ里崎のスタンスである。

「日本」ではなく、まず「世界」のベストナインに

前述したように、マリーンズは05年に31年ぶりの日本一に輝いた。バレンタイン監督によるさまざまな「改革」が功を奏したのである。

このとき、バレンタインが口にした印象的な言葉があるという。

「日本のこれまでの野球は、試合に負けているときほど多くの選手を投入するけれど、それでは、チーム全体が負けを共有することになってしまう。だからこそ、むしろ勝ち試合にこそ、多くの選手を起用すべきだ。そうすれば、チーム全体で勝ちを共有することができるし、自然に勝者のメンタリティが芽生えてくる」

Sato
22
ZETT

この考えに感銘を受けた里崎は「ボビーがもたらしたもの」を続ける。

「いわゆる《ボビーマジック》でしたね。秋のキャンプがなかったことも最高でした。ペナントレースが終わって、秋にもキャンプをすると、心のオフがなくなるんです。束の間のオフを過ごしていても、〝そろそろ自主トレをしなくちゃ〟とか、〝（春の）キャンプの準備をしなくちゃ〟と考えていると、心の休まる時間がないんです。でも、ボビーが監督だったときには、秋のキャンプもなくて心のオフを満喫できましたから」

心に余裕があるから、いざグラウンドに立ったときには「心身ともに全力でプレーすることができた」と里崎は言う。こうしてチームは日本一に、アジア一に輝いた。

その余勢を駆って、翌06年のＷＢＣでは日本代表正捕手として選出された。しかし、当時の里崎はまだ売り出し中の若者に過ぎなかった。

「頭の中にあったのは、〝邪魔しないように頑張ろう〟ってことでしたね。だって、僕はポッと出でしたからね。ピッチャーは大エースの上原浩治、松坂大輔。ファーストは小笠原（道大）さん、二遊間がムネリン（川﨑宗則）と（西岡）剛で、サードが岩村（明憲）。さらに外野にはイチローさんまでいるんですから。邪魔だけはしないようにという思いですよ（笑）」

しかし、この大会で里崎は全８試合に出場し、好リードで投手の実力を引き出しただけではなく、打率・４０９、１ホームランで大会ベストナインにも輝いている。

「あの大会は僕の戦略勝ちです。国際大会は明らかにアウトコースのストライクゾーンが広いですよね。僕は元々アウトコースが得意なんです。でも、あえてホームベースからちょっと離れてオープンスタンスで構えました。相手バッテリーにインコースを投げづらくさせるためです。で、思い切って踏み込んでアウトコースのボールを引っ叩く。それが見事にハマったんです（笑）」

そして里崎は「国際大会であろうが何もプレッシャーはない」と断言する。

「だって、選ばれて行ってるんですよ。こちらから立候補して、〝ぜひ代表に入れてください〟って頼んだわけじゃない。選ばれてないヤツに文句言われたって、痛くもかゆくもないですよ」

さらに、ケラケラと笑いながら里崎は続ける。

「日本のベストナインを獲る前に世界のベストナインになったから、この年のペナントレースは緊張しましたよ、逆に。でも、この年はベストナインもゴールデングラブ賞も受賞できたのでホッとしましたけどね（笑）」

そして、ユーチューバーとして大ブレイク

プロ野球の世界において、独特の価値観を持ちつつ、第一線で活躍した。

そして、プロ16年目となる14年オフにヒザの故障が悪化して現役を引退した。何も未練はな

かった。そして、ここからの里崎の切り替えは早かった。

17年3月に発売された『エリートの倒し方　天才じゃなくても世界一になれた僕の思考術50』（飛鳥新社）には、引退直後の心境について次のように述べられている。


僕は2014年に現役を引退しました。

それから会社を立ち上げ、野球の解説から講演会、バラエティ番組の出演などなど、多種多様な仕事を引き受けています。

僕は独立するときに、「便利屋になる」と誓いました。仕事を選ばず、依頼が来たらなんでも引き受けようと決意したのです。


「僕は選手としては超一流の成績を残したわけではないですから。キャッチャーで言えば、古田さん、谷繁さんで、メインの枠は埋まっていますから。日本シリーズやWBC中継の主音声は古田さんや谷繁さんに依頼が来る。だから僕は副音声を目指せばいいし、別にネット配信でも全然構わないですから」

引退直後に「便利屋になる」と誓った里崎は、ここでも有言実行を貫いた。頼まれた仕事は「身体が空いている限りは何でも引き受けた」という。その際に心がけていたことがある。前掲した『エリートの倒し方』にはこんな記述がある。

僕が引退して今のように仕事ができるのは、三つの強みがあるからだと考えています。一つはすぐ連絡がつくこと、二つ目はフットワークが軽いこと、三つ目はムダによくしゃべることです。この三つの柱で僕は成り立っています。

自己分析に長け、成長戦略を持つ里崎の引退後の人生はトントン拍子に進んでいく。さらに「1億円」への道をアシストしたのが、引退から5年後の19年3月に開設した「Satozaki Channel（里崎チャンネル）」である。

スタート時、里崎は「自分はどういうキャラクターなのか?」「自分にしかできない強みとは何か?」「どういった人たちが興味を持って見てくれるのか?」と自己分析したという。

「ハッキリ言えば、戦略を立てる必要がある人って能力のないヤツなんです。僕自身は、アマチュア時代は戦略がなくても、努力だけで何とかなっていた。でも、プロではそれではまったく通用しなかったから戦略を立てる必要があった。能力がないヤツはやっぱり頭を使わなければ生きていけないですから。それは、YouTubeを始めたときにも、同じことは考えていました」

開設から5年が経過した24年3月末時点でのチャンネル登録者数は74・2万人に達した。冒頭で紹介した21年時点でトップを走っていた清原和博「清ちゃんスポーツ」は51・6万人で、すでに逆転している。もちろん、里崎の活躍はYouTubeだけにとどまらない。引退後に何冊も自著を発売しているが、彼の著作はいずれも、これまでの「野球本」とはひと味違う内容になっている。前述した『エリートの倒し方』にしても、『YouTube『里崎チャンネル』はなぜ当たったのか』にしても、本の体裁はビジネス書、自己啓発書となっており、野球ファンだけではなく、一般ビジネスマンが読んでも、大いに参考になる作りとなっている。一例として、『エリートの倒し方』から、その見出しを抜粋してみよう。

・「自分はたいしたことはない」、だから伸びる
・チャンスは「頭を使った人」を選んでやってくる
・小さいこだわりが無限の可能性を永遠に殺す
・一流の人は、何よりも「受信力」を磨いている
・上司は「褒めるときは適当」、「叱るときは本気」
・「便利屋」になればチャンスは舞い込む

フレーズだけを見ていると、どこかのカウンセラーや心理学者、大手企業の経営者の書籍で見

るような文言が並んでいる。さらに、そこにはこんな言葉もある。

・「有言実行」は、ノーリスク・ハイリターン

本稿でも、「有言実行」という言葉をたびたび用いたが、「有言実行」について、里崎は10年シーズンを例に挙げた。この年、マリーンズはシーズン3位からCSを勝ち抜き、ついには日本シリーズでも中日ドラゴンズを撃破。「史上最大の下剋上」と話題になったシーズンである。

「CSファーストステージを勝ち上がったときに、僕は〝史上最大の下剋上を見せます!〟と宣言して、実際に日本一になりました。日本人的には《不言実行》の方が評価が高いけど、不言実行って、極めてローリスク・ローリターンなんです。人には何も言わないから、結果が出なくてもなかったことにできるでしょ。でも、《有言実行》の場合は、実現したときのインパクトが大きいからリターンが大きいんです。仮に実現しなくても、1カ月前とか、1年前にその人が何を言ったかなんて、ほとんどの人は覚えてないから、リスクも少ないんです。だったら、どんどん口にした方がいいじゃないですか(笑)」

決して気負うことなく、ある意味では飄々と第二の人生を歩んでいる。「現役引退後に1億円を稼ぐ」と宣言し、まさに有言実行で実現した里崎には「もう一度、ユニフォームを着たい」と

いう願望はあるのだろうか？　愚問を承知で質問をする。

「指導者として現場復帰？　ないです」

予想通りの答えだった。そして、彼は続ける。

「……どんなに頑張っても給料が上がらない仕事、何が楽しいんやって（笑）。将来の不安も何もないですよ。逆に、どういう不安があるんですか？　僕、人の意見をまったく気にしないんで、何を言われても何とも思わないんです」

そして、高らかに宣言する。

「僕は球界のドン・キホーテを目指したいんです。ドンキって、〝そこに行けば必ずある〟って信頼感があるじゃないですか。だから僕も、〝とりあえず困ったら里崎に頼もう〟ってなりたい。それが理想ですね。そしてこれからは、〝働かずして1億円を稼ぐ〟状態に持っていきたいですね。今はまだとてつもなく高いハードルだし、その方法も見つかっていないけど、ゆくゆくは実現させてみせますよ」

人生を楽しく、幸せに生きる方法――。そのヒントは、里崎流思考術にある。

さとざき・ともや
1976年5月20日生まれ、徳島県鳴門市出身。鳴門工業高校から帝京大学に進み、99年ドラフト2位(逆指名)で千葉ロッテマリーンズ入団。05年シーズン2位からプレーオフを経て日本一、06年WBC優勝、10年シーズン3位からCSを突破し日本一(史上最大の下剋上)などに貢献。ベストナイン(06年、07年)、ゴールデングラブ賞(同)など表彰多数。右投右打、身長175cm・体重94kg。

【打撃成績】

年度	所属	試合	打数	安打	本塁打	打点	盗塁	打率
2000	千葉ロッテ	4	7	3	0	1	0	.429
2001	千葉ロッテ	9	18	5	0	5	0	.278
2002	千葉ロッテ	12	23	1	1	1	0	.043
2003	千葉ロッテ	78	213	68	8	39	0	.319
2004	千葉ロッテ	61	174	37	6	19	0	.213
2005	千葉ロッテ	94	297	90	10	52	1	.303
2006	千葉ロッテ	116	382	101	17	56	2	.264
2007	千葉ロッテ	127	477	129	14	75	1	.270
2008	千葉ロッテ	92	330	86	15	45	1	.261
2009	千葉ロッテ	124	414	97	10	49	0	.234
2010	千葉ロッテ	78	247	65	10	29	1	.263
2011	千葉ロッテ	109	338	75	5	25	0	.222
2012	千葉ロッテ	120	385	94	9	41	0	.244
2013	千葉ロッテ	48	134	30	3	17	0	.224
2014	千葉ロッテ	17	37	9	0	4	0	.243
通　算		1089	3476	890	108	458	6	.256

G・G・佐藤
あの素晴らしい夏をもう一度

「自虐」ツイートに込めた思い

まずは、2021(令和3)年2月10日、AM7時ちょうど、G.G.佐藤のツイート(現・ポスト・以下同)を紹介したい。

おはようございます! 椎名林檎さんと同い年北京事変のG.G.佐藤です!


このツイートをした理由を尋ねると、G.G.佐藤はニヤリとほほ笑んだ。

「統計を取ると、どうやらTwitter(現・X)の場合は、自虐的なネタの方がウケるんですよ。だったら、使えるものは使わなければもったいないから(笑)」

椎名林檎の「東京事変」ならぬ、G.G.佐藤の「北京事変」。野球ファンならば、すぐにピンとくるだろう。

08(平成20)年北京オリンピック――。

星野仙一監督率いる日本代表は、アジア予選を全勝で本戦に出場したものの、予選ラウンドは4勝3敗で4位となる。そして、メダル獲得をかけた準決勝の韓国戦、さらに韓国に敗れて臨んだ翌日の3位決定戦となるアメリカ戦。いずれも、G.G.はスタメン出場を果たしている。

そして、この2試合において、本人の言う「北京事変」は起きている。

「実は北京入りするときから、守備の不安を抱えていました。バッティングに関しては打てないこともある。自分が打てなくても、代わりの選手が打ってくれればいい。でも、守備に関しては絶対にエラーは許されないし、一つのエラーは負けに直結する。だから、〝自分のエラーで、チームの足を引っ張りたくないな〟という思いはずっと持っていました。そんな思いが結果的に裏目に出たんです……」

まさに、この「予感」は的中する。

この試合に勝てば日本の銀メダル以上が確定するという、8月22日の準決勝・韓国戦では4回に何でもないゴロをトンネルしてしまった。後続のゲッツー崩れの間に、韓国に得点が入る。さらに8回には左中間のフライをグラブに当てて落球した。

「相手は左ピッチャーが投げる予定だったし、予選でもヒットを打っていたので、試合前には〝オレの出番はあるな〟と思っていました。ただ、実は肩を負傷していたし、慣れないレフトへのとまどいもあったし、グラウンド状況も日本の球場と比べたらよくなかったので、守備の不安はマックスでしたけど……」

まずは4回のトンネルについて、本人からの反省の弁が述べられた。

「あれは、誰でも捕れるゴロでした……。その時点で、自分のことを疑いました。〝こんな簡単なゴロを捕れないなら、難しいフライなんか捕れるはずがない〟って。そんなメンタル状況に陥った結果、試合中も〝飛んでくるな、飛んでくるな〟という思いでいっぱいでした。しかも、このエラーが失点に結びついて、ますます〝次もエラーしたら、完全にオレのせいだぞ〟って……」

続いて8回の落球について、G.G.の「解説」は続く。

「8回のフライはセンターの青木（宣親）と僕の間に飛んできました。青木は守備がうまい。だから内心では、〝青木が捕ってくれないかな〟って思っていました。口には出さなかったけど、心の中では〝アオキーーーーー！〟って叫んでいました。でも、実際は完全に僕が捕る打球でした……」

そして、ボールは無情にも、G.G.のグラブからこぼれ落ちた。

「4回にゴロをエラーしてから、その間にフライが飛んでこなかったんです。だから、ずっと不安な気持ちのままで守っていました。もしもこの間にイージーフライでも処理していれば、もっと気楽な感じで守れたかもしれなかったんですけど……」

G.G.の苦難の道はなおも続く。翌23日、銅メダルをかけた3位決定戦では、3点リードで迎えた3回にまたしても、浅いレフトフライを落球してしまったのである。

10年間のプロ生活において、外野手としてわずか9つしかエラーを記録していないG.G.が、たった2日間で三つのエラーを記録した。そして、後続にスリーランホームランを打たれて、あっと言う間に同点となってしまった。

「前日に手痛いエラーをしていたから、〝今日は出番はないだろう〟と思っていたら、当日の朝、スタメン発表の中に自分の名前があったので、〝マジかよ、星野さん、ウソでしょう〟って思いました。それが星野さんの漢気であり、優しさだということは後になってから気づきました……」

改めて、自分なりに前日の反省をする。その結果、「失敗したのは消極的だったからだ」と気がついた。しかし、その気づきは、さらなる不幸の呼び水となった。

「逆スイッチが入っちゃったんです。つまり、前日は消極的な気持ちのせいでミスをしてしまった。ならば、今日は積極的にいこう。そう考えたんです。試合中も、〝ボール来い、オレのところに飛んで来い！〟という気持ちでした」

本人の願い通り、自分の前に小飛球が飛んできた。ショートの中島裕之（現・宏之）が猛然と追いかけてくる。

「あれは、先に中島が声を出していました。彼なら捕れたと思います。でも、後ろから僕が〝オレが捕る〟と声をかけました。両方が〝オレが捕る〟と言ったときには、後ろの選手が優先ですから、邪魔にならないように中島がどくのは当然のことでした。冷静に考えれば、僕が捕りにいかない方がよかった。中島に任せるべきでした。〝昨日の弱気なままの自分でいろよ！〟という後悔……。完全に裏目に出ました」

こうして、星野ジャパンはメダルを逃した。世間だけでなく、本人も自覚していた。日本が敗れたのはG．G．のせいだった——。

「A級戦犯」のそしりを受けて……

その日の夜のことだった。G．G．は憔悴し切っていた。「メダルを獲れなかったのはオレのせいだ」という自責の念にかられていた。

「北京には両親と妻を呼んでいました。一刻も早く宿舎から離れたかった僕は、逃げるように家族と食事に行きました」

この間、宿舎は大騒ぎとなっていた。

「僕のことを心配して、キャプテンの宮本（慎也）さんをはじめ、みんなが僕の部屋を入れ替わりで訪ねてくれたそうです。でも、肝心の僕はどこにもいない。部屋は鍵がかかっていて、人の気配がない。〝ひょっとしたら、中では最悪の事態が……〟という思いだったのかもしれません。そして、慌ててみんなでホテルの周りを確認に行ったみたいです。そうです、飛び降り自殺しているんじゃないかと心配して……」

無事にホテルに戻ってきたG．G．の姿を見て、みんなが安堵したという。

「北京事変」から6年後となる14年、G.G.が千葉ロッテマリーンズに在籍していた頃に出版された『妄想のすすめ　夢をつかみとるための法則48』（ミライカナイブックス）という本がある。そこには、こんな記述がある。

グローブをかすめてボールが落ちた瞬間、大砲の弾が爆発したような大きな音がした気がしました。

「ズドーン！」

そこから後はほとんど記憶がありません。その日の夜、「死にたい」と、ひと言だけ書いたメールを妻の真由子に送ったそうです。

気がついたら、北京から日本へ帰る飛行機に乗っていました。飛行機にあったスポーツ紙の1面は、どれも僕のエラーの瞬間の写真です。改めて自分のしでかしたことの大きさを実感しました。

「このまま飛行機が墜落したらいいのに」

ぼんやりとした頭で、そう考えていました。

何もメダルを手にすることができず、手ぶらで日本に戻る機内では、自分が1面になった日本

JAPAN

のスポーツ紙を目にしてしまった。そこには「A級戦犯」という文字や、エラーを意味する「E」をもじった「E.E.佐藤」というフレーズが躍っていた。

「空港では、〝タマゴとか水をかけられるかもしれないから、みんなでG.G.を守れ〟と、チームメイトは言われていたようです。マジで帰りたくなかったです……」

しかし、冒頭に掲げたツイートのように、かつては「死にたい」と思った自身のミスを、今では「自虐」にできる強さとしたたかさを手にしている。

「結局、タマゴは投げられなかったけど、どうせなら投げてほしかったですね。それをキャッチして、〝オレはちゃんと捕れるんだ〟と証明したかったたな（笑）」

ケラケラとG.G.は笑った。

波瀾万丈の野球人生の果てに……

振り返れば波瀾万丈の野球人生だった。

桐蔭学園から法政大学に進んだものの、本人いわく「バリバリの補欠」で、大学4年間でほとんど出番はなかった。「何かを変えなければ」の一念で大学3年時に肉体改造を試みて、体重は80キロから一気に110キロまで増えた。

「パワーがついたので、一気に飛距離が伸びました。初めて、〃野球って面白いな〃って思いましたね。でも、練習では打てるけど、試合では打てなかったな」

当然、卒業時にドラフト指名されることはなかった。そこで、単身アメリカでの武者修行を選択した。3年間、フィリーズ傘下のチームで実績を残して、「逆輸入」の形で、03年ドラフト7巡目で西武ライオンズへ。

指名順位に表れているように、高い期待を背負っての入団ではなかった。

「僕はテスト入団だったから、担当スカウトもいませんでした。入団契約のときには、〃君は2、3年でクビになるんだから、きちんと人間関係を大切にして、何とか球団に残れるように頑張りなさい〃と言われましたね」

それでも徐々に結果を残し、やがて一軍に定着。自分のことを「愛の波動砲G・G・佐藤」と宣言したり、お立ち台では「キモティー」と表現したり、個性的な選手として人気を博していく。

08年には両リーグを通じて最多得票でオールスターにも出場、件の日本代表にも選ばれた。しかし、翌09年には「北京事変」をバネにして、キャリアハイを記録したものの、その後の成績は緩やかに下降していく。

そして、11年シーズンを最後にライオンズから戦力外通告を受けた。

「選手としての価値がなければクビを切られるのは当然のことだけど、野球に区切りをつけるためにイタリアに渡りました。野球を続けるのなら、韓国や台湾でもいい。でも、どうせなら他人がやらないような道を選びたかった。だからイタリアに行きました」

イタリアでの日々は、G.G.に新たな視点をもたらした。少年時代に感じていた「野球を楽しむ」という原初的な喜びを再び思い出したのである。

12年をイタリアで、さらに日本の富山のクラブチームで過ごした。そして13年、ライオンズ時代の恩師である伊東勤がマリーンズ監督に就任するとともに、伊東の誘いでG.G.も入団。ここでは思うような結果が残せなかったものの、翌14年に満足感とともに現役を終えることができた。

「楽しんで野球をやったイタリアの思いのままでロッテでも野球ができました。引退のときに涙は流れました。でも、それは決して悔し涙じゃない。あの涙は、42・195キロを走り抜いた感動の涙でした」

野村克也、サッチーの言葉に救われる

現役引退後、宅建士の資格を取得し、父が社長を務める地盤調査、地盤改良の会社で奮闘する日々を送っていた。しかし、この間もずっと、「北京の夏」が、のどの奥に刺さった小骨のようにG.G.を苦しめた。

このとき、胸の奥に巣食う、どんよりとした思いを救ってくれた恩師がいる。

野村克也、そして沙知代夫人である。

現役時代、G.G.と野村夫妻との間に接点はない。しかし、そのはるか前、彼が中学生の頃にG.G.と野村夫妻は濃密な時間を過ごしていたのである。

「僕は中学時代、沙知代さんがオーナーを務める港東ムースというチームに入っていました。監督は野村さんの息子の団野村さんでした。当時、野村（克也）さんはヤクルトの監督でしたけど、時間を作っては僕たちの練習に顔を出してくれました」

ムースでの練習初日、今でも忘れられない出来事がある。

「最初の練習のときに、いきなり沙知代オーナーから〝お前、シャキッとしろ。このくそジジイ！〟って怒られました。さらに、〝お前、ジジくさいな〟って言われました。それを横で聞いていた団さんが、〝いいね、ジジイ、いいね〟ってバカ笑いをしていたんです。で、団さんはあだ名をつけるのが大好きなんですけど、この瞬間から僕のあだ名は《ジジイ》になりました。こんなかわいらしい僕に対して、《ジジイ》ですからね（笑）」

練習初日、佐藤少年はいきなり「ジジイ」と命名された。そして、後に法政大学卒業後、アメリカのチームにテスト入団する際に尽力した団のアドバイスで「日本の名前だと読みづらいし、覚えづらいから《G.G.》でいいんじゃないの？」とアドバイスをされた。

それが、現在まで続く「G.G.佐藤」の由来となった。

「そうなんです。だから、《G.G.佐藤》の名づけ親が沙知代オーナーであり、アレンジしたのが団さんなんです（笑）。本名の《佐藤隆彦》って、あんまり好きじゃなったので、むしろ新しい名前ができた感じで嬉しかったですね。中学時代にもそう呼ばれていたし、今でもずっと使っていますけど、なんか本当の自分が見つかったような感じで、すごく嬉しかったのを覚えています」

愛息の克則のために作ったムースは全国大会優勝経験を誇る強豪チームであり、中学3年時にはG.G.もレギュラーとなり全国制覇を成し遂げている。

「ムースの卒団式で、野村さんから《念ずれば花開く》と書かれた直筆の色紙をいただきました。願い続ければ夢は必ずかなう。かなわなかった人は、願うことを途中でやめた人だ。そんな言葉もいただきました」

野村夫妻とG.G.との間には、このような関係性があったのである。

改めて08年の夏に時計を戻したい。G.G.の痛恨のエラーによって、星野ジャパンは敗れた。スポーツニュースのみならず、ワイドショーでもこの話題で持ち切りだった。当然、G.G.に対する世間の風当たりも強かった。

「帰国後も、いろいろ批判は受けました。しばらくの間はかなり引きずりました。すごく病んでいたんですけど、ある日のワイドショーでの沙知代さんの言葉に救われました」

当時、ワイドショーのコメンテーターとして活動していた沙知代は、G.G.を責め立てる風潮に対して、ハッキリと「ノー」と言い切った。

「この子、私の教え子なのよ、そんなに責めないでよ、本当は守備だって上手なんだから」
G.G.が当時の心境を振り返る。
「あの言葉は本当に嬉しかったですね。中学時代にはさんざん厳しい言葉をかけられたし、ぶっ叩かれることもあったのに、まさか、沙知代さんからあんなに優しい言葉をかけてもらえるとは思わなかったですから（笑）。すっかりごぶさたしていたのに、僕が港東ムースにいたということを認識してくれているのも嬉しかったし、僕のことをフォローしてくれたのも嬉しかった」

「エラーしてもいいから、もう一度、あの夏に戻りたい」

さらに、G.G.は野村からも優しい言葉をかけられている。

「野村さんが亡くなる数日前に、テレビ番組の収録で監督とご一緒しました。お会いした瞬間、自分でも意外なことに涙が一気にあふれてきました。野村さんがいたからこそ、僕は高校でも大学でも野球を続けることができ、プロ野球選手にもなれたと思っています。そうした感謝の思いが、涙になって出てきたのだと思います。このとき、北京オリンピックの話題が出ました。野村監督は僕の目を見ながら、こんな言葉をかけてくれました……」

野村は諭すように、G.G.に告げた。

「エラーしたお前の勝ちや。北京オリンピックに出たメンバーで、誰が世の中の人の記憶に残っている？　お前と星野の二人だけや。名を残したお前の勝ちや……」

北京五輪からすでに12年が経過していた。心の傷はかなり癒えていたものの、このときの野村の言葉によって、G.G.は完全に救われた。

「野球は失敗のスポーツです。10回打席に立って3回ヒットを打てば一流打者と呼ばれます。つまり、7回の失敗が許されるスポーツです。ならば、その7回の失敗をどうやって次に生かすかが大切になります。また、失敗するというのは行動しているということの証明でもあります。バットを振れば三振も凡打もあるけど、バットを振らなければ絶対にヒットは生まれない。失敗を恐れて何も行動しなければ、何も結果は生まれない。北京でのエラーによって、心に深い傷を負ったのは事実だけど、野村監督の言葉によって、僕はようやく前向きな気持ちを取り戻し、〝過去の失敗を生かしつつ、これからは生きていこう〟と決意できるようになったんです」

野村夫妻の言葉によって、長かった葛藤の日々は完全に終わったのだ。

さまざまな紆余曲折を経て、ようやく「北京事変」が消化された。現役時代を振り返ってもらうと「もう、野球はやりたくない」とG．G．は言った。

「やるだけのことはやったので、野球はもういいです。でも、北京オリンピックだけはもう一度やり返したいです。もちろん、今度はキャッチして終わりたいけど、たとえまた落球したとしても、もう一度北京に行きたいです」

——再び、自死を考えたり、世間からのバッシングを受けたりすることになっても？

そんな質問に対して、G．G．は何の迷いもなく、「はい」と言い切った。

「あの年、僕は絶好調で天狗の鼻が伸びきった状態で北京に行きました。もしも北京で活躍して金メダルでも獲っていたら、その鼻はさらに伸びていました。間違いなく、失敗する人間の気持ちなど何もわからない人間になっていたと思います。どっちが正解かはわからないけど、社会でうまくいっていない人、会社で成果が出ない人に対して、〝みんなで支え合おうよ〟という気持ちになれているのは、あの夏の北京があったから。僕の人格形成の上で、すごく意味があった経験ですから……」

そして、しみじみとつぶやいた。

「……もう一度、北京に行ったらどんな結果になるんでしょうね？」

捕球しても、エラーしても、必ずそれを自分の糧に変えることができる。つらかったあの夏の日は、今ではすでに意味のある思い出に昇華していた。
あの素晴らしい夏をもう一度――。
G・G・の言葉には、そんな自信と覚悟がにじみ出ていた。

じーじーさとう
1978年8月9日生まれ、千葉県市川市出身。法政大学卒業後渡米し、フィラデルフィア・フィリーズ1A入団。03年入団テストを経て西武ライオンズにドラフト7巡目で指名される。08年オールスターゲームに出場しホームランダービー優勝。本名・佐藤隆彦。右投右打、身長184cm・体重98kg。

【打撃成績】

年度	所属	試合	打数	安打	本塁打	打点	盗塁	打率
2004	西武	45	57	17	3	8	0	.298
2005	西武	37	56	12	2	3	0	.214
2006	西武	45	133	33	4	17	2	.248
2007	西武	136	486	136	25	69	7	.280
2008	埼玉西武	105	388	117	21	62	1	.302
2009	埼玉西武	136	502	146	25	83	1	.291
2010	埼玉西武	53	162	33	6	19	1	.204
2013	千葉ロッテ	30	51	13	2	9	0	.255
通　算		587	1835	507	88	270	12	.276

佐々木信也
ミスター『プロ野球ニュース』

SHINYA SASAKI

『プロ野球ニュース』の「顔」としての12年間

昭和時代を生きたプロ野球ファンで、『プロ野球ニュース』を知らない人がいるだろうか？現在はＣＳで放送されているこの番組も、元々は地上波放送でフジテレビの名物番組だった。１９７６（昭和51）年４月から、88年までの12年間にわたって月曜から金曜日まで初代キャスターを務めていたのが佐々木信也だ。

「あの番組のキャスターを務めた12年間は、私の生涯にとって最高の日々でした。現役選手、監督たちがみんな見ていましたし、スポンサーからの評判も上々で、視聴率もよくて。本当に楽しい12年間を過ごすことができました」

元プロ野球選手ながら、ソフトな口調でわかりやすく情報を伝える佐々木は、番組の「顔」であり、お茶の間の人気者でもあった。

「それまでも、解説者ではなく司会者として野球中継をしてみたいと思っていました。日本テレビの解説者をしていた頃には〝優勝が決まった後の消化試合でいいから、実況も含めた司会をさせてほしい〟と頼んだこともありました。そのときは却下されてしまったけど、〝いつか司会をしてみたい〟という思いはずっと抱いていましたね。だから、『プロ野球ニュース』の話が来たときは、すぐにＯＫしたんです」

佐々木は常々考えていた。

助手席ではなく、運転席で番組を仕切ってみたい――。

実況アナウンサーの横で戦況を分析する解説者とは、佐々木にとっては「助手席」に座ってドライブをする感覚だった。それよりも、自分の言葉で、自分の仕切りで番組を操ることのできる「運転席」に座ってみたかった。「実況」でもなく、「解説」でもなく、「司会」をしたい。それが佐々木の望みだった。

そのチャンスが訪れた。佐々木にとって何も異存はなかった。

こうして、念願だった「助手席」から、「運転席」へ、その役割を変えることとなった。平日の月～金曜日を佐々木が担当し、週末は文化放送を退社後、人気アナウンサーとなっていた土居まさるが司会を務めることが決まった。

「私は76年から88年まで初代キャスターを務めたけど、おかげさまで、私のキャスター時代、『プロ野球ニュース』は多くの方々に支持していただきました。思えば12年間、来る日も、来る日も球場に足を運び、夜は東京・新宿の河田町にあったフジテレビで生放送に臨む。まだ若かったとはいえ、我ながら〃よく頑張ったなぁ〃と思います。でも、それが苦にならないぐらい、この番組のキャスターという仕事は楽しかったですね」

番組スタート時、佐々木は42歳だった。プロ野球解説者として脂が乗り切っている時期にあり、新しい挑戦に対して意欲的だった。

「この頃の私は毎朝10時に起床すると、13時頃には球場へ向けて家を出発します。当時の関東圏には後楽園球場、神宮球場、横浜スタジアム、川崎球場、西武球場（現・ベルーナドーム）の5つがありましたから、必ずどこかに足を運び、監督や選手への取材に励んでいました。もちろん夜には生放送が控えているので、試合は6回ぐらいまでしか見ることができない。21時半ぐらいにはフジテレビに入って、他球場の結果なども視野に入れながら、番組スタッフたちと打ち合わせをする。そして23時15分の本番を迎える……」

番組はすぐに軌道に乗った。みんなプロ野球に飢えていた。じっくりと深みのある解説を求めていた。フジテレビに届く激励の声がスタッフたちを勇気づけた。

「巨人ファンからは、〝パ・リーグの試合などどうでもいいから、もっと巨人戦を特集してほしい〟と要望が入りました。その一方で、〝巨人戦は他局でもやっているので、他ではやらない試合を流してほしい〟というアンチ巨人ファンや、〝これからもパ・リーグの試合をたくさん流してほしい〟というパ・リーグファンからの声が想像以上に多かったんです。あれは本当に嬉しかったし、手応えを感じましたね」

そして、佐々木は胸を張る。

「熱意あふれる優秀なスタッフたち、そして、別所毅彦さん、西本幸雄さん、関根潤三さん、豊田泰光など、個性あふれる豪華解説者たちに囲まれて、本当に楽しい時間を過ごしました。私がこれまで仕事をしてきた中で、『プロ野球ニュース』時代はいちばん充実していた12年間でした」

ミスター『プロ野球ニュース』、佐々木信也の野球人生を追う——。

高校3年の秋に、父親が突然の蒸発

神奈川の名門、湘南高校時代には甲子園で全国優勝した。慶應大学では主将として早慶戦、いや慶早戦で大活躍をした。経歴を見れば、まったく「アウトロー」ではない。むしろ「エリート」と言っていいだろう。佐々木は言う。

「私、運がいいのもあるけど、何をやっても成功しちゃうんですよ（笑）」

その笑顔には何の屈託もない。33年生まれ、インタビュー時点で87歳となっていたが、往時の笑顔と滑舌はそのままだ。

しかし、佐々木は何の苦労もなく裕福な家庭で慶應大学に進学したわけではない。大学進学を目前に控えた高校3年の秋の日、父が蒸発をした。

「理由はわかりません。おそらく、女性ができたんでしょう。私を含めた育ち盛りの男の子4人、そして母と祖母の6人を置いて父は出ていきました。それ以来、まったくの音信不通でした……」

４人兄弟の次男だった佐々木は大学進学を断念し、働いて給料を得ながら野球を続ける道を選ぶことを決めた。しかし、学業も優秀で、「甲子園優勝球児」の肩書きを持つ佐々木に、救いの手が差し伸べられた。

「事情を聞いた慶應野球部の先輩が、〝君にチャンスをやろう〟と申し出てくれました。父がいなくなってからは受験勉強に身が入らない日々だったけど、その申し出を受けてからは死に物狂いで勉強して、何とか慶應に合格しました」

大学卒業後は、今度こそ社会人野球の道に進んで家計を支えようと考えた。しかし、プロのスカウトが「慶應大学主将」を放ってはおかなかった。

「昭和31年、私は高橋ユニオンズに入団しました。でも、このチームが弱いのなんの（笑）。プロ1年目、新人としては史上初となる全試合全イニングに出場しました。また、ルーキーとしては現在も最多となる年間１８０安打も記録しました。でも、私が入団した年を最後にチームは解散してしまったんです」

「日本のビール王」と称された高橋龍太郎の個人資産で運営されていたユニオンズは資金繰りの悪化などにより、わずか3年で解散。プロ野球史においては、しばしば「幻の球団」と称されることになる。

「その後、大映ユニオンズ、大毎オリオンズに在籍したけど、新監督に内定していた西本さんの方針もあって26歳でクビになりました。何か気に障ることでも言ったのかわからないですけどね（笑）。仕方ないので解説者を始めることにしました」

後年、佐々木と西本は『プロ野球ニュース』で共演する。

「この番組がスタートする際に、解説者のラインアップの中に西本さんの名前がありました。私の内心は複雑でしたね。かなり時間が経過していたとはいえ、クビになった当時は〝これからどうすればいいのだろう？〟と真剣に悩みましたから。その当事者と一緒に無事に仕事ができるのだろうか……。でもその思いを表に出すことはせず、いつか直接〝どうして私をクビにしたのですか？〟と聞く機会を窺っていました」

そして、そのチャンスが訪れる。『プロ野球ニュース』が完全に軌道に乗っていた80年代のある日。大阪・毎日放送の番組にゲストで呼ばれた際に「誰かゆかりの人を一名呼びましょう」と提案された佐々木は、迷うことなく西本を指名した。

「収録では、〝これは絶好のチャンスだ〟ということで、最初から最後まで西本さんに噛みつきました（笑）。で、〝なぜ僕をクビにしたのですか？〟と尋ねると、西本さんは〝キミには一度、きちんと謝ろうと思っていたんだ〟と平謝り。当時の大毎には私の他に八田正、須藤豊、小森光生、平井嘉明と若手内野手がたくさんいたので、私をクビにしたということでしたが、もちろん納得いきませんよ。なおも〝どうして私なんですか？〟と食い下がりました。というのも、この年の

ニッポンビール

キャンプで、全選手でベースランニングをしました。このとき、チーム一の記録を残したのが私でしたから……」

佐々木に問い詰められた西本は頭を下げて言った。

「クビになっても潰しがきいて、食いっぱぐれなさそうだったのがキミだったんだよ」

西本の本音を聞いて、佐々木はどう思ったのか?

「私にとっては納得できる答えではなかったけれど、申し訳なさそうに話している西本さんの姿は今でも印象に残っていますね。私の友人たちは〝後のことを考えれば、西本さんはお前の恩人だぞ〟と言うけど、私は今でも納得していません（笑）」

『プロ野球ニュース』視聴者には窺い知ることのない人間ドラマがあったのだ。

酒豪の王、ギャンブラーの張本、そしてオレ流の落合

プロ野球の世界に関わるようになって、すでに60年以上が経過した。

あの王貞治も張本勲でさえも、佐々木からすれば後輩にあたる。人脈、知識、経験は余人をもって代えがたい存在となった。

「球界の酒豪ナンバーワンは王貞治。シーズン中にもかかわらずボトル１本どころか、２本は平

気で呑んで、翌日の試合に平然と出ていましたからね」

佐々木の述懐は続く。

「あれは確かよみうりカントリーだったと思うけど、評論家でジャイアンツOBの青田昇さんと一緒になったんです。その青田さんがものすごく酒臭かった。それで私が〝昨日は相当呑んだんですか?〟と尋ねると、〝昨日はワンちゃんと一緒だったんだけど、かなり呑んでね〟と笑っている。詳しく話を聞くと、〝オレはウイスキーのボトル1本ぐらいは呑んだけど、ワンちゃんは2本空けていたよ〟と笑っていました。で、その翌日の夜には試合に出てホームランを打つんだから、さすがですすよ」

「酒」に続いて「博打」について尋ねると、佐々木は即答する。

「球界ナンバーワンギャンブラーは張本勲かな? あるとき、背広の内ポケットいっぱいの札束を見せてもらったことがあったなぁ。〝佐々木さん、コレ見てよ。競馬で勝ったんだ〟って言ってたね。でも、張本の場合は博打もそうだけどケンカがめっぽう強かった」

あるとき、銀座でド派手なケンカがあったという。たまたま佐々木の友人が、その光景を目撃していた。

「大の男がぶん投げられて宙を舞っているぐらいの大ゲンカ。私の友人が人だかりの中に入ってよく見ると、輪の中心で大暴れしていたのは東映フライヤーズ時代の張本だったそうです。当時から、〃張本を怒らせるな〃という言葉は聞いていたけど、やっぱり本当にケンカは強かったんだね。銀座のど真ん中で、大の男を何人もぶん投げるなんて、今の時代では絶対に考えられない話ですよ（笑）」

では、「球界ナンバーワンの好色家は？」と尋ねると佐々木は笑う。

「たくさんいますけど、本人の名誉のためにここは黙っておきましょう（笑）」

次に佐々木の口から飛び出したのは「オレ流」こと、落合博満との思い出だった。

「落合博満とはなぜかウマが合う関係でしたね。すでに三冠王を獲った後の、ある年のキャンプ取材のこと。2月半ばを過ぎているのに、まだバットを振っていない。理由を聞いても、〃まだ早いから〃と言うので、私は〃お前さんのバッティングを見に来たんだから、打撃練習を見せてくれよ〃と頼むと、落合は〃いいですよ〃と言ってケージに入っていく。さすが落合です。30球ほどスイングしてすべて真っ芯に当てていましたね」

話はここから本題に入る。「これで練習は終わりなのかな？」と佐々木が思っていると、落合は右打席から足を踏み出して、ホームベースをまたぐように、ちょうど捕手の位置でバットを構えたという。

「要はマシンに正対しているんです。〃一体、何が起こるんだ？〃と注目していると、身体を目がけて向かってくるボールをぶつかる直前で見事にさばいてヒット性のライナーを連発しました。

私はすっかり感動して、練習後に〝誰に教わったの?〟と聞くと、〝山さんです〟とひと言。シュート打ちの名人、山内一弘(和弘)です。その目的は〝ワキを固めてボールをさばくため〟でした。超一流の指導者と超一流のバッターというのは、凡人では考えもしない発想を持つものなんですね。ほれぼれしましたよ」

かつて毎日聞いていた名調子が展開される。まるで、目の前で『プロ野球ニュース』が再現されているような幸せな時間は続く。

世代を超えた幅広い人脈。イチローの怖いものとは?

同世代だけではなく、若い世代との交流の広さも佐々木の武器だ。

「2006(平成16)年8月の終わりに、私はシアトルに行きました。もちろん、目的はマリナーズのイチローを応援するためです。渡米して6年目。あれだけ奮闘しているのに、一度も見に行かないのは申し訳ないと思ったからね。このとき、私が選んだのは8月末のヤンキース戦。そこで、イチローと私の共通の知人にチケットの手配を頼みました。すると、イチロー自ら、〝佐々木さんにプレゼントです〟と手配をしてくれたんです」

そこで佐々木は「何か日本らしいお土産を」と考えて、当時同じくマリナーズに在籍していた城島健司の分と一緒に、デパ地下で「時鮭、メロ、銀鱈の粕漬パック」と「水ようかんセット」を買ったという。そして、シアトルで土産を手渡した翌日のことだ。

「その翌日、グラウンドで城島に会うと、〝佐々木さん、さっそくいただきました。あんなにおいしいものはアメリカでは食べられません〟とお礼を言われました。ところが、イチローは簡単なあいさつを交わしただけで何も言わない。さらにその翌日。試合前にイチローに会ったので、こちらから、〝食べた?〟と聞くと〝まだです〟と、そのまま奥に消えて行っちゃった(笑)。それでも私は、腹は立ちませんでしたね」

このとき佐々木が感じていたのは「イチローと長嶋茂雄との共通点」だった。

「イチローは完全に長嶋タイプで、一方の城島は王タイプですね。王貞治に何かをしてあげると、次の日の朝には本人から感謝の電話がかかってくる。一方の長嶋は礼状もなければ電話もかかってこない。グラウンドで会っても何も言わない(笑)。ユニフォームを着ているイチローは長嶋と同様、野球のことで頭がいっぱいなんでしょう。それはプロとして悪いことではないですから。ところで……」

佐々木の口元から白い歯がこぼれた。

「……ところで、あれから何年も経ちました。イチローが銀鱈を食べたのかどうか、私は今でもわかりません(笑)。我が家ではこれを《イチローの銀鱈事件》と名づけて笑っています(笑)」

09年WBCでも、イチローとの対面を果たしている。

「WBCの国内合宿のときに、イチローと再会しました。取材初日、私がグラウンドで立っていると、イチローは私の顔を見るなり、大きな声で〝あっ、プロ野球ニュースだ!〟と無邪気に笑います。彼にはそういうユーモア精神があるんですね」

ひとしきりイチローとの思い出話が続いた後、佐々木は持参していた古びたシステム手帳を開き始めた。

「昔、いろいろな選手に〝あなたの怖いものを三つ教えてよ〟って聞いて回ったんだけど、これがそれぞれの個性が出ていて、とても面白いんですよ。イチローの怖いもの三つを紹介しましょうか?」

佐々木の問いに対して、イチローはしばらくの間、考え込んだという。

「イチローの怖いものは、①夏場、私服でいるときの下着の汗、②優柔不断な人、そして三つ目が毛深い女だって(笑)」

佐々木の思い出話はさらに続く。

「松井秀喜の場合は、①寒さ、②揺れる飛行機、③おばけ。ダルビッシュ有は、①グレープフルーツ、②走ること、そして③ジェットコースター。亡くなった野村克也は、①キムチ、②女房、③鶴岡(一人)さん。野村は辛いものが苦手だったのかな? 星野仙一は、①春菊、②ひがみっぽいヤツ、そして③攻めないピッチャー（笑）。みんなそれぞれの個性が出ていて面白いよね」

球界の重鎮でありながら、世代の違う若い選手とも積極的に交流できることが、佐々木の強みだ。そこには、年齢に関係なく、自分と同じ野球人としての敬意があった。

しかし、中には許せない存在もある。

「一人だけ顔も見たくない選手がいるんだね。名前は伏せるけど、その彼は内野を守っていた。守備に就く際、ベンチに戻る際、いずれもダラダラ歩いていく。子どもたちも見ているんだから、〝ちょっとキミ、攻守交代の際には走ってくれないか〟って言ったら、何も言わずにプイとその場から立ち去った。あれは今でも許せないね」

佐々木はこの一件を、当時の監督に伝えたという。

「でもその監督は、〝あれ、そうですか〟で終わり。ちなみに、星野にこの一件を話したら、〝僕ならすぐにソイツを呼んできて、佐々木さんに謝らせます〟って言っていたけどね。その辺も星野らしいよね（笑）」

90歳を過ぎて、今では現場に顔を出すこともなくなった。それでも、日々、スポーツ新聞、スポーツニュースのチェックは欠かさないという。

「今ではもう球場に行くことはなくなりましたね。あの、のべつまくなしで大騒ぎをする応援団がうるさくて仕方ないから。コロナで応援団も自粛していたけど、アメリカのようにインプレー中は静かに球音を楽しむ文化を大切にしてほしいんだけどね」

日々の『プロ野球ニュース』を通じて、多くの日本人に野球の魅力を伝え続けた佐々木信也。この番組を通じて、視聴者は野球の魅力を知り、日本人の野球偏差値は大きく向上した。今もなお球界に対する愛情はまったく薄れていない。

日本プロ野球に「報道革命」をもたらした『プロ野球ニュース』の象徴である佐々木信也は野球殿堂入りを果たしていない。野球殿堂には「競技者表彰」に加えて、「特別表彰」がある。特別表彰委員会の規定（4）には「対象者」として次のような一節がある。

（4）野球に関する文芸・学術・美術・音楽等の著作物を有する者や、報道関係者としての実績がある者であること。

対象既定の中に記されている「報道関係者としての実績がある者」であることに疑いを持つ者はいないはずだ。これまでも、新聞記者やアナウンサーが殿堂入りした例もある。失礼を承知で彼に尋ねた。

「これまで、野球殿堂入りの話が出たことはなかったのですか?」

そんな問いに対して、佐々木は寂しそうに笑った。

「全然、ない。野球界にはそれなりの貢献をしたとは思うんだけどね。でも、こうして多くのファンが『プロ野球ニュース』のことを覚えていてくれるだけで嬉しいから……」

佐々木信也を、野球殿堂に――。

笑顔で語るその姿を見ながら、そんなことを強く思った。彼のこの言葉は、これまでに何度か発表している。それでも、佐々木の野球殿堂入りが実現するまで、何度も書き続けていきたい。

ささき・しんや
1933年神奈川県藤沢市生まれ。県立湘南高校1年時に夏の甲子園優勝。慶應義塾大学を経て56年高橋ユニオンズ入団、新人選手として全試合全イニング出場、リーグ最多180安打など活躍しベストナインに選出される。大映ユニオンズ、大毎オリオンズと在籍し、59年限りで現役引退。以降は野球解説者、キャスターとして活動。特技は麻雀。右投右打、身長169cm・体重76kg。

【打撃成績】

年度	所属	試合	打数	安打	本塁打	打点	盗塁	打率
1956	高橋	154	622	180	6	37	34	.289
1957	大映	131	510	133	5	40	19	.261
1958	大毎	112	327	83	1	18	25	.254
1959	大毎	69	143	28	1	6	8	.196
通　算		466	1602	424	13	101	86	.265

大野雄次 バット一本、代打稼業

26歳、子連れルーキーの奮闘劇

ＪＲ田町駅西口に直結する森永プラザビル――。１９７４（昭和49）年に竣工したこのビルは築50年を前に、すでに取り壊しが決まっていた。地下１階は「エンゼル街」と呼ばれ、レストランが数店舗、軒を連ねている。早朝８時に店を訪れると、すでに豊洲市場からの買い付けを終え、ランチの仕込みを済ませた「その人」が待っていた。

「おう、待ってたよ。一体、オレの話なんか、誰が興味あるんだよ（笑）」

大洋ホエールズ、読売ジャイアンツ、そしてヤクルトスワローズ。関東のセ・リーグ３球団をバット一本で渡り歩き、主に代打の切り札として活躍した大野雄次は、エンゼル街の一角で、うなぎを扱う「大乃」の店主を務めていた。11時半から始まるランチタイムを前にしたほんの束の間、これまでの半生を尋ねることとなった。

「大した話はできないと思うけど、まぁ、何でも聞いてよ」

ぶっきらぼうな物言いだが、その目は笑っている。和やかな雰囲気の中で、インタビューは始まった。大野のプロ入りは87年、26歳のときのことだった。

「その１年前に西武ライオンズのスカウトだった岡田英津也（悦哉）さんに誘われて入団テストを受けた。それで、まぁ受かりました。受かったはいいんだけど、テスト生だから契約金が少なかったんで、〝もう1年、社会人できっちりと四番として結果を残そう〟、そう考えてもう1年だけ川鉄で頑張って、翌年に大洋からドラフト4位指名された。それがプロ入りまでの経緯だね」

気風のいい、ハキハキした口調が耳に心地いい。

提示された契約金は、わずか360万円だった。千葉県立君津商業高校から専修大学に進んだものの、右肩の故障もあってすぐに中退。その後は川崎製鉄千葉でプロ入りを目指していた。

「当時、すでに結婚もしていて子どももいたけどバッティングには自信があったし、〝ここは一発勝負をかけてみよう〟と何の不安もなく、指名をいただいて即決で〝お願いします!〟、と決めたよ。でも、当時の大洋のレベルがどの程度かもわからない。いきなりレギュラーなんて難しいことはわかっていたから、〝まずは一軍入りしたい〟、その思いだったんだけど、1年目のキャンプでヘタこいたんだよ……」

いきなり一軍キャンプに抜擢された。持ち前の力強いバッティングを披露して、首脳陣からの評価も上々だった。一体、どんな「ヘタこいた」のか?

「静岡の伊豆キャンプで、練習後にベテランの田代(富雄)さん、山下(大輔)さん、高木由一さんと一緒に呑み歩いちゃったんだよ。彼らはベテランだから許されるけど、オレはルーキーでしょ。コーチに見つかって、〝お前は自分の立場をわかってねぇな〟ということになって、それから二軍落ち。で、そのまま開幕も二軍で迎えたんだよね(笑)」

大野が入団した当時のホエールズは「横浜大洋銀行」と揶揄され、他球団に白星を献上してばかりいる低迷期にあった。

「オレが入った年に、ちょうど古葉（竹識）さんが監督になったんだよね。だから、まずは一軍を目指してバッティング、特に長打力をアピールしていたし、バッティングには自信を持っていたね。キャンプでもオープン戦でも一軍帯同だったしさ」

本人も自覚していたように、「いかんせん守備はプロレベルじゃなかった」大野は、「結局、引退するまでずっと自信はなかったよ」と自嘲するが、バッティング、特に長打力には大きな可能性を秘めていた。そして、少しずつプロの水になじんでいた頃に転機が訪れる。

「オレさ、須藤監督とソリが合わなかったんだよね……」

古葉の後を受けて、90（平成2）年からホエールズの監督となったのが須藤豊である。同年7月、神宮球場でのスワローズ戦のことだった。

「3連戦の初戦、オレのホームラン2本で勝ちました。でも、3戦目でオレのサヨナラトンネルエラーで負けた試合があったんだよ。アンツーカーでボールが弾まずに、変なバウンドになってしまってね。その瞬間、須藤さんがベンチで大暴れしているのが見えたよ。マネージャーから、〝監督に謝ってこい〟って言われて監督室に行ったら〝お前なんか、もう使わない！〟だよ。そしたら、案の定、それ以来出番がなくなってさ」

四番を任されていたジム・パチョレックが死球を受けて戦線離脱した際には四番を任された。期待に応えるべく奮闘し、自分なりに結果を残したという自負もあった。

「でも、豊に言われたのが、〝お前、勘違いするなよ。お前は本当の四番じゃないんだからな〟って。どうして、そんなことをわざわざ言うんだろうな」

須藤のことを、大野は下の名前で「豊」と呼んだ。両者の関係はすでに破綻していた。そして91年オフ、大野はトレードされる。新天地となったのは藤田元司監督率いるジャイアンツである。

ジャイアンツ、そしてスワローズへ移籍

「球団から、〝移籍先はジャイアンツだから〟って言われたときは心臓が高鳴ったよ。嬉しいよ、そりゃ。オレ、ジャイアンツファンだから。千葉出身だからさ。〝須藤監督から離れられる〟っていうよりは、〝巨人に入れる〟、その喜びだよね」

すでに31歳になっていたが、移籍初年度となる92年は51試合の出場機会に恵まれた。原辰徳が神宮の夜空にバットを高く放り投げたシーンが印象的な92年7月5日の対スワローズ戦において、延長11回の決勝ホームランを放ったのは大野だった。翌年には長嶋茂雄が満を持して監督に就任。「よし、今年こそ!」と誓った矢先、強力なライバルが登場する。スワローズから移籍した長嶋一

茂である。

「一茂が来たら、当然オレと天秤にかけられるよね。このときばかりは〝何で藤田さん、代わっちゃったんだよ〟って恨んだよね（笑）」

93年、出番はわずか1試合のみに終わった。

そしてこの年のオフ、大野はまたしてもトレード要員となってしまう。

「オフに戦力外通告を受けたんだけど、前監督の藤田さんが間に立ってくれて、森（祇晶）監督を紹介されて、西武へのトレードが内定したんだよね」

それは、「右の代打がほしい」と考えていた森からの直々の指名だった。チームを去った後も、藤田は大野のことを気にかけていたのだという。ところが事態は急変する。

「ちょうど、日本シリーズが行われていたときだったんだけど、藤田さんから、〝ノムさんがお前を欲しがっているぞ〟と電話がかかってきたんだよね」

前述した、1試合2本放ったホエールズ時代や、原がバットを投げたあの一戦に代表されるように、大野はスワローズ戦を得意としており、野村の前で印象的なホームランを放っていた。しかし、93年シーズンにはまったく出場機会がなく、野村は大野の動向に注目していたのだ。

「日本シリーズの取材で藤田さんが神宮に行ったときに、試合前の練習中にオレの話題になって、〝どこも悪くないなら大野がほしい〟となったんだって」

気持ちはすでにライオンズ入りに傾いていた。しかし、長年慣れ親しんだセ・リーグで、もう一度プレーしたい……。思いは千々に乱れ、やがて決断する。

「天秤にかけたようで申し訳ないけど、西武はお断りして、そこでヤクルトにお世話になることにしたんだよね」

セ・リーグ3球団目。大野は33歳になろうとしていた――。

野村克也から贈られた「全機現」

結果的にこの移籍は大野にとって、そしてスワローズにとって吉と出た。野村克也が監督となって5年目となる94年にチームの一員となった。スワローズは92年にリーグ優勝、93年に日本一に輝き、チームとしての成熟期を迎えていた。

「普段はわいわいやっているのに、グラウンドに入ったらスイッチが入る。選手を大人扱いしているから門限もない。結果さえ出せば何も言われない。野村さんはそれを求めていたからね」

それは、大野にとって実に理想的な環境だった。野村との出会いによって、大野はさらなる成長を遂げることになる。まさに、両者にとって幸福なマッチングとなった。

「本当の野球というものを教えてくれたのが野村さんだったね。野村さんには、〝使ったワシが責

任を取るんだから、お前は結果なんか考えるな〃って言われたことを覚えているね。その言葉がいつもオレの後ろにはあったから、自信を持って打席に立つことができた。それまで2球団に在籍していたけど、野球が楽しくなったのは野村さんに出会ってから。大洋時代は何もわからずにガムシャラにやって、巨人に入ってようやく落ち着いてプレーできるようになって、ヤクルトで野球が楽しくなった」

前述したように、ホエールズ時代には古葉、須藤、ジャイアンツ時代には藤田、長嶋、そしてスワローズでは野村の下に仕えた。セ・リーグ在京3球団、それぞれのカラーを体感できたことは、大野にとっての財産となった。

「セ・リーグ3球団を経験したでしょ。振り返ってみると、大洋は弱かったからロッカーの中も悲壮感があるのよ。雰囲気もドヨ〜ンとしてる。で、巨人は常勝を義務づけられているから常にピリピリしてる。そして、ヤクルトはイケトラ（池山隆寛・広沢克己）の時代だから、ロッカー内にいろんな音楽がガンガン流れているんだよ。選手の間を通って野村監督もトイレに行くんだけど、別に何も言わない。〃すごいなこの球団〃って思ったよ」

スワローズでも代打稼業で結果を残した。95年、オリックス・ブルーウェーブとの日本シリーズでは初戦に代打で登場してホームランを放ち、96年にはシーズン2本の代打満塁ホームランも記録している。チームに欠かせない代打の切り札となっていた。

「野村さんが常に言っていたのは、〃理想はレギュラー固定のチーム。それ以外の者は黒子に徹しろ〃ということだからね。オレの仕事は代打だと思っていたから黒子に徹したよ。自分の出番が近づいてきたら、自分からブルペンに行って自軍のピッチャーのボールを見て目を慣らして準備をしてね」

現役引退は自らの意思で決めた。

「98年のシーズンが終わって、野村監督が辞めるんであいさつに行ったんだよね。それで、〃お前はどうするんだ?〃って聞かれたんだ。で、〃悪いけど、ワシはお前の面倒を見てやることはできないぞ〃って言われたから、〃僕も辞めます〃って言ったんだ」

この場で野村は、「全機現《ぜんきげん》」という言葉を贈った。禅の言葉で、「人間の持っているすべての能力を発揮すること」という意味だ。26歳でプロ入りした大野は37歳まで現役を続けた。プロ12年間で残した記録は190安打、27本塁打。数字以上のインパクトを残した大野は言う。

「オレのプロ野球人生? そうだなぁ、まさに、《全機現》だったと思うよ。よくやったと思うよ12年間も、さ」

大野が経営する「大乃」には、現役時代の写真パネルや、野村克也のサイン色紙が並び、一本の古びたバットが飾られている。

そこには野村のサインとともに、「全機現」という言葉が添えられていた――。

第二の人生はうなぎ店の店主に

12年間のプロ生活を終え、すでに37歳になっていた。セ・リーグ3球団、「代打稼業」で生きてきた大野雄次にとっての第二の人生が始まろうとしていた。

「引退後、何も迷うことはなかったよ。野村さんに引退の報告をした1カ月後にはすでに両国のガード下のうなぎ屋で働いていたからさ」

現役時代から親交のあった、うなぎの名店「神田きくかわ」社長の紹介で、大野は新たな道を歩み始めた。

「社長に、〝引退したら、何をしましょうかね？〟って冗談っぽく言ったら、〝おう、うちで働け〟って言ってくれて、両国の店に連れて行ってくれて。引退したときに、女房に〝半年ぐらい、アメリカで野球の勉強をして来ようと思うんだ〟って言ったら、〝そんな余裕ないでしょ〟って言われてね、現実はそんなもんだよな（笑）」

両国での修業は1年半ほど続いた。最初の半年間は貯金を切り崩しながら無給で働いた。「まずは仕事を覚えること」で必死だった。

「もちろん、最初は焼かせてなんかくれないよ。店を掃除して、ビールを運んで、栓を抜いて、その合間に職人さんが焼いている様子を見てさ。よく、お客さんに〝お前、大野じゃないのか、何やってるんだよ？〟って聞かれたから、〝はい、引退したんで、修業してます〟って答えてさ。そうして、ようやく焼かせてもらえるようになったら、〝この仕事、面白いな〟って。忙しいけど、儲かるし、すごく楽しかったんだよね」

社長はそのまま自分の下で働かせたかったようだ。しかし、大野は当初から「独立」にこだわった。現役を引退した2年後の2000年2月1日には、JR田町駅西口に隣接する森永プラザビル地下1階、エンゼル街に「大乃」をオープンする。

それ以来、懸命に働いた。開店から四半世紀を経てもなお、毎朝5時半に起き、新横浜の自宅から、豊洲市場で新鮮なマグロを仕入れて、その足で築地の場外に行き、足りないものを仕入れるのが日課となった。7時頃に店に着くと、9時頃までは仕込み作業に取りかかる。9時半から1時間ほど店で仮眠を取り、11時半からのランチに備える。午後1時半には洗い物も済み、ようやくホッとひと息つくものの、5時には夜の営業が控えている。

「うまくいけば10時には店を閉められるけど、〝そろそろ閉店です〟って言っても、酔っ払いはそこからが長いでしょ。なかなか帰らないんだよ。商売に大切なことは努力じゃないね。体力だよな（笑）」

こうした生活を、大野は約四半世紀も続けてきたのだ。

「振らなきゃヒットは生まれない」

還暦を過ぎ、「いつまでこの生活を続けるのだろう?」という思いが芽生えた頃、ビルの取り壊しが決まった。

「2000年にオープンして20年以上も経ってみて思うのは、〝野村さんの言う通りだよな〟っていうことだよね。野村さんはミーティングのときに、〝野球を辞めてからの人生の方が長いんだから、現役のうちから引退後のことを考えておけよ〟って言っていたけど、本当にその通りだよね。そうそう、野村さんも来てくれたんだよ、この店に」

それは、テレビ番組によるドッキリ企画だった。

当初は「芸人が訪れる」と聞かされていた。けれども、閉店時間を過ぎてもやってこない。大野が焦れている中、登場したのが野村克也だった。

「女房も、ビルの警備員もみんな知っていたのに、オレだけ知らされていなかったから、本当にビックリしたよ。で、うなぎを出したんだけど、あの野村さんが、〝ワシは滅多にお世辞は言わないけど、このうなぎは本当に美味い〟って言ってくれてね、嬉しかったよ」

2024(令和6)年4月から、ビルの解体作業が始まった。その3カ月前となる1月末をもって、「大乃」の歴史は幕を閉じた。

オープンしておよそ四半世紀が経過した。しかし、大野の胸の内には感慨はない。

「オレね、感慨みたいなものは何もないんだよ。野球は12年間やらせてもらって、うなぎは24年間やってきたけど、何て言ったらいいのかな、強いて言えば《生活の手段》という感じだから。周りからは、〝大成功だね〟って言われることもあるけど、そんな思いもないよ」

それでも、四半世紀もの間、のれんを守り抜いたのは事実だ。この間、リーマンショックもコロナ禍も乗り越えてきた。商売を続ける上で支えになった言葉がある。同じエンゼル街で軒を連ねる老舗とんかつ店「とんかつ　マルちゃん」の先代からもらった言葉だ。

「もう亡くなっちゃったんだけど、その人に〝飲食は商いなんだから、飽きちゃダメだぞ〟って言われたことは今でも覚えている。飽きそうになるときにはいつも思い浮かんでくるんだよ。この言葉はオレにとって、すごく大切だね」

今後については、「もう、うなぎはやらない」と大野は言う。ホエールズ時代の先輩である遠藤一彦の紹介で、定期的に野球教室で子どもたちの指導に当たることも決まった。それでも、まだまだ勤労意欲は旺盛だ。

「少年野球教室なんて、そんなに時間を取られるものじゃない。だから、老人介護の送迎バスの運転手をしようかなって考えているんだよね。オレの座右の銘は〝振らなきゃヒットは生まれない〟なんだけど、行動を起こさなければ結果も出ないだろ」

改めて、12年間のプロ野球人生を振り返ってもらった。

「ずっと代打で出ることが多かったけど、代打というのは打てば官軍なんだよな。でも、その代わりに打てなかったら悲惨だよ。東京ドームの5万人の大観衆からの〝アーッ〟ってため息に包まれるんだ。押し潰されるよ、ホントに。でも、26歳での遅いプロ入りで12年も野球ができたんだから大満足だよ」

バット一本で、セ・リーグ3球団を渡り歩いた。「ここぞ」という場面で代打起用され、数々の実績を残した。同時に、それ以上の失敗も経験した。通算190本のヒットには、それぞれの思いがあり、それぞれのドラマがあった。こうして、プロ野球選手として活躍し、第二の人生ではうなぎ店の店主として駆け抜けた。そして、これから三たび行動を起こす。新たな道でも、躊躇なくアクションを起こす。これまで、ずっとそうしてきたように。

「当たり前だよ、さっきも言っただろ。〝振らなきゃヒットは生まれない〟んだからさ」

バット一本、包丁一本で生き抜いてきた男の言葉は、実に力強かった——。

おおの ゆうじ
1961年2月2日生まれ、千葉県富津市出身。川崎製鉄千葉では捕手、内野手として活躍し、1986年ドラフト4位で横浜大洋ホエールズ入団。1992年に巨人、1994年にヤクルトへ移籍し、1998年引退。右投右打、身長176cm・体重82kg。

【打撃成績】

年度	所属	試合	打数	安打	本塁打	打点	盗塁	打率
1987	横浜大洋	42	108	25	5	19	2	.231
1988	横浜大洋	19	25	3	0	1	0	.120
1989	横浜大洋	51	119	33	1	15	0	.277
1990	横浜大洋	57	126	39	5	18	0	.310
1991	横浜大洋	49	117	27	4	19	0	.231
1992	読売	51	75	18	2	7	0	.240
1993	読売	1	1	0	0	0	0	.000
1994	ヤクルト	57	97	21	5	12	1	.216
1995	ヤクルト	46	29	8	1	11	0	.276
1996	ヤクルト	47	36	8	4	10	0	.222
1997	ヤクルト	35	38	8	0	4	0	.211
1998	ヤクルト	2	5	0	0	0	0	.000
通　算		457	776	190	27	116	3	.245

大田卓司「必殺仕事人」と呼ばれた男

「着飾るは末代の恥」――すべての「ライオンズ」に在籍した男

2024(令和6)年3月16日――。

この日、埼玉西武ライオンズの本拠地であるベルーナドームにおいて、歴代のライオンズ戦士たちが集結する夢の祭典「LIONS CHRONICLE 西武ライオンズLEGEND GAME2024」が行われた。

マウンドには、白地を基調としたホームユニフォームに身を包んだ東尾修、そしてバッターボックスには、「ライオンズブルー」と称される青いビジターユニフォーム姿の大田卓司。

ともに1968(昭和43)年ドラフトの同期であり、長い球団史において、この二人だけが、西鉄から始まり、太平洋クラブ、クラウンライター、そして西武と、すべての「ライオンズ」を経験した球団史に残る存在である。

その両者が対峙したのだ。場内が大きく盛り上がる中、東尾の投じた胸元への一球により、大田がマウンドを目がけて歩を進める。一触即発のムードが漂っているのに、詰めかけた大勢のファンからは白い歯がこぼれている。

その後も、なかなかストライクが入らず、結局は大田がフォアボールを選ぶと同時に、自らベンチに退き、東尾もまたマウンドを降りた。

往時を知る者にとっては、夢のようなひとときとなった——。

東尾も、大田も、そしてベンチにいる歴代ＯＢたちも、詰めかけたファンも、誰もが笑っている。


まずは、大田が西武ライオンズに在籍していた頃の『週刊ベースボール』（83年10月10日号）から引用したい（以下、原文ママ）。


「聞くは一時の恥、聞かざるは…」。こんな格言も大田の手にかかれば、「着飾るは末代の恥」とでもなってしまうだろう。それほど、この男には自分を着飾るような派手な部分がない。

プロ野球選手、とりわけ昨年日本一に輝いたレオ戦士ともなれば、ピッカピカの高級車に乗ってさっそうと球場内に消えていきそうなものである。ところが、この男は、東京練馬の自宅から電車に揺られながら西武球場へやってくる。ポケットマネーにしても、大金を持ち歩くことはない。

「運転するのは疲れるし、大金を持っても使い道がないからね」

まさにこの文章にあるように、東京・練馬の西武線の某駅前にラフな格好で現れた大田卓司は、スマートさとはほど遠く、武骨であり、気骨があり、昭和世代のプロ野球の匂いを漂わせていた。間違いなく令和のプロ野球選手にはない威圧感があった。

西鉄、太平洋クラブ、クラウンライター、そして西武——。

前述したように、すべての「ライオンズ」のユニフォームに身を包んだのは通算251勝247敗を記録した大エース・東尾修と、「必殺仕事人」と称された大田の二名だけだ。

「オレの18年間の現役生活で、球団名が3回も変わっているんだよ。あの頃は、親会社の経営が安定していなかったからね。最終所属は《西武》かもしれないけど、自分では《西武OB》だとは思わないし、人に聞かれたら、〝ライオンズOBです〟って言っているんだよね。何しろ、西武は九州時代の匂いを消そうとしていたんだからね」

席に着くや否や、「九州時代の匂い」を色濃く残している大田は自らの来歴を饒舌に語り始めた。現役時代と比べて、かなりスリムになった。しかし、その眼光は鋭い。

エース・東尾の陰に隠れた「付録扱い」の選手

西日本鉄道が親会社となっていた西鉄時代、廣済堂グループが経営母体となっていた太平洋・

クラウンライター時代はいずれも福岡・平和台球場を本拠地としていた。

経営難による球団譲渡を繰り返し、79年シーズンからライオンズを引き受けたのが西武グループ総帥・堤義明である。堤はすぐに西武線沿線である埼玉・所沢に本拠地を移転する。大田によれば、このとき球団は「九州色を消すことに必死」だったという。

「西武に変わるときに、タケさん（竹之内雅史）、基（満男）さん、真弓（明信）、若菜（嘉晴）をみんな出しちゃったんだから。よく、オレと東尾は残ったよね」

この言葉にあるように、西武が球団経営に乗り出したタイミングで、ライオンズは思い切った「血の入れ替え」を断行する。

ベテランの竹之内、売り出し中の真弓、若菜、さらに竹田和史の4人を放出し、代わりに田淵幸一、古沢憲司を阪神タイガースから獲得した。そして基は、鵜沢達雄、根本隆と1対2で横浜大洋ホエールズに移籍することになった。

彼の言うように、新生ライオンズ誕生時に、それまでの球団カラーを一新しようとしたのは事実であろう。新生球団の誕生には、チームの顔となる新しいスターが必要だったのである。自負を込めて大田は言う。

「オレがずっとライオンズに残ることができたのは、やっぱりポイント、ポイントで仕事ができたからじゃないですか」

さらに大田は続ける。

「……でも、東尾はいつもメインの扱いだった。もちろんそれだけの実績を残しているから当然のことなんだけど、オレはいつもメインではなく、付録扱いだった。だから、今から思えばいつも負けず嫌いっていうのか、ひがみ根性というのか、羨望のまなざしというのがめちゃくちゃあったよね、東尾に対しては」

新球団「西武」に対する否定的な発言が続いたものの、大田は言う。

「でも、西武では勝つ喜びを教えてもらった。いつも、〝広岡のくそったれ〟とか、〝この野郎〟という思いで打席に立っていたから。広岡監督に対して、あるいは球団からの扱いについて、あの頃は執念でプレーしていたよね（笑）」

彼の口から漏れてきたのは、初めて自分に優勝の喜びを教えてくれた広岡達朗に対する賛辞だった。ライオンズひと筋に生き、「必殺仕事人」と称され、ファンからの絶大な人気を誇った。

18年にわたる大田卓司のプロ野球人生を振り返りたい――。

実現しなかった「ジャイアンツ移籍」

68年、大分の津久見高校からドラフト9位で西鉄に指名された。この年のドラフト1位が、引退まで同じチームで過ごすことになる和歌山・箕島高校の東尾修である。

「入団のときから東尾とは雲泥の差だったよね。現役が終わって、成績も雲泥の差だったけどね（笑）。でも、西鉄の、九州のファンの数を見れば、オレの方が多かったと思っているよ。平和台の大田コール。これがいちばんのオレの財産。これだけは誰にも負けないと思うね。いまだに耳に残ってるもん、あの大田コールは」

本人が語っているように、球団経営は決して安定していなかった。大田の入団直後、球界を揺るがす大事件に見舞われたからだ。

それが、プロ1年目となる69年に発覚した「黒い霧事件」だった。

「1年目の8月くらいかな？　初めて一軍に呼ばれたんだけど、いきなり遠征先の旅館の大広間に集められて、球団部長から、〝八百長の疑いで、警察が内偵しているから、くれぐれも行動に気をつけるように〟って注意された。食事に行くとき、呑みに行くときの交友関係に気をつけろ、と。反社会的な人物とは絶対に会ってはいけない、と。オレも東尾も1年目のぺーぺーだから、《八百長》と言われてもピンとこなかったけどね」

八百長による敗退行為によって、数多くの主力選手が離脱した。若い大田にとっては出場機会がめぐってくるチャンスとなったが、チームは弱体化を余儀なくされ、観客動員の低迷とともに、球団経営に対する西鉄本社の情熱は薄れていく。

Lions

こうして、72年シーズンを最後に西鉄は身売りを決定。73年からは廣済堂グループを母体に「太平洋クラブライオンズ」としての再出発を期することとなった。

チームは低迷期のどん底にあったが、プロ8年目となる76年シーズン、大田はプロ入り以来初となる規定打席に到達し、指名打者としてベストナインにも初選出された。この頃、大田には「巨人入り」のウワサがあった。

「当時、オレは〝長嶋監督の恋人〟って報道されたんだよね。新聞では巨人とのトレード話もあったんだよ。交換相手は堀内さんと中畑ですよ。1対2のトレードだよ。オレみたいな二束三文の選手と堀内さんと中畑ですよ。すごい話だよね」

当時、すでに下り坂にあったとはいえ、ジャイアンツV9時代のエース・堀内恒夫と、「ポスト長嶋」の呼び声も高い若手の中畑清とのトレードである。報道が真実だとすれば、大田に対する長嶋茂雄の本気度が窺える。

「でも、結局は当時監督だった根本（陸夫）さんが断ったんだって。それをどうして知ったかっていうと、たまたまある会社の納会にオレと根本さんがゲストに呼ばれて、その流れで同じくゲストだったハリさん（張本勲）と食事に行ったんです。そのときにハリさんが根本さんを指さしながら、〝このおっさんが断らなかったら一緒にプレーしていたのにな〟って。トレード話を断ったのは根本監督だったって、そのときに知ったんだよね」

一連の騒動から半世紀近いときが流れた。「もしも、ジャイアンツに移籍していたら?」と「歴史のif」を問いかけると、その答えはそっけない。

「いや、オレはジャイアンツに行かなくてよかったよ。あんなところに行ってたら、間違いなく潰されるよ」

「球界の盟主」を自任するジャイアンツと、「九州の野武士」を自負する大田との化学反応は、はたしてどのような結果をもたらしていたのか? 本人の言うように、確かにそれはミスマッチであり、両者にとって不幸な結果となっていたのかもしれない。

「必殺仕事人」と呼ばれて

西武に身売りする以前の九州時代から、大田の勝負強いバッティングは、敬意と賛辞を込めて「必殺仕事人」と称されていた。

「《必殺仕事人》と呼ばれるのは嬉しいね。あれは当時のライオンズ関西私設応援団長が畳1畳ぐらいののぼりを持って、阪急西宮球場の内野席の通路を走りながら掲げてくれたんです。それが最初です」

やがて、チームは福岡から埼玉へ移転し、西武ライオンズ誕生4年目となる82年からは広岡達朗が監督を務めることになった。「管理野球」と称される厳しい指導の広岡と、九州男児として豪快なプレースタイルで人気者だった大田とは、まさに水と油だった。誰もが「両者は決してわかり合えないだろう」と危惧していた。

広岡が監督に就任した82年キャンプのことだ。周囲が心配していた通り、キャンプイン初日にして、広岡と大田の関係は険悪なものとなっていた。

「広岡さんの1年目、キャンプ初日にいきなり腱炎ですよ。それで広岡さんがオレのことを〝大田は落伍者だ〟って言ったものだから、翌日の新聞は《広岡激怒・落伍者大田》が1面だよ。その日の朝、カミさんから電話がかかってきて、〝お父さんすごいね、全部1面だよ〟って喜んでいるんだよな。自宅でも2紙購読していたんだけど、〝駅まで行って、全紙買ってきたからね〟ってはしゃいでいる。〝お前、バカか。ダンナが《落伍者》って書かれて、何で喜んでるんだよ〟って言ったんだよね（笑）」

自己管理のできていない者を広岡は嫌った。大田もそれを理解していたからこそ、「明日からは二軍キャンプ行きだな」と覚悟を決めていた。

しかし――。

「その翌日からもずっと一軍キャンプのまま。で、本体がウォーミングアップをしているときに、広岡さんから〝おーい、大田〟って呼ばれてさ、何だろうと思っていると、森さんと一緒にブルペンに連れて行かれたんだよ……」

大田が口にした「森さん」とはもちろん、広岡の後に監督となり、ライオンズ黄金時代を不動のものとする森昌彦（現・祇晶）である。

「そうしたら、森さんにキャッチャーミットを持たせて、広岡さんはオレに〝ピッチングの練習をしろ〟って言うんだよ。それが、毎日、毎朝だよ」

大田は「ピッチング」と口にしたが、もちろん、彼を投手に転向させようというわけではない。当時のライオンズ打線において、田淵幸一が指名打者として君臨している以上、大田を起用するならば外野手としての出場になる。広岡が考えていたのは、スローイングを安定させ、守備の不安を少しでも軽減させることで、1試合でも多く、大田の出場機会を増やそうという目論見だった。広岡はヤクルトスワローズ監督時代にも、同様の狙いで若松勉に対してスローイング指導を行っている。

「その狙いを理解したときは嬉しかったよ。ということは、オレのバッティングを買ってくれていたってことだから」

就任当初は広岡に対して、「このくそったれ」という反骨心が先にあった。しかし、やがてそれはプラスの原動力となって、さらなる闘志が呼び起こされる。

「確かに広岡さんへの反発や反抗心が力になっていたのは事実だけど、結局は選手というものは自分を使ってくれる監督、勝たせてくれる監督がいちばんなんですよ。広岡さんは僕らに勝つ喜びを教えてくれた。そういう意味では、感謝の思いしかない。これもまた事実なんですよ。広岡さんには感謝しかない。きれいごとなんかじゃなくて、これが心からの思いですよ」

その言葉は純粋で、真っ直ぐだ。心からの思いがあふれているのが伝わってくる。

82年の優勝を皮切りに、翌83年、85年とライオンズはパ・リーグを制し、タイガースに敗れた85年以外は日本一に輝いた。

ジャイアンツと激突した83年日本シリーズでは攻守にわたって大活躍を見せて、シリーズMVPに輝いた。「五番・レフト」で全試合に先発し、28打数12安打、打率・429、1本塁打と打棒が冴えた。守備では、雌雄を決する第7戦において中畑清の放った大飛球を、レフトスタンドのフェンスに手をかけてジャンプし、見事にグラブに収めた。

大田にとって、忘れられないシーズンとなると同時に、多くのファンに「大田健在」をアピールする1年となった。

「生まれ変わっても、《必殺仕事人》と呼ばれたい」

そして86年、広岡はチームを去り、新たに森が監督となると同時に、スーパールーキーが入団してきた。

清原和博である――。

「清原が入団してきたときに、彼のことを叱ったよ。当時ライオンズだった田尾（安志）がオレの部屋にやってきて、〞清原はあいさつができない〞って言うんだよ。で、〞だったら自分で注意しろよ〞って言ったんだけど、〞僕は外様だから……〞って言うんで、ライオンズ生え抜きの年長者だったオレが注意することになったんだよね」

高知・春野キャンプにおいて、大田は清原を呼びつけた。

「お前、ＰＬ学園出身だろ？　ＰＬはただ強ければそれでいいのか？　特にお前は甲子園のヒーローで野球少年の憧れなんだから、せめてあいさつぐらいしろよ」

九州時代からのライオンズを生き抜いた男が、未来あるルーキーにプロとしての心構えを伝授したのだ。

ゴールデンルーキーの清原は期待通りの活躍を見せた。大田はすでに35歳となっていた。小さな身体で全力プレーを続け、満身創痍だった。新時代を代表するスターと入れ替わるように、この年限りでユニフォームを脱いだ。

18年間の現役生活で放ったヒットは９２３本。この数字について尋ねると、大田は「情けないね……」と短く言った。

「……規定打席に達したのは2回しかないし、情けない。でもね、〝たられば〟は言いたくないけど、ケガしなかったらもっと打てていたはずだと思うよ。でも、それも実力だよ。やっぱり、名球会に入っているような人たちはケガが少ないもん。早い話が不摂生も原因だよね。西鉄時代の流れで、門限破って、朝方まで呑んでいたから。だから、この数字がオレの実力だと思っているから」

そして、大田は続けた。

「でも、夜更かししたときの方が、よう打つんだよね。何でかというと、〝アイツは門限破って呑んでたから打てないんだ〟って言われるのがイヤだったから（笑）。だから呑んだ翌日は、さらに気合いが入ったよ」

そして、入団2年目の秋のオープン戦の思い出を披露する。

「まだ川上哲治監督だった頃のジャイアンツとオープン戦で対戦したんだよね。その前の日は、タケさん（竹之内雅史）と朝方まで呑んでいて、二人ともフラフラに酔っ払っていてね。で、そんなときに限ってスタメンですよ。しかも相手ピッチャーは堀内（恒夫）さん。大エースですよ。3打席目だったかな、ツーボールになったんで、〝そろそろストライクが来るだろう〟って、バーンと振ったら、たまたま当たって、センターバックスクリーン中段のホームラン。それで川上さんも、オレのことを知ってくれたんだって」

昭和のプロ野球選手ならではの酒にまつわる武勇伝が耳に心地いい。

現役引退後、福岡に戻り、ダイエーホークスのバッティングコーチを務めたときのことだ。このときの教え子には、後に福岡ソフトバンクホークスの監督を務める藤本博史、そして天才的なバットコントロールを誇った佐々木誠がいた。

「ある日の試合前に、藤本と佐々木に、〝お前ら今日の試合で打ったら、呑みに連れて行ってやる〟って約束したんだよ。そうしたら、その日に限って二人ともよく打つこと。それで平和台球場から流しのタクシーを拾って中洲に繰り出したんだよね……」

乗車するとすぐに、「あっ、大田さん!」と運転手は口にしたという。埼玉に移転してもなお、かつての「必殺仕事人」時代を知るファンの記憶は、何年経っても鮮明に残っていたのだ。

「……でもさ、その運転手さん、藤本のことも、佐々木のことも知らないんだよ。あのとき、〝いつまでも選手よりもコーチの方が有名じゃダメだよな〟って思ったよね」

言葉とは裏腹に、その表情はまんざらでもなさそうだった。

2時間に及んだインタビューの最後に、「生まれ変わっても、もう一度、プロ野球選手になりたいか?」と問うと、その答えは潔い。

「また同じような選手になりたいね。もう、数字なんかどうでもいいや。2000本とか、殿堂入りとか、オレはそんな器じゃないのはわかってるから。自分としては、それよりもあの《大田コール》がほしいね」

そして、大田はこうつけ加えた。

「……生まれ変わっても、《必殺仕事人》って呼ばれる選手になりたいんだよ」

それは、誇りに満ちた気高い言葉だった──。

おおた・たくじ
1951年3月1日、大分県津久見市生まれ。津久見高校2年次に甲子園選抜大会に出場し優勝、3年夏の甲子園は主将として活躍し、大島康徳らと「九州三羽がらす」と呼ばれた。76年ベストナイン（DH）、83年日本シリーズMVP。右投右打、身長170cm・体重79kg。

【打撃成績】

年度	所属	試合	打数	安打	本塁打	打点	盗塁	打率
1969	西鉄	2	2	0	0	0	0	.000
1970	西鉄	23	49	12	1	2	0	.245
1971	西鉄	51	92	23	1	4	0	.250
1972	西鉄	99	268	67	12	36	3	.250
1973	太平洋	82	119	27	3	21	3	.227
1974	太平洋	49	61	18	2	9	2	.295
1975	太平洋	43	76	21	5	21	1	.276
1976	太平洋	118	422	114	23	68	6	.270
1977	クラウン	96	273	72	13	40	5	.264
1978	クラウン	74	111	36	2	18	0	.324
1979	西武	91	216	58	14	38	0	.269
1980	西武	86	207	58	12	42	0	.280
1981	西武	100	332	92	24	64	3	.277
1982	西武	106	319	89	17	58	0	.279
1983	西武	105	397	118	20	67	1	.297
1984	西武	42	141	29	5	16	0	.206
1985	西武	88	221	53	10	38	0	.240
1986	西武	59	153	36	7	22	1	.235
通　算		1314	3459	923	171	564	25	.267

角盈男

波瀾万丈、リリーフ人生

MITSUO SUMI

長嶋茂雄&王貞治のいる巨人に入団

読売ジャイアンツ、東京時代の日本ハムファイターズ、そしてヤクルトスワローズに在籍した。現役通算618試合に登板、そのうち575試合がリリーフでの登板だった。

38勝60敗99セーブ、防御率3・06――。

これが、プロ15年間で角盈男が残した成績だ。成績以上のインパクト、そして存在感があった。そのキャリアは、三菱重工三原時代の1976（昭和51）年ドラフト3位指名を受けたところからスタートする。指名直後に入団せず、翌77年の都市対抗大会に電電中国の補強選手として出場後、ドラフト期限が切れる直前にジャイアンツに入団した。

「当時の監督はあの長嶋さんで、一塁にはまだ現役だった王さんがいる。1年目はまだ夢物語で、何も現実味がないまま野球をやっていた感じだったよね」

当時、「もっとも緊張したのは相手との対戦ではなく、一塁への牽制だった」と角は笑う。

「僕は左投げだから、牽制球を投げるときには一塁を守る王さんが正面にいるでしょう。ついこの前までは雲の上だった人と同じグラウンドにいる。だから、牽制球は相手との対戦以上に緊張しましたよ。暴投で王さんに球拾いをさせるわけにはいかないでしょ。ワンバウンドを投げて身体で止めさせてもいけない。だから牽制球を投げられない（笑）」

無我夢中でプレーした1年目は5勝7セーブで新人王に輝いた。少しずつプロでの自信が芽生え始めていた頃、球界を揺るがす大物ルーキーが加入する。

江川卓である。球界を騒然とさせた「空白の一日」によって、小林繁が阪神タイガースに移籍し、江川がジャイアンツ入りを果たしていた。

「野手の場合はどうかはわからないけど、ペナントレースは年間130試合もあるから、ピッチャーの場合は別にそこまで熾烈なレギュラー争いがあるわけじゃない。だから意外と普段はピッチャー同士で仲がいいものなんです。でも、江川さんがああいう形で入団してきて、小林さんが阪神に移籍することになった。小林さんは同じ鳥取の先輩でもあるから、〝ふざけんなよ〟っていう思いは正直、あったよね」

江川の入団に際して、当時の球団社長が投手陣を前にして、「みんなで江川をエースに育て上げてくれ」と口にしたことで、ますます反発心は大きくなっていく。

そして、江川が入団する。周囲の注目の中、ピッチング練習を始める。それはプロの先輩たちがほれぼれするような見事なボールだった。

「それだけじゃないよ。投手陣がセンターに集まって、そこからバックネットに向かって遠投するんです。西本（聖）、定岡（正二）、鹿取（義隆）、もちろん僕もやってみるんだけど、せいぜいバックネットの真ん中あたりまでしか届かない。でも、江川さんの場合は、軽く投げても簡単にバックネットを越えて観客席まで届く。実際にふたを開けてみたら、〝騒がれて当然だな〟っていう才能なんだよね。明らかにみんなとは実力が違っていた。それに性格も悪くないし、チームに溶け込もうと努力しているし、僕とは年齢も一つしか違わないし、すぐに和気あいあい（笑）」

江川の入団は、当時のジャイアンツ投手陣に「いい効果をもたらした」という。

「西本が顕著だけど、あの当時の若いピッチャーは〝江川さんに追いつけ、追い越せ〟という思いをみんなが持っていた。僕らはプロだから、嫉妬したり、焼きもちなんか焼いたりせずに、素直にその実力を尊敬していた。江川さんのおかげで、間違いなく僕らのレベルも上がりました」

伝説となった「長嶋監督の20発往復ビンタ」

角といえば独特なサイドスローが印象的だが、入団当時は真上から投げ下ろす本格派オーバースロー投手だった。入団1年目こそ新人王を獲得する活躍を見せたが、2年目の79年には早くも致命的な欠点が露呈された。その日の調子によって抑えたり、打たれたり、調子は常に不安定で、マスコミからは「ノーコン病」と揶揄されていた。

第一次長嶋監督時代、角には忘れられない思い出がある。

「ある試合後、西本と僕が遠征先宿舎の長嶋監督の部屋に呼ばれました。監督はとにかく逃げるのが嫌いなんです。ピッチャーならフォアボール、バッターなら見逃し三振をするとすごく怒るんです。そしてこの日の試合後……」

角が口にした「ある試合」とは、79年8月1日、広島市民球場で行われた対広島東洋カープ戦のことである。先発の西本は大量リードを受けて好投を続けていた。

しかし、7回裏に「事件」が起こる。

6点ものリードがあったにもかかわらず、西本はこの回だけで三つのデッドボールを与えてしまい、後続のリリーフ陣も打たれて、あっと言う間に同点に追いつかれてしまった。そして、同点のまま迎えた9回裏、今度は角の乱調でチームは敗れてしまった。引退後に出版された角の自著『角盈男のプロ野球大放言』（ソニー・マガジンズ）から、その場面を引用したい。

試合に負けてホテルに戻り、杉下コーチから「角と西本、監督の部屋までこい」と言われて行くと、監督がちょうどシャワーを浴びていましてね。中に入って待ってろと言われた。入った瞬間やばいと思ったのは、浴室から洗面器が飛び交う音が聞こえてきた。だけど後の祭りで、腰にバスタオルを巻いたままの監督が出てきて、

「お前ら、こっちへこい。こらーっ、お客さんに申しわけないだろ。何千万のファンが見ていると思ってるんだ」

とお説教が始まった。

この場面の続きを、今度は西本の自著『長嶋監督20発の往復ビンタ』（小学館文庫）から引用したい。

ザーッ、と監督が湯舟から出る音がした。そして1分もしないうちに風呂のドアが開いた。監督は僕たちに気づくと、腰にバスタオルを巻いただけの姿で近づいてきた。すさまじい形相で僕を睨みつけている。

「おまえらは！」

いきなり強烈なビンタが飛んできた。

一瞬、耳がキーンとして頭のなかがまっ白になった。体のバランスを失いそうになったが、腹筋に力を入れて踏ん張っていると2発目が飛んできた。続いて角にもバシッ、バシッとビンタが飛んだ。

その後、西本の本によれば「50発殴られたのか100発殴られたのかよくわからない」ほどビンタを食らったとある。角の述懐を聞こう。

「西本はデッドボール、僕もフォアボールを連発して、風呂上がりの監督にバンバンビンタをされました。でも、僕の場合は逃げたわけじゃない。ただコントロールが悪かっただけ（笑）」

このエピソードには、まだオチがある。角の著作から引用しよう。


2人の前を往復すること10数回。そのたびにガーン、ガーン、ガーンと殴られた。しまいには手が痛くなってきたようで、腰のバスタオルをとって、ガーン、ガーンと殴るわけ。僕らはマジメな顔をして下を向いているわけだけど、タオルをとったものだから、監督のナニがこう……、ブラン、ブランと揺れている。

怒られているので真剣な顔をしなければならないが、それに気づいてしまったらおかしくて、殴られる痛さよりも、笑うのを我慢するほうが大変だった。ちなみに、リッパ！　でした（笑）。


もちろん、現役引退後のタレント時代に出版された本なので面白おかしく書かれているということは、割り引かねばならない。改めて、角の本音を紹介したい。

「あのとき、監督は怒っているというよりも、泣いているように感じられたんだよ。〝どうしてお前は逃げるんだ？〟〝どうしてわかってくれないんだ？〟って泣いているように見えたんだよね。その思いに応えたいけど、応えることができない。はがゆくて、ふがいない思いでした……」

TOKYO
12

地獄の伊東キャンプで一流選手に

制球難を解消するためのフォーム改造のきっかけは、後に伝説となる79年の「地獄の伊東キャンプ」だった。長嶋政権5年目を終え、若手の育成は急務となっていた。そこで、長嶋は有望選手をピックアップし、徹底的にしごき上げる方策を採った。

「あのときのメンバーは江川さん、鹿取、西本ら、野手は中畑（清）さん、篠塚（利夫／現・和典）さん、松本（匡史）さんたち。練習メニューはいたってシンプル。午前中はただ投げて、午後はひたすら走るだけだったよね」

当時の角は、コントロールがいいときには「新浦（壽夫）以上の逸材だ」と評され、コントロールが定まらないときには「アマチュア以下だ」と揶揄された。当時の角にとって、プロの世界で生き抜くためには、安定して力を発揮できるピッチングフォームを見つける必要があった。

「このとき、ひたすら投げていくうちに、〝これなら何球でも放れるな〟というフォームが見つかりました。自分の頭でイメージしているボールと実際のボールが一致するようになって、ちょっとミスってもすぐに修正できるようになった。それが、あのサイドスローだったんだよね」

それは、本人いわく「真っ暗闇に、いきなり太陽が照らされたような感覚」だったという。このキャンプでの目的は、長嶋によれば「一番、四番打者と抑え投手を確立すること」だった。それは長嶋退任後、後任の藤田元司監督時代になって、一番・松本、四番・中畑、抑え・角という形で結実することになる。こうして、80年代になると角はリーグを代表する抑え投手となった。長嶋の後任であり、投手出身の藤田は巧みな人心掌握術で角の実力をさらに開花させた。

ある日のこと。藤田が『江夏の21球』について角に切り出した。79年日本シリーズ第7戦、9回裏無死満塁の大ピンチを切り抜けた江夏豊の伝説のピッチングだ。

「おい角、『江夏の21球』は確かにすごいけど、でも、そもそも満塁のピンチを作ったのは誰や？当の江夏自身だろ。もしもお前だったら、一人もランナーを出さずに三人で切り抜けていたよ」

この言葉は角のプライドを絶妙にくすぐった。

「江夏さんは憧れのピッチャーだったから、こんな言葉を言われたら、そりゃぁ嬉しいですよ。おまけに、〝江夏よりも、お前の方が全然上だよ〟なんて言ってくれるんだから。そういう言い方が、藤田さんは得意だったよね」

藤田の後を受け継いだ王監督の下でも大事な場面を任されていたが、やがて斎藤雅樹、槙原寛己、桑田真澄らが台頭。チームは若返りの渦中にあった。

「結局、巨人には89年途中まで在籍して、シーズン途中に日本ハムに移籍するわけだけど、表向きには〝日本ハムならば先発ができる〟という理由でした。でも、それは後づけの理由で、本当のことを言えば〝ジャイアンツにオレの居場所はないな〟と思ったから。それ以降の現役生活は言い方は悪いけど、完全に《余暇》という感じになっちゃったよね」

ともに切磋琢磨した定岡正二は85年オフ、近鉄バファローズへの移籍を拒否して、すでに引退していた。87年には江川もユニフォームを脱ぎ、一緒に長嶋からのビンタを食らった西本は88年オフに中日ドラゴンズに移籍していた。

気がつけば、長嶋監督時代を知る者は、すでにほとんどいなくなっていた。

「日本ハムに移籍した時点で、〝オレのプロ野球人生は終わった〟と考えていたよね。だから、そこからは〝自分のために〟というよりは、〝お世話になった人たちのために〟という思いで投げていた感じかな?」

ファイターズ時代といえば、東京ドームでバファローズのラルフ・ブライアントに喫した「スピーカー直撃弾」も印象深い。思わず、角の頬が緩む。

「あれにはちゃんとエピソードがあるんですよ。東京ドームの看板に打球を当てたら、打者の場合は賞金が出るじゃないですか。で、ある日の試合前にランニングをしているときに、たまたま看板の話題になったんですよ。で、〝バッターは賞金がもらえていいよな〟なんて話しているときに、天井のスピーカーが目に入って、〝もしもあそこに直撃されるような打球を打たれたら、オレは現役を辞めるよ〟なんて冗談を言っていたんだよね。で、その日の試合で本当に打たれた。ベンチに戻ったら、〝角さんも引退か、残念ですね〟ってみんなから言われてね(笑)」

95年野村ヤクルト日本一の立役者に

89（平成元）年途中から91年まではファイターズに在籍し、そして92年から再びセ・リーグに移籍する。新天地となったのは野村克也が監督となって3年目を迎えるスワローズだった。

「野村さんの野球には興味がありましたね。ウワサの長時間ミーティングも、言ってることは普通の当たり前のことなんだけど、いざそれを言葉にするとなると難しいことをきちんと整理してあった。やっぱり奥が深かったし、後の財産になったのは間違いないよね」

この年、スワローズは14年ぶりにリーグ制覇を達成。惜しくも日本一は逃したものの、角は中継ぎとして46試合に登板。優勝の立役者となった。

しかし、この年限りで角は現役を引退する。野村監督をはじめ、周囲の誰もが「まだまだ投げられる」「もったいない」と説得する中での突然の引退劇だった。

「ピンチの場面ばかりで登板させられたからですよ。もう、自分のボールに力がないのがわかっているのに大事な場面を任せられる。騙し騙し、何とか抑えていたけどもう限界。これ以上、監督からの期待に応えられる自信もないのにマウンドに上がることはできなかったよね。もちろん、野村監督からは止められましたよ。でも、オレが野球を続けるか辞めるかは、野村さんが決めることじゃない。オレ自身が決めることだから」

現役引退後、芸能事務所である浅井企画に所属しながら、解説者としてのみならず、「ベースボールタレント」として活躍した。この期間を振り返って、「それは惨めでしたよ」と口にした。

「自称ベースボールタレントとして、ガンガン攻めていきました。芸能界では新人だし、芸能界の第一線で活躍している人を尊敬していたから、自分の子どもみたいな年齢のジャニーズのアイドルに、〝おはようございます！〟って頭を下げることも平気でした。でも、球場での仕事がしんどかった。電車で球場入りして、仕事が終わったらファンと一緒の電車で自宅に戻る。一方では、自分よりも全然若くて実績もない解説者が、局が用意したハイヤーで移動している。あのときは本当に惨めだったな……」

しかし、「ベースボールタレント」としての活動もわずか2年の出来事だった。94年オフ、角の下に球界復帰のオファーが届く。野村からだった。「一軍投手コーチとしてチームを支えてほしい」という突然の依頼である。

「正直なことを言えば、野村さんは95年限りでの退任が決まっていたんです。退任が決まっている監督の下で、わざわざコーチになるヤツはいない。それで、何人もの候補者に断られたんでしょう。〝表向きは、お前の明るさがチームには必要だ〟ということだったけど、実際はなり手がいなかっただけ（笑）」

このとき、角はまだ39歳。指導者としての経験はまったくなかった。しかも、通常ならば投手コーチは二人体制にもかかわらず、このときは角一人で一軍投手陣をすべて担当することになっていた。大胆過ぎる人事に球界関係者は驚いた。

「誰も信じてくれなかったけど、このときの契約も異例だったんです。僕は芸能事務所の浅井企画に所属していたから、ヤクルト球団は事務所に契約金を払って、僕は浅井企画から手数料を引いた額をもらっていた。いわゆる三者契約だったんだよね」

周囲の予想に反してこの年、スワローズは日本一を奪回する。岡林洋一を軸とし、ベテランの伊東昭光、若手の山部太、石井一久、バファローズから移籍してきた吉井理人、さらに最優秀防御率のタイトルを獲得したテリー・ブロスと、6人の先発投手にきっちりと休養を与えながら見事に長いシーズンを乗り切った手腕が光った。

「このとき初めて、上司の喜びがわかりましたね。現役時代なら、たとえチームが優勝しても、自分が活躍しなければ少しも嬉しくない。でも、自分がコーチになってチームが優勝すれば、投手陣の活躍は全部自分の手柄になるじゃない（笑）。ニューオータニでビールかけをしたけど、みんなから〝こんなに喜んでいるコーチは見たことがない〟って、笑われましたからね」

しかし、角は1年でチームを去る。悲願の日本一を奪取したにもかかわらず。

「元々、1年契約だったということもあるけど、球団としては僕を代えたかったようなんだよね。日本シリーズ中に遠回しに〝来季は契約しない〟と匂わせてくる。チームに必要ないなら仕方ないでしょ。自分から辞めることにしましたよ」

野村監督には何の恨みもない。その後も、多忙な野村の代役として講演活動をすることもあった。「講演でもリリーフ人生だったよ」と角は笑う。

現在は東京・恵比寿で昭和歌謡をモチーフにした「m-129」というバーを経営し、毎晩カウンターに立って、常連客と幸福な時間を過ごしている。

前立腺がんを患ったこともあった。コロナ禍が直撃し、苦境に立たされたこともあった。それでも、常連客に支えられて日々を懸命に生きている。

「商売人じゃないんで、この店で金儲けするつもりはないですよ。振り返ってみれば野球人気が花盛りだった頃に長嶋さんや王さんの下でプレーして、晩年は野村さんから野球を学んで……。幸せな野球人生だったんだと思いますよ」

カウンター越しに常連客との会話も弾む。長嶋、王、野村の下でリリーバーとして活躍した左腕は、楽しそうにグラスを傾けている――。

すみ・みつお
1956年6月26日生まれ、鳥取県米子市出身。米子工業高校から三菱重工三原へ進み、76年ドラフト3位で巨人入団。旧登録名は角三男、角光雄。78年新人王、81年に最優秀救援投手、ファイアマン賞、後楽園MVP。日本ハム、ヤクルトへのトレードを経て92年現役引退。現在は野球解説者、タレントとしても活動。左投左打、身長183cm・体重86kg。

【投手成績】

年度	所属	登板	勝利	敗北	セーブ	投球回	防御率
1978	読売	60	5	7	7	112.2	2.87
1979	読売	45	2	5	6	65.1	4.02
1980	読売	56	1	5	11	79	2.28
1981	読売	51	8	5	20	104.1	1.47
1982	読売	40	2	3	9	63	2.00
1983	読売	37	3	5	18	56	3.38
1984	読売	49	3	4	14	58.2	3.22
1985	読売	42	1	2	5	42.1	4.68
1986	読売	54	2	3	2	58.1	2.78
1987	読売	57	2	1	1	37.2	3.35
1988	読売	25	0	1	0	13.1	4.73
1989	読売	1	0	0	0	0.1	0.00
1989	日本ハム	15	3	4	0	66.1	3.39
1990	日本ハム	23	1	4	1	79.2	3.62
1991	日本ハム	17	3	7	0	85.1	3.90
1992	ヤクルト	46	2	4	5	39.1	3.20
通　算		618	38	60	99	961.2	3.06

鹿取義隆

ドラフト外から、GMに

YOSHITAKA KATORI

「サラリーマンの鑑」として大活躍

1987（昭和62）年ペナントレース——。

リリーフ役を託されていた鹿取義隆は、来る日も、来る日もマウンドに立っていた。

130試合制だったこのとき、彼はおよそ半分となる63試合に登板している。投球回数は94回2／3。現在とは違い、回跨ぎは当たり前の時代だった。それにもかかわらず、防御率は1・90を記録。現在の観点から見ても、驚異的な成績である。

4月28日の中日ドラゴンズ戦では7回に登板すると、9回にはサウスポーの角三男（現・盈男）が登板。鹿取はライトに回り、角がゲーリー・レーシッチを抑えるとすぐに再びマウンドに上がって、続く落合博満、宇野勝を抑える離れ業も見せた。

後楽園球場ラストイヤーとなったこの年、読売ジャイアンツ・王貞治監督は優勝を義務づけられていた。就任以来、一度も胴上げ経験がなかった王は、監督4年目のこの年、鹿取の右腕にすべてを託していたのだ。

「あの年は抑えの（ルイス・）サンチェの調子が悪くて、開幕してすぐに僕が抑えになりました。当時は1イニング限定という起用法ではなかったから、自分でもたくさん投げたと思います。でも、身体は丈夫でしたし、投げられるだけで幸せでした。周りは〝酷使だ〟と言っていたけど、全然、そんなことは思わなかったし、そもそも〝これで故障してもいい〟という覚悟で投げていましたから……」

そして鹿取は平然と語る。

「……常に、〝これが最後の１球だ〟、そんな思いで投げていましたね。ケガを恐れて手加減して投げて打たれたら、一軍に残ることはできないですから。それだったら自分のできることを精一杯やった方がいい。だから、王監督には感謝の気持ちしかないし、この年は優勝できて本当によかったと思っていますよ」

職務に忠実な彼の姿は「サラリーマンの鑑」と呼ばれ、「酷使」を意味する「鹿取られる」という言葉も広まった。やはり、彼は平然と続ける。

「……あの時代は、〝行け！〟と言われれば行くのが当たり前だし、仕事として頑張った結果、そういう言葉が出たんだと思うけど、それが僕らの仕事ですから。だから、あのときは何とも思っていなかったですね」

黙々と自分の役割に徹し、淡々と結果を残す姿は、世のサラリーマンを象徴していた。だからこそ、多くの人々が鹿取に自分の姿を投影していたのだろう。

セ・リーグ優勝を決めた直後に発売された『週刊ベースボール』（87年10月19日号）の巻頭特集は「ＭＶＰは誰だ？」と題され、原辰徳、山倉和博と並んで、鹿取の名前も挙げられている。

無署名記事であり、努めて平静を装っているものの、そこには記者の個人的な思いがにじみ出ている。

心情論含みで一番熱い後押しの声を受けているのは、この鹿取といっていいだろう。「今年、王野球が確立できたのは鹿取のおかげ。特に前半戦の大車輪の働きがなかったら、とても優勝なんておぼつかなかったはずだ」というのが、〝鹿取派〟のいい分。後半戦の活躍がモノをいうといわれるMVP投票では、疲れからか後半は前半戦ほどの神通力を失ったことは不利ともいわれるが「カトリる」の流行語まで生んだ〝滅私奉公〟ぶりは、確かに社会的注目事だった。「最高の賞の話題になることだけで、うれしいです」と、本人はいたって控え目だが……。

結局、MVPは山倉が獲得することになるのだが、鹿取の存在感は大きく光った。このジャイアンツ時代はもとより、後に移籍する西武ライオンズ時代も、常にチームにとって、ファンにとって、本当に頼りになる「鉄腕」として、球史に残るリリーバーとして、彼の雄姿を記憶する者は今でも多い。

プロ入り後、頼れる守護神となった鹿取だが、大学4年時、本人にプロ入りの意思はまったくなかったという。

「僕の1歳上には法政大学・江川（卓）さんがいました。僕は明治でしたから当然対戦します。江川さんを見ていたら、誰だって〝絶対に無理だ〟という気になりますよ（笑）。だから、自分としては卒業後は社会人に進む気でいましたね」

明治大学の同級生にはドラゴンズから1位指名を受けることになる高橋三千丈もいた。

在学中、「誰もスカウトは自分を見に来なかった」と本人は自嘲気味に語るが、ジャイアンツがドラフトをボイコットしたことで、彼にチャンスが転がり込み、鹿取はそれを見事につかみ取ることになる――。

明大・島岡御大の鶴のひと声で「ジャイアント」入団

「そもそも、日本鋼管に入社することが決まっていました……」

明治大学4年生の秋を、鹿取が述懐する。

「……明治・島岡（吉郎）監督の意向を受けて、入社試験を受けてすでに日本鋼管入りが決まっていました。そもそも、プロ入りなんてまったく考えていなかったので、社会人で野球は終わりにするつもりでした。大学時代にプロのスカウトが僕のことを見ていたのかどうかはまったくわかりません。そういうのは島岡のオヤジが全部止めていたから」

しかし、江川卓をめぐる「空白の一日」騒動により、ジャイアンツがドラフト会議をボイコットしたことで、鹿取の運命は大きく変わった。

「同級生の高橋たちが指名を受けたことを見届けて、寮から自分のアパートに戻ったら、すぐにマネージャーが飛んできました。そして、〝オヤジが呼んでるぞ〟と呼び戻され、すぐに監督の部屋に行ったら、〝今からここに行け〟と監督に言われました。そこにはジャイアンツのスカウトがいるとのことでした。意味が理解できず、〝日本鋼管はどうすればいいでしょうか?〟と質問しても、〝いいから、すぐに行け〟ということで、そこで初めて〝ひょっとして、ジャイアンツに入るのかな?〟って状況を理解しました」

このとき、島岡は「ジャイアンツ」ではなく、「ジャイアント」と発言したことは、終生鹿取の記憶に強く刻まれることになった。

こうして、急転直下でのプロ入りが決まった。

当時のジャイアンツは、第一次長嶋茂雄政権下にあり、V9戦士たちからの世代交代が急速に推し進められていた時期にあった。

79年1月、東京・多摩川で行われた合同自主トレで、鹿取は度肝を抜かれたという。そこにいたのは、堀内恒夫、新浦壽夫、加藤初ら、当時の主力投手陣だった。

「キャンプ前だというのに、そのボールは僕とは勢いも違ったし、スピンの利いたキレのあるものでした。シーズンが始まったら、もっとすごいボールを投げるはずだから、〝これはとんでもないところに入ってしまった……〟と、早くも自信を失ってしまいました」

プロ1年目はいきなり38試合の登板機会を得て、3勝を記録した。

「開幕戦でいきなり登板したんです。中日戦で、相手は高木守道さんでした。いい当たりだったんだけど、センターの柴田（勲）さんがスライディングキャッチでね、それがすべての始まりです。プロ生活において、いちばん印象に残っている場面ですね」

それでも、「まだまだプロでやっていく自信などなかった」が、この年のオフ、伝説となっている「地獄の伊東キャンプ」のメンバーに抜擢され、江川卓、西本聖、中畑清、篠塚利夫（現・和典）、松本匡史らとともに、徹底的に鍛え上げられることになる。

「それぞれテーマを持って伊東キャンプに臨みましたけど、僕に関して言えば、プロで1年間戦い抜く体力をつけると同時に、持ち球を磨いて、それぞれの精度を上げることを意識しました。でも、馬場平でのサーキットトレーニングや石段の駆け上がりなど、体力トレーニングは本当にキツかったですね」

この伊東キャンプにおいて、鹿取は当初の狙い通り、ペナントレースを戦い抜くための体力を身につけ、さらにはサイドスロー投手の生命線でもあるシンカーを磨き上げることに成功した。

「右バッターのインコースに鋭く、シュートのように食い込みながら落ちていくシンカーをこの

GIANTS
1
GIANTS

ときに身につけました。左バッターにとっては外に逃げながら落ちていくボールです。それにストレートの球速も上がりました。それまでは140キロに満たなかったのに、伊東キャンプの後には142～143キロぐらい出るようになりました」

プロ1年目のオフに、徹底的なトレーニングを積んだことが、結果的に生き馬の目を抜くプロ野球の世界において、19年にわたって活躍する大きな要因となった。

現役晩年まで、「徹底的に自分を追い込もう」と心の底から思うことができた原点は、間違いなくこの年の伊東キャンプにあったのだ。

悔しい思い出しかない日本シリーズ

ジャイアンツ時代、ライオンズ時代、いずれも鹿取には、日本シリーズにおいて印象的な場面がある。

前者は87年、ライオンズと激突した第6戦だ。センターを守るウォーレン・クロマティの緩慢な返球の間に、一塁走者だった辻発彦が長躯ホームインした伝説の場面。このときマウンドにいたのが鹿取である。

「クロマティの返球はよく覚えていますよ（苦笑）。一塁に辻がいて、秋山（幸二）がセンター前にヒットを打った。ピッチャーとしては〝しまった、一、三塁だ〟と思って、三本間のカバーに行くわけです。でも、僕の目の前を辻が猛然と駆け抜けていく。西武ベンチはクロマティがポワーンと返球すること、ショートの川相（昌弘）が、捕ったらセオリーとは逆回転してから投げることを知っていたんでしょうね」

カバーに入りながら「ホーム、ホーム！」と叫んだものの、大観衆の中では川相の耳には届かなかった。

「まぁ、見事にやられましたよ。当時の西武は本当に強かったですから。後に西武に移籍して、〝しまった、三塁打だ〟と思う当たりでも、センターの秋山は悠然と捕球するし、ライトの平野（謙）さんがすでにカバーに入っていました。西武の野球は本当にレベルが高かったですね」

ジャイアンツとライオンズを知る男は、深くうなずきながら言った。

そして後者は、1992（平成4）年、ヤクルトスワローズと戦ったシリーズ第1戦、杉浦享の代打サヨナラ満塁ホームランである。

90年からライオンズに移籍して、90、91年と2年連続で日本一に輝いた鹿取が、次に対戦したのが92年のスワローズだ。

野村克也率いるスワローズと、当時すでに黄金時代を謳歌していた森祇晶率いるライオンズとの激突はもつれにもつれた。その幕開けとなったシリーズ初戦、3対3で迎えた延長12回裏、スワローズ一死満塁の大チャンスで、打席には代打・杉浦享が入る。絶体絶命の大ピンチにマウンドに立っていたのが鹿取だ。

ツーナッシングからの3球目、杉浦のバットが一閃する。白球は一瞬で小さくなり、スワローズファンの待つライトスタンドに飛び込んだ。

「打った瞬間に、〝あっ、ダメだ……〟って思いましたよ。完璧でしたから。セ・リーグに在籍していて、ヤクルトとも対戦していたから、シリーズ前のミーティングで、各バッターの特徴を僕が説明したんだけど、その本人が打たれたわけですからね（苦笑）。あれは完全にコントロールミスです。ツーナッシングと追い込んで、1球内角を見せておいて、外角で仕留めるつもりだったけど、インコースのボールが真ん中に入ったわけですから……」

鹿取は打球の行方を見届けると、三塁側ベンチに向けて静かに歩を進めた。その瞬間、三塁ベースを蹴った杉浦が歓喜の表情で目の前を通り過ぎる。

鹿取は静かに立ち止まり、背後に視線を向ける。

「味方の野手陣がみなグラウンド上に座り込んでいましたね。〝あぁ、やっちゃった……〟って思いました（苦笑）」

投手はしばしば「打たれたシーンほど記憶に残る」と口にするが、まさに鹿取もまた、屈辱的な悔しいシーンを、実によく記憶していた。

引退後はジャイアンツGM職も経験

ライオンズ移籍初年度の90年には、24セーブを挙げて最優秀救援投手のタイトルを獲得した。その後も鹿取はコンスタントに成績を残し、チームも日本一に輝き続けた。チームも、そして鹿取も円熟期を迎え、我が世の春を謳歌していた。

ある年の契約更改の席上、球団が呈示したのは一流選手のステイタスである「1億円」だった。しかし……。

「その提示を自ら断りました。多すぎると思ったからです。自分としては巨人時代の方が頑張っていた気がしたんです。でも、西武に来てからはずっと優勝していたから、それで自分の年俸も上がっていたような気がしました。自分の感覚と違ったので、〝ちょっと多すぎます〟と言って下げてもらいました（笑）」

前述したように、プロ19年目となる97年、40歳まで現役を続けた。戦力外通告ではない。自らの意思で辞めたのだ。

「この年は右ヒザが痛くて、踏ん張りが利かなくなって変化球の曲がりが早くなってしまった。

それで、打者に見切られるようになったんです。この年は8試合しか投げていないでしょ? 当時、すでに1億以上の年俸をもらっていたから、1球換算するととんでもない額になる。それで、〝申し訳ないな〟と思って、自分から辞めることを球団に告げました」

自分自身が納得できない大金は手にすべきではない。そして、給料に見合った働きができないのであれば、潔く身を引くしかない。

それが鹿取の流儀だった。

現役引退後、すぐに古巣ジャイアンツのコーチに招聘され、00年には一軍投手コーチとして日本一も経験した。球団からの慰留にもかかわらず、01年にはチームを離れ、自費でアメリカに渡りコーチ留学も経験した。

アメリカでは2A監督就任も決まっていたものの、02年から監督に就任する原辰徳の強い希望で帰国。一軍ヘッドコーチとしてチームを支え、紆余曲折を経て17年にはGM(ゼネラル・マネージャー)職も務めた。

「当初は、〝来年からGMを引き受けてくれないか?〟という話をいただきました。このときに〝スカウティングや編成面を見てもらいたい〟という話で、スカウティングには興味があったので、お受けすることにしました。ところが、その年に10何連敗して、急遽GMを代えることになり、僕がやることになりました。シーズン途中からのGM就任だったので、何も準備もできずに思うような結果は残せなかったですね」

17年4月1日付でGM特別補佐に就任し、その年の6月にGM兼編成本部長に就任。そして、翌18年オフに退任を余儀なくされた。GMとしては不完全燃焼である感は否めなかった。

元々、プロ志望ではなく、ドラフト外で入団し、セ、パ両リーグで活躍し、現役引退後には再び古巣・ジャイアンツに戻り、コーチ職を歴任。最終的にはGMまで務めることになるのだから人生はわからない。

「チーム編成は、ある程度長いスパンで考えなければいけないことなので、短期間で結果を出すということはとても難しかったです。でも、それはもう仕方のないことですよ。いろいろな経験にはなったけど、期待に応えられなかったのは残念でした……」

江川卓から学んだエースの引き際と美学

87年、球界の覇権をかけたジャイアンツとライオンズとの一連の対戦の裏側を聞いている中で、鹿取が意外なことをつぶやいた。

「第6戦が終わって、西武に負けた後に、宿舎だった立川のパレスホテルに戻ったときのことです。当時は二人部屋で、僕は江川さんと同じ部屋だったんだよね。それで、試合が終わってホテルに戻って荷造りをしていたら、江川さんが突然、僕に言うんです、〃これから監督のところに行ってくる〃って……」

鹿取が江川に尋ねる。

「何を言いに行くんですか?」

江川が答える。

「辞めるんだよ」

状況がつかめずに鹿取は言葉を失う。江川は淡々と言う。

「もう辞めるんだよ。だから、監督に伝えてくるんだよ」

そのときの心境を鹿取が振り返る。

「試合に負けたのはもちろんショックだったけど、その後に江川さんから〃辞める〃って聞いたことの方がショックだったかもしれないな」

いわゆる「江川問題」による空白の一日騒動で、大揺れに揺れた78年ドラフト会議。ジャイアンツは会議への出席をボイコットした。したがって、この年に入団したジャイアンツの新人選手は、すべて「ドラフト外」での入団となった。その中の一人が鹿取だった。

「そうですよ、プロ入りのときから江川さんとはつながりはあったわけだから。大学時代にも一緒に日米野球を戦ったりもしていたしね。まぁ、ビックリだよね。だって、僕よりもはるかにいいボールを投げているのに、もう辞めるって言うんだから」

このとき、鹿取は自問自答した。

（あんなにすごい人が辞めるのに、こんなボールしか投げられないオレが野球を続けていてもいいのだろうか？）

この問いかけはしばらくの間、鹿取の胸中から消えなかったという。そして、彼は一つの「哲学」を得た。

「エースというのは、他のピッチャーとはやはり違うんです。他人から見ていて、いくらいいボールを投げていたとしても、自分自身で納得できなければ、潔く身を引くしかない。そんな存在なんですよ。だから当然、〝オレ、このままやっていてもいいのかな？〟って思いますよ。でも、その後10年間も現役を続けちゃったけどね、申し訳ないんだけどさ（笑）」

その後、40歳まで現役生活をまっとうし、厳しいプロの世界で常に第一線で活躍を続けてきた鹿取は恥ずかしそうに笑った。

プロ志望ではなかったけれど、結果的にはプロの世界で波瀾万丈の野球人生を過ごすことになった。ライオンズ時代には46勝17敗73セーブを記録し、ジャイアンツ時代を上回る成績を残し、97年限りで引退。登板数はジャイアンツでは７番目の４６６試合、ライオンズ時代と合わせて７５５試合は歴代12位にランクインしている。

無事是名馬――。それはまるで鹿取のためにあるような言葉である。

「まさか、こんなにいろいろな経験をするとは思っていなかったです。ケガしないで投げることができた。それがよかったんでしょうね」

セ、パ両リーグでフル回転した鉄腕は静かに、そうつぶやいた。

かとり・よしたか
1957年3月10日、高知県香美市生まれ。高知商業から進学した明治大学では2年連続で日米大学野球日本代表に選ばれるなど活躍し、78年ドラフト外で巨人に入団。90年最優秀救援投手。89年オフにトレードで西武へ移籍、97年現役引退。右投右打、身長174cm・体重78kg。

【投手成績】

年度	所属	登板	勝利	敗北	セーブ	投球回	防御率
1979	読売	38	3	2	2	59	3.36
1980	読売	51	4	3	3	86	1.78
1981	読売	22	1	0	0	37.2	2.37
1982	読売	21	3	2	0	57.2	4.50
1983	読売	38	5	2	1	94	3.64
1984	読売	48	4	3	6	88	2.45
1985	読売	60	4	5	4	84.1	3.52
1986	読売	59	4	3	4	101	2.32
1987	読売	63	7	4	18	94.2	1.90
1988	読売	45	8	4	17	64.2	3.20
1989	読売	21	2	1	3	34.1	3.15
1990	西武	37	3	1	24	45	3.00
1991	西武	34	7	1	8	70.2	1.78
1992	西武	38	10	1	16	76.2	2.47
1993	西武	42	5	4	16	68	2.25
1994	西武	40	7	3	5	76.2	3.40
1995	西武	43	6	3	2	85.2	2.42
1996	西武	47	7	3	2	75	2.40
1997	西武	8	1	1	0	7.1	9.82
通　算		755	91	46	131	1306.1	2.76

広瀬哲朗

自称「一流じゃない」男

後輩・久保田利伸とのCM共演

「オレの地元は静岡県の蒲原っていうところなんだよ。今は合併して静岡市清水区になったのかな？　当時は小学校が二つあって、オレが東小学校で、２歳下のトシノブが西小学校。で、卒業して同じ中学になったんだよね……」

「親分」こと大沢啓二監督時代の日本ハムファイターズで活躍し、ガッツあふれるヘッドスライディングが印象的だった広瀬哲朗が雄弁にしゃべっている。

彼の言う「トシノブ」とは、ミュージシャンの久保田利伸のことである。プロ野球選手とミュージシャン。意外な交友関係だ。

「オレの実家も利伸の家も、どっちも八百屋だったんで、家族ぐるみのつながりがあってさ。中学ではオレがピッチャーで利伸がキャッチャー。でもアイツ、身体は小さかったし、あんまり上手くなかったけどな（笑）。その代わり、当時から歌は抜群に上手だった。雨が降ったときに、上級生が下級生に〝何か余興でもやれ！〟って命じるんだけど、利伸はギターを持ってきて、当時流行っていた『神田川』とか歌うんだ。これが本当に上手だったんだよね」

現役引退後に発売された広瀬の著書『ふっざけんな！　やる気しだいで人生なんとでもなる』（竹書房）にはこんな記述がある。

中学時代に記憶に残る野球の思い出はたいしてないのだが、男広瀬にはこの時代忘れられない女性関係の思い出がある。二人の女の子にからんで登場してくる二歳下の男が、その後ニューヨークに住むロックシンガーとなる久保田利伸なのだ。あのころは、当然だけど、ニューヨークなんてイメージはまるでなかったなぁ。

俺の父はサラリーマンだが、祖父の代まで広瀬の家は蒲原で八百屋、久保田利伸の家も同じ八百屋だった。そういう関係で広瀬家と久保田家は子どものころから家族ぐるみでつき合いがあった。

改めて、「忘れられない女性関係の思い出」を本人が振り返る。

「中3のとき、陸上部にかわいい1年生の女の子がいてさ。そのコが利伸と同じクラスだったんで、〝頼むわ〟って言って、アイツをパシリにして交換日記を始めたんだよ。汚い字で毎日書いて、それを利伸に渡してチアキちゃんに持ってってもらってさ。それがオレの初恋の人だよ、チアキちゃん。淡い思い出だよな（笑）」

ハイテンションのべらんめえ口調が心地いい。「利伸エピソード」はまだまだ続く。

「日本ハム時代、本社の営業部長だった人がオレのところに来て、〝久保田利伸さんをうちのＣＭに起用したい〟って言うんだよ。でも、その頃にはもう疎遠になっていたから断ったんだけど、

〝そこを何とか〟って言うから、一応、事務所を通じて打診したら、〝広瀬さんと一緒だったら出てもいい〟って言うんだよ（笑）」

こうして実現したのが、日本ハムの『チキチキボーン』でのCM共演である。現在でもYouTubeで、若き日の二人の姿を確認することができる。

「あのとき、オレはギャラ出たのかな？　よく覚えてないけど、利伸は1億円ぐらいもらったんじゃない？　世間はダルビッシュ有くんとか、大谷翔平くんのことを日本ハムのCMキャラクターだと思ってるかもしれないけど、バカヤロー、オレが日本ハムでは最初の全国区のCM起用なんだよ。で、驚いたのがさ、現役を引退して北海道中心に解説の仕事をしていたときの球団社長が、当時の営業部長だったんだよな。あのときちゃんとつき合っていたらオレも今頃、監督になっていたかもしれないのにな（笑）」

広瀬の話はとにかく面白かった。ちなみに、その球団社長こそ、ドラフト会議において中田翔や斎藤佑樹を引き当てて有名になった強運の持ち主の藤井純一である。

自家製「大リーグボール養成ギプス」

前述したように、静岡県内の八百屋の息子として生まれた。当時の少年たちがそうであったように、哲朗少年もまた、『巨人の星』に感化されて野球好きに育っていた。

しかし、周りの野球少年とは異なり、その情熱、本気度はケタ違いだった。

「オレ、小学生の頃に実際に《大リーグボール養成ギプス》を作ったことがあるんだよ。エキスパンダーって知ってる? バネを伸ばして筋肉を鍛える道具。あれを分解して、バネとバネを留める金具を買ってさ。でも、全然ダメだったな。肉を挟んで痛くて、痛くてさ。でも、〝この痛みを乗り越えれば大リーグボールが放れる〟って思ってた。実際にそれを装着して学校にも行ったよ。ギイギイギイギイ、たたうるさいだけで、隣の席の女の子が〝何の音?〟って言うから、〝秘密だよ〟ってごまかしたりしてさ(笑)」

この日、体育の授業があったことを広瀬少年はすっかり忘れていた。

「体操服に着替えなくちゃいけないんだけど、こんなの見られたらみんなに笑われちゃうから、〝お腹が痛いから今日は休みます〟って言ったのに、先生が〝お前は給食と体育のときだけが元気なのに、一体、どうしたんだ?〟って大ごとになっちゃって、結局脱がされて、それでみんなに大笑いされたんだよな」

県立富士宮北高校を経て、駒澤大学に進学した。入れ替わりで卒業した石毛宏典の後を受け、1年時からショートのレギュラーとなった。

「本当は東京六大学に進みたかったんだよね。だから、六大学のレコードを買って、東大以外の校歌を全部覚えたんだけど、当時の駒澤の監督だった太田誠さんが静岡出身で、たまたまオレのことを知っていて熱心に誘われたんだよ。入学するときに石毛さんと一緒に練習したら、〝オレの後釜はお前しかいない〟って石毛さんからも言われて、そうなったら断れないじゃない。それで駒澤に行くことになったんだよね」

前述したように1年時からレギュラーとなった。それでも広瀬の言葉は重い。

「この頃のオレはセンスだけでプレーしていたよね。決して技術があったわけでもないし、努力をしたわけでもない。後で詳しく話すけど、プロでやっていくにはそれじゃあダメなんだよね。決して一流選手にはなれない」

大学卒業時にはヤクルトスワローズからドラフト4位指名されたものの拒否。社会人の本田技研でプレーする道を選んだ。本田技研時代には日本選手権大会で優勝。日本代表入りも果たした。満を持して、1985（昭和60）年、広瀬はドラフト1位でファイターズに入団する。

打撃練習が許されず、近所のバッティングセンターへ

守備力は高く評価されていたものの、バッティングに難があり、なかなか出番は与えられなかった。小学生の頃は高田繁のファンで、静岡市内のデパートで開催されたサイン会に出かけたこと

もあった。しかし、「高田さんとはあんまり相性はよくなかったよね」と広瀬は言う。彼の著書『プロ野球　オレだけが知ってるナイショ話』（ソニー・マガジンズ）から引用したい。


高田監督の下でプレーした三年間はあまりいい思い出がありません。

私みたいな出たがり屋で、なんでも派手なことが好きな宴会部長タイプは、プロ野球界のエリートである読売ジャイアンツ出身の方にはお気に召さなかったみたいで、一軍にいてもベンチウォーマー、せいぜい、終盤の守備要員でありました。


チャンスが訪れたのは高田の後を継いだ、近藤貞雄監督時代だった。再び、自著『ナイショ話』の一節を紹介したい。


この近藤監督にはいきなり秋季キャンプで目をかけられました。

監督さんから呼び出しを受け、いきなりこう切り出されたのです。

「きみは去年はあまり試合に出ていないね。何が原因なんだろう。ひょっとしたら高田くんに嫌われていたのかな」

私も、近藤監督が「ダンディな人」というウワサは聞いていましたから、その質問の真偽がわ

Fighters

からず、ためらいがちに答えました。

「ま、そのような気がしていました」

すると近藤監督はこう言ってくれました。

「きみの守備は十分プロで通用する。私はきみの守備を買っているから、いつ出番がきてもいいように練習しておきなさい」

まさに神の声でございました。


「近藤さんに言われたのは、〝お前の守備は天下一品だ。だから守備だけ練習しろ〟って。キャンプのときも、バッティング練習をすると怒られるんだよ。〝無駄な抵抗はよせ!〟って(笑)。でも、守備だけだと昼過ぎには練習が終わっちゃうでしょ。だから仕方ないから、監督に内緒でキャンプ地近くのバッティングセンターで軟式ボールを打って練習してたんだから」

守備練習を終えて、打撃練習に臨もうとすると、近藤監督からは「さっさと宿舎に帰って身体を休めなさい」とたしなめられたという。

「このとき、近藤さんに〝まだ身体を動かしたいのなら、サブグラウンドでノックを受けなさい〟って言われたんだよね。もうそれ以上、ノックなんか受けたくないよ。素人さんと一緒にバッティングセンターで練習するプロ野球選手。見たことある? ないでしょ」

やはり、広瀬の話は面白かった。

近藤貞雄監督の秘蔵っ子として

日本で最初に投手分業制を導入したと言われ、大洋ホエールズ監督時代には俊足の高木豊、加藤博一、屋鋪要を「スーパーカートリオ」と命名するなど、「魅せる野球」にこだわった近藤の就任は、広瀬にとっても追い風となった。

「近藤さんには、〝野球はパフォーマンスだ。だから、お前みたいのはすごくいい〟って言われたんだよね。厳しい人だったけど、野球少年の気持ちを思い出させてくれたな。何しろ、マスコミからは当時、〝広瀬は近藤監督の秘蔵っ子〟って言われていたんだからね」

千葉・鴨川キャンプでの練習後、選手たちは代わる代わる監督の部屋に招かれ、個別面談が行われていた。しかし、いつまで経っても広瀬は呼ばれなかった。

「それで直接、近藤さんに言ったんだよね。〝どうしてオレは呼ばれないんですか?〟って。そうしたら、〝お前は優秀だからいいんだよ〟って言われたんだよ。でも、〝だったら今晩、私の部屋に来なさい〟って（笑）」

近藤の部屋にはたくさんの洋酒が並んでいた。下戸ではあったが、広瀬も晩酌につき合った。

「監督は戦争中の思い出話や、川上哲治さんとの対戦だとか、昔話を始めたんだよね。でも、こっちは温泉入ってのぼせてるし、慣れない酒を呑んで酔っ払っているし、気がついたら監督の部屋のソファで寝ちゃったんだよ。で、朝目覚めたら、きちんと毛布がかけられていたんだよね。周りからは、〝さすが、秘蔵っ子やな〟って笑われたよ」

近藤監督時代には、バント要員や守備固め、あるいは代走として、少しずつ出場機会が増えていく。その後、土橋正幸監督時代を経て、「親分」こと、大沢啓二が監督に就任すると、広瀬の人生が好転することになる。

「オレが入団したとき、大沢さんは球団の常務取締役で、毎年の契約更改で一緒だったんだよ。で、毎年〝お前には契約金を払いすぎた。もっと働け〟って言われていたから、〝はぁ？　僕だって好きで日本ハムに入ったわけじゃないんですよ〟って言い返す仲だったんだよね」

ある年の契約更改のこと。この年も大沢と広瀬による静かなる攻防が行われていた。

「大沢さん、子どもが生まれたんで、もう少し上げてくださいよ」

「上げたい気持ちはやまやまだけどなぁ……。親会社の日本ハムは儲かっているけど、ファイターズは儲かってねぇんだよ」

そして大沢は部屋の金庫を開けた……。広瀬が当時を振り返る。

「いきなり金庫を開け始めるから、こっちとしても、〝おおっ〟って期待するじゃない。でも、中に入っていたのは札束じゃなくてハムだった（笑）。ウソじゃないよ、これ、ホントの話だから」

大沢親分が与えてくれた千載一遇のチャンス

大沢監督就任直後、直々に「来年からはお前がキャプテンになれ」と告げられたという。

「チームを変えたかったんだろうね。まずは雰囲気を明るくしたかった。だから、オレをキャプテンに指名した。でも、〝ただし、試合には出さない〟って言われたのは今でもよく覚えてる（笑）」

その言葉とは裏腹に、大沢が監督に就任した93年シーズンから広瀬の出番は急増する。ある日の試合で、レギュラーの座を確保していた田中幸雄が何でもないショートゴロをエラーしてサヨナラ負けした試合があった。次の日の試合前、広瀬は監督室に呼ばれた。

「えっ、オレ何も悪いことしてないけどな……。そんな思いで監督室に行ったら、大沢さんにいきなり〝最後のショートゴロ、お前なら捕っていたよな？〟って聞かれたから、〝捕っていましたね〟って答えた。そうしたら、〝だよな。……よし、今日からお前がショートを守れ〟って」

そして、この日から「一番ショート・広瀬」としての起用が続くことになった。

記録を調べてみると、確かに前日までは田中がスタメンショートだったが、93年5月7日からは広瀬がショートを守り、田中がレフトで起用されている。

「大沢さんがオレに賭けてくれたんでしょう。ショートのレギュラーだった幸雄をレフトにコンバートしてまで、オレを試合に使ってくれたんだよね。でも、おかげでチームの雰囲気はすごく悪くなったんだよ」

試合前のロッカーでは「どうして幸雄がレフトにコンバートされて、広瀬が起用されるんだ?」という不満が渦巻いていたという。

「試合前のロッカーでは、大島(康徳)さんが露骨に〝あのオッサン、何考えてんだ?〟って態度で、オレの起用について不満を表しているんだよ。もう、〝ふっざけんな!〟って思いだよ。オレが〝出してくれ〟って監督に直訴したわけじゃないんだから。それで、大島さんと一触即発状態。金石(昭人)が止めに入って何とかなったけどさ。オレの後ろでは幸雄が守っている。彼のためにも、恥ずかしいプレーは見せられない。だから、その日の試合で3安打を記録したんだよ。完全に意地だよな」

93年から大沢が退任する96年まで、広瀬は毎年100試合以上に出場。大沢監督時代の93、94年はベストナイン、ゴールデングラブ賞も獲得した。しかし、その後、出場機会は減じていき、98年限りで現役を引退する。最終年は一度も一軍に呼ばれることはなかった。

「ケガもあったけど、やっぱり気持ちが切れちゃったんだよね。98年シーズン終盤、優勝争いをしていたんだよ。オレは一度も優勝経験がないから、当時の上田(利治)監督に、〝オレを使ってくれ〟って直談判したんだけど、そのときに〝誰も下に落とせない〟って言われた。そこで、〝あの人がいるじゃないですか〟って言っちゃったんだよね。それは立派な監督批判でしょ。辞めるしかないよね」

後に広瀬は、松永浩美の公式YouTube「松永浩美チャンネル」において、「あの人」が落合博満であることを述べている。

「横にいた住友（平）ヘッドコーチに、〝だめだお前、それ以上何も言うな〟って止められたけど、〝もう辞めます〟って出てきちゃった」

現役引退後は、女優・多岐川裕美の元夫であり、アクターズプロモーション副社長、アクターズエージェンシー社長の阿知波信介に、銀座のクラブで見初められて芸能プロ入りを果たした。

「プロ野球の解説の仕事をしながら、芸能の仕事もたくさんしたよ。『踊る!さんま御殿!!』から、小堺一機さんの『ごきげんよう』から、NHKでは山田の邦ちゃん（山田邦子）と一緒に番組を持ったりしてさ。阿知波さんの事務所に所属していたセクシー演歌歌手の紫艶とデュエットでCDを出したこともあったよ。あの平尾昌晃先生の作曲だよ。スゲーだろ」

01年に発売された『ジェラシー☆ゲーム』のCDを差し出すと笑顔が弾けた。

「おっ、どうして持ってるんだよ。懐かしいなぁ。オレの手元にもないから、久しぶりに見たよ。

えっ、もらっていいの？　悪いね、ホントにありがとう！」

改めて、13年に及んだ自身の現役生活を振り返ってもらうと、反省の弁がこぼれた。

「結局、オレはセンスだけで野球をやっていたんですよ。さっきも言ったけど、努力ができなかった。アマチュア時代はセンスだけでも何とかなったけど、プロでは努力しないとダメだね。プロの一流の人たちは、みんなちゃんと努力しているもの」

タイトルを獲得し、レギュラーポジションもつかんだ。それでも、広瀬の口からは反省の言葉しか漏れてこない。

——生まれ変わってもプロ野球選手を目指しますか？

そんな問いに対して、広瀬はキッパリと言った。

「生まれ変わったらもう一度、プロ野球選手になりたいな。やっぱり、楽しかったから。意中の球団なんかないよ。ただ、今度はきちんと努力する。そうして一流の選手になる」

それは、自らのことを努力不足で一流だとは認めていない者の発言だった。

「だって、当たり前でしょ、一流じゃないんだから……」

それまでの威勢のいい口調はすっかり鳴りを潜めていた。

自称「一流じゃない」広瀬の、その表情はとても真剣だった——。

ひろせ・てつろう
1961年1月23日静岡県蒲原町生まれ。県立富士宮北高校から駒澤大学、本田技研工業を経て85年ドラフト1位で日本ハム入団。93、94年には遊撃手として2年連続ベストナイン、ゴールデングラブ賞受賞。98年引退後は解説者やタレント、野球日本女子代表監督を務めるなど多方面で活動中。右投右打、身長176㎝・体重79kg。

【打撃成績】

年度	所属	試合	打数	安打	本塁打	打点	盗塁	打率
1986	日本ハム	40	62	8	2	4	2	.129
1987	日本ハム	44	30	6	0	3	3	.200
1988	日本ハム	32	37	8	1	2	0	.216
1989	日本ハム	70	16	5	0	1	6	.313
1990	日本ハム	72	123	29	1	11	8	.236
1991	日本ハム	94	76	15	0	5	5	.197
1992	日本ハム	96	146	38	1	14	7	.260
1993	日本ハム	116	412	115	0	29	21	.279
1994	日本ハム	124	467	131	2	29	20	.281
1995	日本ハム	113	442	118	2	35	4	.267
1996	日本ハム	119	390	100	3	34	8	.256
1997	日本ハム	46	67	19	0	6	0	.284
通　算		966	2268	592	12	173	84	.261

金澤次男

ゴルフ発、野球経由、ゴルフ行き

痴漢を逮捕したプロ野球選手

1992(平成4)年8月9日深夜——。

愛犬のゴールデンレトリバーとともに、いつものように自宅付近で試合後のランニングをしていた。目の前の「カップル」を追い越したところ、背後で口論する声が聞こえた。

(痴話ゲンカかな……?)

しかし、その直後に「助けて!」という切羽詰まった悲鳴が聞こえてきた。慌てて振り返ると、男の手が女のスカートの中へと伸びているのが見えた。

(痴漢だ!)

すぐに踵を返して女性の救出へと向かう。驚いた男は一目散に逃げ出した。

「ここでじっとしているんだよ」

そう言い残すと、金澤次男は猛然と犯人を追いかけた。

この時点で彼はすでに1時間以上もランニングしていたが、とっさの正義感が新たなパワーを生み出した。その道中、たまたま通りかかった若い男に協力を要請し、二人で挟み撃ちする形で犯人を追い詰めた。

「犯人は19歳の男の子でした。彼を追いかけながら、自分でも不思議なんだけど、〝素人に負けてたまるか！〟って思っていたんだよね（笑）。〝何か凶器を持っているかもしれない〟とか、〝危険な目に遭うかもしれない〟とか、そんなことは何も考えずに、気がついたら夢中で追いかけていたんだよね」

やはり、現役のプロアスリートの体力はハンパなかった。

４００メートルほど追走した後、相手は肩で息をしながら、その場でゼイゼイ言いながら立ち止まった。金澤はプロ野球選手の本領を発揮して相手を追い詰め、そして見事に取り押さえることに成功した。

「僕もキツかったけど、やっぱり、負けるわけにはいかないからね（笑）。それで、彼に説教しました。〝お前な、やっちゃったことはしょうがないけど、ひとまず警察に行くからな〟って言うと、急に泣き出すんです。よく見ると真面目そうな顔をしているし、〝かわいそうだな、このまま帰しちゃおうかな？〟って思っていたら、騒ぎを聞いた近所の人が警察に通報していて、警官がやってきました。それで結局、僕も警察に行くんだけど、そうしたら彼がまた泣き出してね、かわいそうに（苦笑）」

そのまま署に行って朝４時半まで事情聴取を受けた。その日の夜も横浜スタジアムで試合がある。金澤にとっては、とんだ災難となる長い一日となった。

当時、野村克也監督の下、ヤクルトスワローズは14年ぶりのリーグ制覇に向けて邁進しており、金澤もまた、その一員として奮闘していた。ゆっくり休む間もなく球場に到着すると、すでに前夜の「武勇伝」はビッグニュースとして報じられていた。

金澤の姿を見た野村から白い歯がこぼれる。

「おう、英雄の到着だぞ！」

この日の光景を「英雄」が振り返る。

「この頃、チーム状況は停滞気味だったんだけど、僕が痴漢を捕まえてからはチームのムードがすごくよくなった。もちろん、この日の試合も勝ちました（笑）」

この一件から4日後の8月13日――。

ローテーションの谷間となったこの日、金澤は中日ドラゴンズ戦で先発し、6回途中まで無失点に抑える好投を見せ、90年8月以来となる2年ぶりの勝利投手となった。

「やはり、人にはいいことをするもんだ」とご満悦な表情の野村に対して、「陰の努力は陰でするからいいのに、こんなに大っぴらに知られたことが恥ずかしい」と照れている金澤の姿は、実に対照的だった。

1982（昭和57）年に大洋ホエールズに入団後、86年には日本ハムファイターズへ移籍。さらに90年にスワローズに移り、95年に千葉ロッテマリーンズで現役を終えた。

在京4球団を渡り歩いた個性派右腕は、中学生の頃から、「将来はプロゴルファーになりたい」と思っていたものの、ほんの偶然からプロ野球選手となった。

そして、現役を引退した今では、ゴルフのレッスンプロとして精力的に活動している。ゴルフから始まり、野球を経由して、再びゴルフの世界へ。

改めて、彼の「野球人生」を振り返りたい——。

「投手経験ゼロ」で、7回16奪三振の快投を披露

中学時代に「友だちのおじさん」から、たまたま6番アイアンをもらうとすぐにゴルフに魅了された。以来、お年玉で少しずつクラブを買い足していき、「将来はプロゴルファーになろう」と考えていた。野球部に在籍していたものの、心は完全にゴルフに傾いていた。

「この時代、大人でもゴルフをやっている人は少なかったんです。でも、近所にゴルフ場の芝を育成している場所があって、本当はいけないんだけど、そこに忍び込んで練習していました。中学2年のときが初ラウンドで、そのときのスコアが47、41の88で、次のラウンドが76。〝将来はプロゴルファーになりたい〟って、ずっと思っていました」

高校は新設されたばかりの茨城県立佐竹高校に進んだ。もちろん、高校にもゴルフ部はなく、

勧められるがまま野球部に入部したところ、その才能を見出された。

「僕が入学したときには、まだ3年生がいませんでした。野球部のグラウンドも作っている途中で、最終的に完成したのが高校3年の6月のことでした。野球部に入るきっかけとなったのが、スポーツテストのハンドボール投げで53メートルを記録したこと。これを知った野球部の部長が、〝練習には出なくてもいいから、試合だけでも出てほしい〟ということで、試合だけ参加することにしたんです……」

初めての試合で投手として出場し、7回を投げて16三振を奪った。中学時代はサードだった金澤にとって、正真正銘の「初マウンド」となった。

「そうしたら、たまたま阪神タイガースのスカウトの方が球場にいて、僕のピッチングを見るなりベンチ裏にきて、〝これまでの成績を教えてほしい〟と尋ねられました。でも、初登板でそんなものはないので、〝今日が初登板なんです〟って言ったら、本当に驚いていましたね（笑）」

人差し指と中指を大きく開いて、ボールが二つ入るほど、金澤の手は大きく、そして柔軟性があった。これによって、落差の大きいカーブ、そしてフォークボールを自由自在に操れたことが金澤に味方した。そのポテンシャルが評価され、社会人野球に進むことになる。高校卒業後には三菱自動車川崎に入社した。

「このときも、本当はゴルフをしたかったんだけど、〝ゴルフは野球の後でもいいんじゃない？〟

という周りからの勧めもあって、社会人野球に進むことにしました。だったら東京六大学に行きたかったけど、親父が亡くなったので大学進学は諦めました」

そして、81年ドラフト5位でホエールズに指名され、プロ入りを決めた。ゴルフへの思いはいまだ強かったものの、なかなかそこにたどり着くことができない。

「会社としてはまだ戦力として考えてくれていたようで、どうしても退社させたくないから説得されたけど断ったら、ドラフト前日に呼び出されて、〝ここで退社届を書け〟と詰め寄られました。表向きは円満退社だったけど、実際は解雇でした。そのときに言われたのは、〝会社、グラウンド、合宿所の出入り禁止〟、そして〝OB会除名〟、あとは〝12月に出るボーナスの全額返還〟だったかな?　そして、退職金は10万8000円。金額まで、いまだにハッキリ覚えてるね（笑）」

心の奥底には「プロゴルファーになりたい」という思いを抱きつつ、周囲がそれを許してくれないまま、金澤はプロ野球選手として始動することとなったのだ。

鮮烈だったプロデビュー

関根潤三監督時代のホエールズで、いきなりチャンスを与えられた。

開幕直後の4月4日に中継ぎでプロ初登板を果たし、その日から5月2日まで26回1／3連続イニング無失点を記録した。

「横浜スタジアムで21回連続まで来たときかな、リリーフでマウンドに上がったら、スタンドがすんごい沸いてんですよ。なんか優勝が決まったような勢いの沸き方で。リリーフピッチャーの名前言っただけですよ。〝え、どうしたの？〟って。で、マウンドに立ったら、関根さんが〝オレも長いことやってるけど、リリーフピッチャーを告げただけでこんなに沸いたの初めてだぞ〟って。その後、ちっちゃい声で、〝変なピッチングできんぞ〟って、僕の足を踏んでいました。知ってます？　関根さんって、テレビに映らないところで、よくピッチャーの足を踏んで激励しているんですよ（笑）」

『週刊ベースボール』（82年6月14日号）では、早くもルーキー時代の金澤の記事が大きく掲載されている。そこにはこんな見出しが躍っている（以下、原文ママ）。

「強運」から「驚運」ルーキーへ。先発要員への配転で球界の〝怪談話〟を作る!?

その冒頭を紹介しよう。

はじめはまだ「強運」ですんでいたのに、それが度重なってゆくうちに、「驚運」のルーキーと呼ばれるようになった。そのことをはっきり証明したのは5月13日。ヤクルト8回戦で勝利投手となり、その地点で巨人・江川卓、西本にならぶ5勝をマークしたときである。

この日、2対2の同点の場面で5回からマウンドに上がった金澤は、8回表に若松勉に3号2ラン、さらに大杉勝男に4号ソロホームランを喫し、3失点で降板していた。

しかし、降板後に湯船につかっていた間に味方打線が逆転し、風呂から上がる頃には、金澤に5勝目が転がり込んだのである。さらに引用を続けたい。

競馬でいえば、無印も無印、ノーマークもノーマークの、超大穴、万馬券――。それが金沢だ。ドラフト5位。

「スライダーにいくらかみるべきものがある」という程度の前評判しかなく、ハーラーダービーどころか、新人王レースでも下馬評にものぼらなかった。

そんな男が、開幕以来26回3分の1イニング無失点を続け、新記録こそならなかったが、いま無キズの5連勝。しかも、〝驚運〟を背負い、本人には色気も何もないと読んでの進撃。なにとなく不気味な存在だ。

強豪校出身ではなく、プロ入り時には「無印」「ノーマーク」と目されていた金澤だったが、プロ入りからわずか1カ月にして、「超大穴」「万馬券」と呼ばれるほどの実績、そして「驚運」ぶりを発揮していたのである。

しかし、この時点ですでに金澤の右肩は悲鳴を上げていた。

「朝起きても、目の前の歯ブラシも取れなかったです、肩動かないですから。この頃は、〝まあこのまま終わってもいいかな〟みたいな気持ちでしたね」

痛みを押し殺しながらの登板が続いたが、それでも、プロ2年目となる83年、翌84年と連続して10勝をマークした。

しかし、3勝7敗で終えた85年オフ、金澤はファイターズへトレードされた。当時の近藤貞雄監督と折り合いが悪かったことが、その理由だった……。

近藤貞雄監督との対立と因縁

「後から聞いた話なんですけど、近藤監督が就任して最初のキャンプのときに、〝これからは遠藤ではなく、金澤の時代だ〟と言ってくれていたそうなんです。でも僕、その年のキャンプでケガをしてしまったんだよね……」

近藤がホエールズの監督となったのは85年のことである。

就任早々、それまでチームを支えてきたエースの遠藤一彦ではなく、若手の金澤への期待の言葉を述べ、キャンプインと同時に開幕2戦目での先発を言い渡していた。その期待に応えるべく、懸命にリハビリに励んで何とか開幕までに万全の状態に仕上げた。「あとは登板の日を待つだけだ」と思っていた矢先、近藤は「やっぱり、開幕3戦目に投げてくれ」と告げたのである。

この年のホエールズの日程は次のようになっていた。

4月12日……対ジャイアンツ戦@後楽園球場（開幕戦）※雨天中止
13日……対ジャイアンツ戦@後楽園球場
14日……対ジャイアンツ戦@後楽園球場
16日……対ドラゴンズ戦@横浜スタジアム

当初は13日、開幕2戦目の先発に照準を合わせて調整していた。

しかし、12日の試合が雨天中止となると事態は一変する。開幕戦を託された遠藤が、翌13日にスライド登板することが決まり、金澤の登板はスライドすることなく、16日に延期されることになった。

「そこでブチっときちゃったんです（笑）。監督には、〝今さらそんなこと言われても無理ですよ〟って食い下がったけどね。結局、開幕3戦目に投げて好投したのに、試合には負けてしまった。すると、監督室に呼ばれて、〝今日の試合は何だ〟って言うから、〝あんたのせいですよ〟って言葉をグッと呑み込んでね。それで、〝頭、丸めてこい！〟と言われたのに切らなかったら、翌日からファームでした（笑）」

その年のオフ、金澤はホエールズを去った。自分では、「監督との折り合いが悪かったことが原因だ」と理解していた。

ファイターズ移籍初年度となった86年には再び10勝をマークして、実力を見せつけた。その後は6勝、4勝と推移したものの、パ・リーグの水にもなじんでいたところ、89年からファイターズの監督となったのが、因縁のある近藤だった。

金澤にとっては、不運としか言いようがなかった。

この年は何とか我慢してプレーを続けた。

本人いわく、「最初からふて腐れていました」と言うように、すぐに限界が訪れた。オフに入ると、球団に退団を直訴した。仲介役となったのは「大沢親分」こと大沢啓二だ。

「大沢親分に電話入れたの、〝もう辞めさせてくれ、もうやりたくない〟って。そうしたら、〝おめえ監督となんかあるらしいな。明日、監督と会うから事務所に来い〟と言われました。で、翌日球団事務所に行ったんです……」

事務所にはすでに、大沢と近藤が待ち構えていた。

大沢が「今日は無礼講だ、言いたいことあるなら、全部吐け」と口にした。金澤が「言ってもいいんですか?」と言うと、「無礼講だ」と大沢が答えた。

「あんたと野球やりたくないんです」

金澤の言葉を聞くや否や、大沢はブチ切れたという。

「その瞬間、〝てめえ言っていいことと悪いことあるだろうが。けぇれ!〟って、家に帰されました。〝今日は無礼講だ〟って言っていたのに(苦笑)」

その翌日、大沢からは「で、来年の契約だけど……」と電話がかかってきたものの、金澤はこれを固辞する。両者の関係はすでに修復不可能となっていた。こうして、ファイターズを去ることが決まった。ホエールズとファイターズ、いずれも近藤貞雄が直接の原因となっていた。

そんな金澤に救いの手を差し伸べたのが、手薄な投手陣に悩み、スワローズの監督に就任したばかりの野村克也である。

そしてついに、ゴルフの世界へ——

90年、就任したばかりの野村に請われ、金澤はファイターズから無償トレードでスワローズに移籍した。

「野村さんには、〝抑えをやってくれ〟と頼まれたけど、肩の故障もあって、〝イヤです〟って断りました。でも、結局は抑えとしても投げたけどね（笑）」

スワローズには90年から94年まで在籍し、92、93年のセ・リーグ連覇に貢献した。忘れられないのは、92年日本シリーズでのことだ。宿舎となった、東京・立川のホテルのエレベーターで、たまたま野村と一緒になった。

「このとき、野村さんが僕に向かって、〝お前には助けられたよ。なのに、何もしてやれなくて申し訳ない〟って謝ったんです。そのとき、角（盈男）さんも一緒だったんだけど、角さんは、〝お前、すげぇヤツだな、あのノムさんが頭を下げたぞ〟って、一人で興奮していました（笑）」

94年オフ、野村から「コーチにならないか？」と打診を受けたが、それを断った。金澤には最後の目標があった。

「日本ハムに勝てば、《全球団勝利》の可能性があったんです。それで、〝もう一度、パ・リーグに戻してくれませんか？〟って頼んで、ロッテに入団したんですけどね……」

交流戦のない時代、「12球団勝利」は珍しい記録だった。マリーンズ監督に就任したばかりのボビー・バレンタインは金澤の実力を評価していたという。

「僕がまだ日本ハムにいた頃、彼はテキサス・レンジャーズの監督でした。その頃のフロリダキャンプで彼のチームと試合をすることになったんだけど、その試合で8回1失点ぐらいの好投をしたんです。それをバレンタインは覚えていてくれたみたいで……」

しかし、新天地となったマリーンズでは1勝も挙げられず、この年限りでユニフォームを脱ぐ決意をした。

「完全燃焼ではないです。まだ投げられたと思います。でも、僕は新設の無名校出身だったから、派閥とか人間関係などとは無縁でした。やっぱり、強豪校出身者の方が圧倒的に有利ですよ。そもそもスタートラインから違いますから。僕はそんな野球界に嫌気がさしたんです。まったく未練はなかったね」

現役引退後、かつての夢だったゴルフの世界に身を投じた。回り道はしたものの、子どもの頃から抱いていた夢の実現に向けて再スタートを切った。

マレーシアに行き、プロライセンスを取得し、東南アジアを中心に転戦したものの、結果を残すことはできなかった。次第に困窮し、「ボールを買う金もなくなった」ことで、日本でレッスンプロとして生きることを選択した。

やはり、野球界には何の未練もなかった。

ゴルフ発、野球経由、ゴルフ行き──。

グラブを捨て、クラブを握る日々を生きる金澤は、改めて「野球界に未練はないですよ」と、実感のこもった表情で再びつぶやいた──。

かなざわ・つぎお
1958年12月18日生まれ、茨城県常陸太田市出身。県立佐竹高校卒業後、三菱自動車川崎を経て81年ドラフト5位で入団した大洋ホエールズではプロ初登板から26回1/3連続イニング無失点を記録。その後は、日本ハム、ヤクルト、ロッテと4球団に在籍した。95年シーズンを最後に引退し、ゴルフ界に転身。右投右打、身長185cm・体重90kg。

【投手成績】

年度	所属	登板	勝利	敗北	セーブ	投球回	防御率
1982	横浜大洋	24	5	4	0	73	3.95
1983	横浜大洋	37	10	12	2	182.1	4.94
1984	横浜大洋	30	10	11	0	185.1	3.84
1985	横浜大洋	23	3	7	0	70.2	7.51
1986	日本ハム	27	10	9	0	178.1	3.79
1987	日本ハム	23	6	6	0	103.1	4.96
1988	日本ハム	21	4	7	0	103.1	3.75
1989	日本ハム	28	1	2	0	86.2	3.32
1990	ヤクルト	37	6	7	5	74	3.65
1991	ヤクルト	4	0	0	0	5.1	6.75
1992	ヤクルト	40	3	2	0	73.2	3.42
1993	ヤクルト	31	1	1	0	42	2.79
1994	ヤクルト	23	1	1	0	30	4.20
1995	千葉ロッテ	19	0	1	0	31	3.77
通　算		367	60	70	7	1239	4.21

近藤一樹

近鉄バファローズ最後の投手

球界を揺るがす大騒動の渦中で

球界再編騒動——。

従来の2リーグ12球団制を改め、1リーグ10球団制とする構想が表面化したのは2004（平成16）年6月のことだった。その後、オリックス・ブルーウェーブと近鉄バファローズの球団統合構想が明らかとなり、球界は大混乱に陥った。

このとき、近藤一樹は近鉄入団3年目、21歳になろうとしていた。

「僕ら若手はグラウンドレベルのことしかわからないから、ウワサも予感も何もなかったです。球団がなくなるかもしれないということに関しても、まだ若かったので、その重みをきちんと理解していませんでした。たぶん、あの頃の若手はみんな〝まぁ、どこかで野球は続けられるだろう〟と、気楽に考えていたと思います……」

日々、混迷の度合いを増す中で、「ホリエモン」こと、ライブドア・堀江貴文が近鉄球団買収に名乗りを上げる。続いて、楽天グループを率いる三木谷浩史も球界参入を表明。事態はますます混沌としていく。

ライブドアか、楽天か？　ホリエモンか、三木谷か？

両社、両者の動向は世間の注目を集め、選手会の古田敦也会長、あるいは読売ジャイアンツの渡邉恒雄オーナーも巻き込んでの過熱報道が続いた。

「もしもライブドアが球団を持ったら、《ライブドアバファローズ》になるんだろうな、そんな話をみんなでしていた記憶はありますね。でも、僕らとしたら、ただ球団名が変わるだけで、三木谷さんとか、堀江さんとか、楽天とか、ライブドアとか、その辺りのことはよくわかっていなかったのが正直なところでした」

プロ2年目となる前年には待望の一軍初登板を経験した。飛躍を期す3年目、体重を増やし、課題である制球難を克服しつつあり、ようやく手応えを覚えていた頃だった。同年9月20日には、渦中のオリックス相手に待望の初先発、初勝利も記録。「さぁ、これから」という矢先に、未曽有の混乱期が訪れた。しかし、まだまだ若く、将来の可能性を秘めていた近藤にとっては、どこか他人事という思いもあった。

「時間が経過するにつれて、球団合併によってクビになる選手が出るかもしれないということは理解しました。でも、この年はシーズンの半分ぐらいは一軍に定着していたし、自分なりにきちんと手順を踏んでいた実感もあったので、〝まぁ、自分は大丈夫だろうな〟という思いは、正直ありました。もちろん、単なる勘違いの部分はあったと思うんですけど、そんなに心配はしていませんでした」

そして、近鉄とオリックスの合併が正式に決まった。チーム名は「オリックス・バファローズ」

と改められ、同時に50年ぶりの新規球団として、三木谷がオーナーとなって東北楽天ゴールデンイーグルスが誕生する。

その結果、2リーグ12球団制はかろうじて維持されることが決まった。

その代償はあまりにも大きかった。このとき、近鉄球団は55年の歴史に幕を下ろした。

西本幸雄、仰木彬、そして梨田昌孝監督時代にパ・リーグを制し、千葉茂、関根潤三、土井正博、鈴木啓示、太田幸司、佐々木恭介、栗橋茂、阿波野秀幸、野茂英雄、中村紀洋、チャーリー・マニエル、ラルフ・ブライアント、タフィ・ローズなど、個性的な名選手が在籍した近鉄バファローズは、このとき消滅した。

「みんな胸を張ってプレーしろ。お前たちがつけている番号は、すべて近鉄バファローズの永久欠番だ」

近鉄最後の試合において、梨田監督が放った言葉は今もなお語り継がれている。すなわち、このとき近藤がつけていた背番号《65》もまた、伝統ある近鉄バファローズの永久欠番となった。ようやく21歳になったばかりの若者は、何も実感のないまま新生オリックス・バファローズに所属することとなったのである——。

01年ドラフト7巡目で近鉄入団

2023（令和5）年3月をもって、日大三高で長年指揮を執った小倉全由監督が勇退した。01年夏、小倉が初めて全国制覇を成し遂げたときのエースが近藤である。

「ドラフトの数日前に近鉄のスカウトから小倉監督に〝指名する〟という連絡があったそうです。でも2位指名が終了したぐらいのときに、近鉄から監督の下に、〝近藤は指名できません〟って電話がきたと聞きました……」

当初、青山学院大学の石川雅規を指名する予定だったが、石川はヤクルトスワローズを希望し、自由獲得枠での入団が決まっていた。そのため近鉄は指名方針の転換を余儀なくされる。一度は近藤の指名を見合わせたものの、事態は急展開を見せる。

「……ドラフト当日、会議の終盤になって、指名されていない選手のリストを改めて確認していたら、〝まだ近藤は指名されていないぞ〟となって、指名をしていただいた。それが、後になって聞いたお話でした」

ドラフト7巡目でプロ入りを決めた。当時の近鉄には高校卒業後、すぐにプロ入りした若い投手が多かったことが近藤には幸いした。その筆頭格が、当時売り出し中で、後にメジャーリーガーとなる岩隈久志である。

「ちょうどこの頃の近鉄って、毎年のように高校卒のピッチャーをバランスよくドラフト指名していたんです。なので、トントントンと全学年で均等に高校卒ピッチャーがいる感じで、同世代が自然に争える環境でした。それは僕にとってもとてもやりやすかったし、その環境で争いながら自分の力も着々とついていきました」

冒頭で述べたように、プロ3年目のシーズンオフ、近鉄球団は突然消滅してしまう。オリックスの前身は阪急ブレーブスである。長年、関西の私鉄企業による老舗チームとしてしのぎを削ってきた阪急と近鉄が同じチームとなる。社風も違えば、チームカラーもまったく異なる。当然、合併時の混乱は大きかったことだろう。

しかし、近藤は「いや」と首を横に振った。

「いや、特に混乱は感じませんでした。オリックスと近鉄の両球団で監督を務めた仰木さんが監督となったこともそうだし、トレーナーやバッティングピッチャーなど、裏方さんにも近鉄出身者は多かったですから。それに、近鉄の人たちって図々しいというのか、うるさくて明るくて、コテコテの関西人の集まりで、むしろオリックス出身者の方が紳士的で物静かな人が多かったですから（笑）」

「いてまえ魂」と称された近鉄のチームカラーは、チーム名が変わってもなお健在だったのである。近藤は続ける。

Buffaloes
Buffaloes
Buffaloes

Buffaloes

「居心地ということで言えば、近鉄時代と何も変わらないというか、いつもの感じ、そう、〝近鉄の感じ〟としか言いようがないんです（笑）」

そして、新生・オリックスの戦力について、近藤が解説する。

「オリックスが優先的にプロテクトをしたので、やっぱり楽天よりも戦力的にはそろっていました。近鉄の有望選手が加わり、そもそものオリックス時代よりも絶対的に強くなったと思います」

こうした環境下で、近藤は新たな道へ踏み出したのである。

16年、新天地・ヤクルトスワローズへ――

近鉄時代に身体作りに励んだ。そして、オリックス時代に試行錯誤を繰り返し、プロ7年目にして、ようやくその才能が開花する。この年、いきなり10勝を記録すると、翌09年は9勝をマーク。プロとしての手応えをつかんだ。

「いえ、確かに結果は出たけど、手応えというものではなかったです。11年から4年連続でヒジの手術をしました。この頃、〝もうダメかな？〟という思いもあったけど、それでも球団がずっと面倒を見てくれたことには本当に感謝しています。何の実績も残していなかったのに、4年間も待ってくれたこと、リハビリ期間中も見守ってくれたこと。これだけの時間を与えてくれなければば、僕もまた未練を残したまま辞めていく選手の一人となっていたはずです」

近藤が言うように、もしもこの時点で戦力外通告を受けていれば、近藤のその後の野球人生はなく、「近鉄最後の戦士」となることもなかった。

14年オフには支配下登録から外れ、育成契約となった。それでも、懸命のリハビリに励み、全盛時には及ばないものの、少しずつ本来のピッチングを取り戻していく。こうして翌15年４月には支配下に復帰。７月12日のイーグルス戦で１４１１日ぶりの勝利投手となった。

「ケガをして投げられないということは本当に悔しいものでした。まったく投げることができないから、打たれもしない代わりに、抑えることもできない。まったく数字が残らないんです。だから、ようやく投げられるようになったときは本当に嬉しかった。たとえ打たれたとしても、フォアボールを与えたとしても、〝数字が残る〟ということが嬉しかった。もちろん、いい数字に越したことはないけど、たとえ悪い数字でも嬉しかった。〝数字を残したい〟という思いが、この頃の励みの一つとなっていましたね」

ついに、復活のときが訪れた。しかし、16年シーズン途中、先発投手不足に悩むスワローズとの間で交換トレードが実現し、慣れ親しんだ東京に戻ることになった。

「この年は開幕から、主にローテーションの谷間の試合での先発を任されていました。シーズン序盤は調子よくて、すぐに２勝を挙げたんですけど、その後は試合序盤に打ち込まれる試合が続きました。その打たれ方が全然ダメで、〝先発としては厳しいから、中継ぎの練習をしてほしい〟と言われてファームで調整していたんです」

ヒジに爆弾を抱えていたため、それまでは、十分な休養期間を取ってから次の登板に備えるコンディション作りをしていた。しかし、中継ぎ要員となれば、連投が利く身体作りをしなければならない。一から身体を鍛え直すべく、ファームで調整していた頃に、偶然の出会いが近藤にももたらされた。

「当時、ヤクルトの編成担当は土橋（勝征）さんでした。あるとき、ファームの試合で広島に遠征したんですけど、雨で試合が中止になったんです。普通、プロ野球選手って、試合が中止になるとテンションが上がって、軽く練習してあとは休んだり、遊びに行ったりするものなんですけど、たまたまそのとき、僕はルーティーンの練習をしていたんです。その姿を見た土橋さんが、〝こいつはまだ大丈夫だ〟と思って、そこからトレードの話が進んでいったそうです」

両チームの思惑が一致したことはもちろんだが、黙々と練習に励む近藤の姿が、スワローズ移籍の後押しとなったのも事実だろう。

こうして、近藤にとってのリスタートがもたらされた。

「当初は、先発要員としてトレードされました。でも、当時のヤクルトは投手陣が手薄で、早々に先発投手がＫＯされた後に、ある程度長いイニングを投げる中継ぎがいなかった。ということで、ロング要員として試合に出るようになったんです」

移籍3年目となる18年シーズン。近藤はリーグ最多の74試合に登板し、7勝4敗2セーブ35ホールドで、最優秀中継ぎ投手のタイトルを獲得する。それは、数々のケガと手術、そしてリハビリの末に、プロ17年目、遅咲きで獲得した初めてのタイトルだった。

「先発時代は、自分に対して過保護でした。でも、中継ぎになって過保護だなんだと言っていられない状況になって、段々考えが変わっていきました。ある程度、雑に扱った方が結果が残ることに気づきました。もう失うものもなかったし、自分の身体を雑に扱っても成績は残るし、どこも痛くないし、いろいろなものが割り切れていたのがこの時期でした」

翌19年も59試合に登板して22ホールドポイントを挙げたが、コロナ禍に揺れた20年には、前年を下回る20試合の登板に終わり、11月2日に球団から戦力外通告を受け、自由契約公示となった。近藤はすでに37歳となっていた。

胸の内には「まだまだ投げられる」という思いがあった。しかし、NPBからのオファーはなかった。そこで彼が選んだのは独立リーグでプレーする道だった。

香川オリーブガイナーズ――。

近鉄、オリックス、ヤクルトに続く、4球団目となる新たな戦いの場である。

「引退」か、「現役続行」か？

04年の近鉄バファローズ消滅時に所属した選手たちで構成されるLINEグループがある。22年オフ、近藤はかつてのチームメイトに向けて、自らの去就についてこんな投稿をした。

「このたび、香川オリーブガイナーズを辞めました。今後は何も決まっていません」

これを受けて、昔の仲間たちからは「お疲れさま」「ご苦労さま」「ゆっくり休んでください」と返信がきたという。決して「現役を引退します」とは書いていなかったのに、仲間たちからのメッセージは「引退」を前提にした温かい言葉であふれていた。

（あぁ、みんなは「引退」だと捉えているんだな……）

特に否定はしなかった。

（みんながそう思うのならば、それでもいいや……）

近藤の胸の内にはそんな思いがあったからだ。同時に、自分でも現役続行に対する思いが少しずつ薄れていることを感じていた。それから数カ月が経過した際の言葉だ。

「今も身体は動かしているけど、ボールを使った練習はほとんどしていません。正直に言うと、現役を続けていこうという気持ちはあんまり残っていないです。もちろん、NPBから〝どうなんだ？〟という獲得の意思があれば気持ちも変わるかもしれないけど、オープン戦が始まったこの段階ではそれも難しいと思うので、選手としては〝僕はもう無理かな〟っていう感じですね」

22年オフの段階で、「今後の去就は未定」と報じられていた。

心の中では「まだまだできるはずだ」と考えながらも、「このまま独立リーグでプレーしていても、何も変わらないだろう」という思いもあった。だからこそ、2年間所属した香川オリーブガイナーズを去ることを決めた。22年シーズンは2勝6セーブ、防御率0・00という、圧倒的な成績を残していたにもかかわらず……。

「結果的に香川には2年間いました。でも、独立リーグならば、今の僕のレベルでも抑えることができる。それぐらいのレベルの差は感じるんですけど、そういうところでもう1年現役を続けることに意味があるのかどうかと考えました。この間、上（NPB）からのオファーもないということは、それだけの評価なんだと思います。39歳という年齢的なこともあるし、やっぱりいろいろ考えないといけないのかなと思って決断しました」

悩みに悩んだ末に、近藤は覚悟を決めたのである――。

「わざわざ引退を宣言する必要もないでしょう」

近藤の口調は淡々としていて、「どうしても現役続行を」というギラギラした思いは感じられない。どこか達観したような口調で、率直な思いを口にしている姿が印象的だった。では、現役続行は半ば断念しているにもかかわらず、自らの去就について積極的に発言しようとしないのはどうしてなのか。

「僕が、現役を続けるとか、もう引退するとか、それをわざわざ宣言する必要ってないと思いませんか？」

本人による「現役続行宣言」があれば、戦力補強を考えている球団にとっては、獲得に向けての調査対象となるだろう。「引退宣言」があれば、指導者や評論家としての新たな分野でのオファーもあることだろう。そして、彼の雄姿に声援を送っていたファンは、「近藤選手の今後はどうなるのだろう？」とヤキモキしているに違いない。いずれにしても、「去就を表明すること」には何らかの意味があるのではないだろうか。

「なるほど、確かにそうかもしれないですね。僕も、〝絶対に宣言しない〟と決めているわけではないんです。ただ、〝わざわざ表明する必要はないだろう〟という思いは持っています。だって、僕は20年オフにヤクルトから戦力外通告を受けているわけです。戦力外になった時点で、それはほとんど《引退》ということだと思うんです……」

そして、近藤は意外なことを口にした。

「……たとえば、何も結果を残せずに高卒5年目で戦力外通告された選手は、わざわざ引退宣言なんてしないじゃないですか」

確かに彼の言うように、プロの世界で何も結果を残せなかった選手がわざわざ「引退宣言」をすることはないだろう。しかし近藤は、今は存在しない近鉄バファローズに入団し、オリックス、ヤクルトと19年間も、NPBでのプロ生活をまっとうした。18年には74試合に登板するなど、獅子奮迅の大活躍を見せ、最優秀中継ぎ投手のタイトルまで獲得している。決して「何も結果を残せなかった選手」ではない。

「そう言ってもらえるのはありがたいですけど、たとえば引退セレモニーをやる選手は限られた人だけでいいと思うんです。でも、今はみんながみんなセレモニーをやっているじゃないですか。僕は、そういう場所にはあまり魅力を感じないですね。引退を宣言することとセレモニーは、また違うかもしれないですけど……」

そして、しばらくの間をおいて、近藤は続けた。

「自分ではまだまだ投げられると思っていました。だから、独立リーグでプレーすることを選び、2年間一生懸命プレーしました。香川オリーブガイナーズでは成績を残すことはできたけど、それでもNPBからはどこも声がかかりませんでした。それが現実でした……」

淡々と語る近藤に、自身のプロ野球人生を振り返ってもらった。

「ずっと結果を出してきた選手と比べれば、全然やり尽くした感はないと思います。でも、たくさん故障を経験して、これだけ投げてきたこと、先発投手として二ケタ勝利を挙げたり、中継ぎで3年続けて50試合以上投げてタイトルを獲ったりしたこと……。そう考えれば、プロ野球選手としてはよかったのかな……」

22年オフ、近藤の引退と同時に、オリックスからスワローズに移籍して大活躍した坂口智隆もユニフォームを脱いだ。

これでついに、「近鉄」を知る現役選手は誰もいなくなってしまった。

運命に翻弄され、故障に苦しみながらも悪戦苦闘を続けた近藤はユニフォームを脱いだ。自分の限界まで戦い続けた最後の近鉄戦士は、静かに休息のときを迎えたのだ——。

こんどう・かずき
1983年7月8日生まれ、神奈川県相模原市出身。01年夏の甲子園ではエースとして日大三高を優勝に導き、同年大阪近鉄からドラフト7巡目指名を受けプロ入り。04年合併によりオリックスへ移籍し、16年シーズン中にヤクルトへトレード。18年最優秀中継ぎ投手。21年に入団した香川オリーブガイナーズを22年に退団した。右投右打、身長183cm・体重80kg。

【投手成績】

年度	所属	登板	勝利	敗北	セーブ	H	HP	投球回	防御率
2003	大阪近鉄	1	0	0	0			3	0.00
2004	大阪近鉄	11	1	0	0			16.2	1.08
2005	オリックス	7	0	0	0	0	0	8.2	4.15
2007	オリックス	2	0	1	0	0	0	7.2	8.22
2008	オリックス	25	10	7	0	0	0	149	3.44
2009	オリックス	24	9	12	0	0	0	152.2	4.78
2010	オリックス	24	5	10	0	0	0	142.2	4.35
2011	オリックス	15	3	7	0	1	1	63.2	6.36
2012	オリックス	1	0	1	0	0	0	6	4.50
2013	オリックス	5	0	0	0	0	0	8	9.00
2014	オリックス	2	0	1	0	0	0	7.2	4.70
2015	オリックス	10	1	4	0	0	0	41.2	6.05
2016	オリックス	5	2	2	0	0	0	19.2	8.24
2016	東京ヤクルト	8	0	0	0	0	0	11.1	3.18
2017	東京ヤクルト	54	2	4	1	14	16	55.1	4.72
2018	東京ヤクルト	74	7	4	2	35	42	76.2	3.64
2019	東京ヤクルト	59	3	3	0	19	22	53	3.57
2020	東京ヤクルト	20	0	1	1	2	2	19	4.74
通　算		347	43	57	4	71	83	842.1	4.50

ギャオス内藤

目立ちたい男

GYAOS NAITOH

「とにかく目立ちたい」の思い

大映映画『ガメラ』シリーズに登場する謎の飛行生物と同じ愛称を持つ「ギャオス内藤」こと内藤尚行。その由来を語り出すと白い歯がこぼれた。

「決して怪獣映画のギャオスきっかけじゃなくて、入団1年目のキャンプ初日のブルペンで気合いを入れるためにギャーギャー叫んでたら、当時の小谷（正勝）コーチが、〝内藤はギャオ、ギャオうるさいな〟と発言して、マスコミが勝手に《ギャオス》って名づけただけなんです」

人気絶頂だった1991（平成3）年に発売された『ベースボールアルバムNo.109 内藤尚行』（ベースボール・マガジン社）には「ギャオスの由来」と題して、次のような記述がある。当時のプロ野球界において『ベースボールアルバム』に取り上げられることは、人気と実力を兼ね備えた「アイドル選手」として認められた証でもあった。

基本的には「ギャーギャー」とうるさいのでギャオスと。命名は前投手コーチの小谷コーチ（現大洋）。当初は、〝ガオー〟と呼ばれていたが、語呂が悪いと、〝ギャオス〟に。「2年目の時にね、どうせ力では通用しないし、ベンチでヤジ将軍に徹して明るさだけは目立とうと思って」。プロ入り最初のニックネームは前関根監督がつけた「米田二世」だった。

愛知県の豊川高校から1986（昭和61）年ドラフト3位でヤクルトスワローズに入団した。この年は、後のスワローズを支えることになる高校生の当たり年で、2位・土橋勝征（印旛高）、4位・飯田哲也（拓大紅陵高）と同期入団となった。

「プロで通用するとかしないとか、そんなことは考えてなかったです。とにかく、プロの世界で自分の位置を確保し、《内藤尚行》という名前を全国区にする。ただその一心でした。それに、〝女性にモテたい〟という思いもすごく強かったです、こんな顔でも（笑）。それは小学生の頃からの願いでした。だからキャンプ初日に気合いを入れて臨んだのに、他の投手たちはブルペンでは誰もしゃべらない。でも、僕は高校時代と同じように投げていたら、マスコミの人が勝手に注目したんです」

プロで成功すること、そして目立つこと、女性にモテること……。

そのためにはどんどん自分をアピールするしかない。「とにかく初日から目立ってやろう」と、鼻息荒くキャンプに臨んだ。このとき、隣のマウンドで投げていた先輩の荒木大輔は、真横で叫び続けるギャオスの騒がしさに嫌気がさし、黙ってブルペンから去ったという。

高校時代に甲子園出場経験はない。体格には恵まれていたが、球速は140キロに手が届くかどうかだった。決して「超高校級の逸材」ではなかった。それでも、彼には打者の嫌がる絶妙なコントロールがあった。

「一軍でやっていくには、チームで10番以内に入っていればいい。当時のヤクルトで言えば、1位は尾花（高夫）さん、2位は高野（光）さん、3位・伊東昭光さん、4位が荒木大輔さん……、そんな感じだったのかな？　とにかく僕は、低めのコントロールには絶対的な自信を持っていたし、球速はないけど横に曲がるカーブ、自分で《ズライダー》と呼んでいたこのボールと、プロで本格的に投げ始めたフォークで十分通用すると自信満々で思っていました」

前述した投手コーチの小谷は、若き日のギャオスに「勉強させてもらった」と語っている。13年に発売された彼の自著『小谷の投球指導論　個性を伸ばす育成術』（日刊スポーツ出版社）には、こんな記述がある。

ヤクルト時代、ユマキャンプだから20年以上も前だ。夜、プールサイドでシャドーの練習をしていた。ギャオスこと内藤尚行が、突然、サインを確認する動作を取った。打ち取ってベンチに戻る場合。打たれた場合のベースカバー。三振を奪ってのガッツポーズまで…。試合終了まで、延々と繰り返した。実技とすり合わせる作業として、「これぞ本当のシャドー」と勉強させてもらった。

結果的にギャオスの持つ天性の明るさ、お調子者としてのキャラクターが、名伯楽として名高い小谷をうならせることになったのだ。

プロ3年目となる89年にローテーションに定着。オールスターにも選出され、自身初の二ケタ勝利となる12勝5敗を記録する。この頃からオフシーズンのテレビ番組に登場する機会も増えていく。

昭和末期、平成初期のヤクルトは、当時の関根潤三監督の「のびのび野球」の影響もあって、池山隆寛、広沢克己（現・広澤克実）の「イケトラコンビ」、88年に入団した長嶋一茂ら、若くて華のある選手が多く、マスコミ露出が多かった。当然「ギャオス」も、この波に乗り遅れることはなかった。彼にとっては、千載一遇の大チャンスでもあった。

「元々、スワローズ全体が注目されていたところに一茂がテレビ局をたくさん連れてきてくれた。内心で思っていましたよ、〝一茂を撮るより、オレの方が絶対に面白い〟って。それぐらい自信満々でしたから（笑）」

「とにかく目立ちたい」という思いが、ギャオスの原動力だった。

先輩にも臆せずにツッコミまくる

68年生まれのギャオスが、66年1月生まれの一茂のことを「一茂」と呼んでいる。上下関係の厳しい体育会系社会において、このスタンスは珍しい。

「もちろん、本人の前ではきちんと立てますよ。昔はマスコミに追いかけ回され過ぎていたからテレビ嫌いだった彼も、今ではよく出てるよね。〝心にもないこと言ってるな〟って思うし、照れくさいからまともにテレビ見れないですけど（笑）」

かつて、67年生まれの清原和博のことを、まったく臆せずに「キヨ」と呼んだことも話題になった。「番長」相手に、ニックネームで呼んだのである。

「《キヨ》と呼んだのはマスコミ向けのアピールで、本人の前ではきちんと《さん》付けしないとぶっ殺されますよ（笑）。でも、内心では〝たった1歳の差だろ〟って思いもあるけどね」

ギャオスの入団直後、清原は仲のよかった池山に「内藤さんっていくつなの？」と尋ねたことがあった。そこで池山がゲラゲラ笑いながら「内藤はキヨより年下だよ」と答えたという。その一件を聞いたギャオスは、「これはつけ入るチャンスだ」と考え、積極的に清原に絡んでいった。

何物にも臆さない性格。それがギャオスの魅力だった。

「当時はオフになると、プロ野球選手たちの歌合戦とか運動会特番があったでしょ？　もう歌合戦がすべてでしたよ。結局は、ただ自分のバカぶりを出しただけなんだけど、手応えはバッチリでしたね（笑）」

そして、自信満々にギャオスは言った。

「プロ3年目の89年になって、やっとバラエティと野球が両立できるようになりました」

いまだかつて、「バラエティ番組」と「野球」を両立させることを目指したプロ野球選手がいただろうか？　しかもこの発言にあるように、「野球とバラエティ」ではなく、「バラエティと野球」である。優先順位は「野球」よりも「バラエティ」の方が高いのである。

キャラクター先行ではあったものの、着実に「自分の名前を全国区にする」という野望は実現しつつあった。そして、89年限りで関根監督が退任すると、翌90年からスワローズを率いたのは「ＩＤ野球」を標榜する野村克也だった。

キリンビ
HIROSAWA
8
Swallows
24

野村克也監督初陣での「疑惑のホームラン」

後に伝説となる、春季キャンプでの「長時間ミーティング」では、初日早々、野村のボヤキの餌食となった。

「キャンプインするときに、マスコミの方からノムさんの印象を聞かれて、〝ミーティングが長いらしいけど、眠くなっちゃいますよね〟って口にしたんです。そうしたら、野村さんもその番組を見ていたようで、キャンプ初日にいきなり〝おい内藤、眠くないか？〟って(笑)。それでみんなも大爆笑。監督と選手との距離を一気に縮めましたよね。まさに、〝ツカミはＯＫ！〟という感じでしたから」

野村の初陣となる90年開幕戦の先発マウンドを託されたのはギャオスだった。

「僕、ノムさんからひと言も聞いていないんです。〝開幕戦は頼むぞ〟って。ピッチングコーチですら、〝どうやら、開幕はお前らしいぞ〟って。〝らしいぞって、どういうことやねん？〟というのが、そのときの素直な気持ちでした。まぁ、後から考えれば僕の開幕戦先発というのは、ノムさんの大好きな奇策だったんでしょうね」

４月７日、東京ドームで行われた開幕戦——。

ギャオスは力投していた。８回表を終えて３対１とリード。あと２イニングを抑えれば、野村に「初勝利」をプレゼントできる。一死二塁、ここで打席に入ったのは篠塚利夫（現・和典）だった。篠塚の打球はライトポール際への大飛球となったが、わずかにファウル。しかし、審判は「ホームラン」と宣告する。

「あれ、完全にファウルでしたね（笑）。少なくとも、マウンドからは完全にファウルに見えました。後にテレビで検証してみても、あの付近に座っていたジャイアンツファンは、打球を見てまったく喜んでいませんでしたよね。あの年から審判が6人制から4人制に変わったことで生まれた誤審だけど、僕は〝覆らないだろうな〟って思ってましたね。でも、内心では〝これはおいしいぞ……〟と喜んでいました」

後に、当の篠塚自身も「あれはファウルだった」と振り返っているが、せっかく力投していたにもかかわらず、「誤審」によって、それがフイになるかもしれないという重大な場面である。一体、何が「おいしい」のか？

「あのときはノムさんも猛抗議していたから、〝これは1時間以上の中断になるな〟って考えていました。そうなれば当然、マウンド上の僕の姿がテレビでずっと映し出されることになる。それはやっぱりおいしいですよ。内心ではものすごく喜んでいました」

マウンド付近でヒザから崩れ落ち、グラウンドに突っ伏していたギャオスは、「誤審だよ」と憤るのではなく、中断によって目立てることを喜んでいたのだ。

やはり、天性の目立ちたがりである。

かつて、78年の日本シリーズでは、スワローズの大杉勝男のポール際の大飛球をめぐって「ホームランか、それともファウルか?」と揉めに揉めて1時間19分の中断を余儀なくされたことがあった。

「まさに、その場面のことを思い出して、〝開幕戦から目立てるぞ〟って考えていました。でも、意外なほどあっけなくノムさんは引き下がったので、〝あれ、もう終わり?〟という残念な気持ちでしたね（笑）」

前代未聞の「パフォーマンス禁止令」

90年は10勝8敗を記録し、前年に続いて2年連続で二ケタ勝利を挙げた。

しかし、ここからギャオスの成績は急降下する。一体、何があったのか? 本人によると、その原因は「90年オフの契約更改にあった」という。

「2年連続フル回転で働いたのに全然給料は上がらず、おまけに〝テレビに出るのを自粛しろ〟って言われたんです。完全に営業妨害ですよ。それで腹が立って、ウエイトトレーニングにめちゃめちゃ励んで、次の年に146キロぐらいのボールをバンバン投げるようにしたんです……」

それまで、130キロ台のストレートでありながらも、丁寧に低めを突くボールで勝ち星を重ねていたギャオスは、このとき、制球よりもスピードを選択する。しかし、この決断は完全なる間違いだった。

「完全にオーバーワークでしたね。球速は上がったけど、バッターからしたらちょうど打ち頃のボールになってカンカン、ホームランを打たれました」

さらにこの年の契約更改において、ギャオスは「パフォーマンス禁止令」も出されている。前述の『ベースボールアルバム』には、次のように記されている。

◆パフォーマンス禁止令　昨年、契約更改では球団から過度なパフォーマンスの禁止、自粛令が出された。「でも、これ〝地〟ですもんねぇ。やめろったって、やめられませんよ」

オーバーワークにより、ヒジや肩を相次いで故障した。球団命令でテレビ出演の自粛、パフォーマンス禁止令も出された。これが直接の原因なのかどうかは定かではないものの……、いや、目立ちたがり屋の内藤にとって「テレビ出演禁止令」は、プロ野球選手として活躍していく上での致命傷となった。

その結果、91年は3勝、92年5勝、93年1勝と、成績は尻すぼみとなっていく。92年には14年ぶりとなるセ・リーグ制覇を果たした。翌93年は、前年の雪辱を果たすべく、当時黄金時代を迎えていた西武ライオンズを撃破して日本一にも輝いたが、激戦が繰り広げられた2年間の日本シリーズにおいて、ギャオスの登板は一度もなかった。

「93年のペナントレース終盤、試合中に肩が飛びました。表現的に言えば〝雷が落ちた〟っていう感じです。〝これはもう投げられない〟と思って、次の打者を何とか抑えて、自分から降板を志願しました。マウンドを降りてからのたうち回りましたよ。92年はヒジ、93年は肩、日本シリーズは出られなかったです……」

しかし、リーグ2連覇を目指して戦ってきた93年9月2日、ナゴヤ球場でのドラゴンズ戦において、ギャオスは一世一代のピッチングを披露している。後に「内藤の16球」と呼ばれる名場面だ。延長15回裏、自軍ピッチャーが無死満塁のピンチを作ってしまう。

ここでマウンドに上がったギャオスは、クリーンアップトリオのアロンゾ・パウエル、落合博満、彦野利勝を三者三振に斬って取り、引き分け再試合に持ち込んだのだ。

「この場面は古田（敦也）君が完璧なリードをしてくれました。落合さんは三球三振だったんですけど、初球のど真ん中のフォークボールを見逃し。2球目はワンバウンドの完全なボール球なのに空振り。落合さんも冷静じゃなかったんでしょうね。3球目は外そうと思っていたのに、またたど真ん中へ。あまりにも甘すぎて、落合さんも手が出なかったみたいです（笑）」

この年のペナントレースはドラゴンズとの激しい戦いが続いていた。前日までの直接対決で2連敗を喫して首位を奪回されていただけに、スワローズにとって重要な試合だった。いや、それ以上にギャオスにとって重要な試合だった。

「当時の僕は、〝このままでは二軍に落とされる〟という危機的状況だったので、チームの優勝のこととか、まったく意識していなかったです」

結果的に、この日のマウンドがギャオスの現役時代のピークとなった。

翌94年は0勝に終わり、95年には千葉ロッテマリーンズ、翌96年途中にはドラゴンズにトレードされることとなった。

「93年の優勝直前の試合で完全に肩をやられて、その後、ロッテ、中日に移籍したけど、最後まで調子は戻らなかった。〝もう古田くんとバッテリーを組めないのか……〟と思うと、ヤクルトを離れるのはすごく残念でした。当時からすでに彼が日本一のキャッチャーだと思っていましたからね。やっぱり、90年の契約更改が僕の運命を変えたんだと、今でも思っていますね」

68年生まれのギャオスは、終始一貫して65年生まれの古田のことを「古田くん」と呼び続けた。これもまたギャオスならではのコミュニケーション術なのだろう。

未練バリバリ、29歳での早すぎる引退劇

ドラゴンズ移籍後、「最後にもうひと花咲かせたい」との思いで、必死にアピールした。プロ入り時にしたように、ピッチングはもちろん、パフォーマンスでも首脳陣に猛アピールした。けれども、その努力は実を結ばなかった。

「プロ野球選手である以上、試合で使ってもらえなければどうしようもない。だから、必死にアピールしたけど、全然相手にしてもらえませんでしたね。星野（仙一）監督の前で、〝ギエーッ〟って、めっちゃ吼えたんですけど通用しなかった（笑）。もはや、僕のパフォーマンスでは騙せなかったですね」

そして、その星野から「もういいだろう」と引退勧告を受けた。プロ生活11年、29歳での早すぎる現役引退だった。

入団当初、「有名になりたい」「モテたい」「稼ぎたい」という野望を持ってプロ入りした。はたして、その夢は実現したのだろうか？

「モテたかどうかは微妙ですけど、自分は頑張ったと思います。未練はバリバリありました。やっぱり、現役選手の方がお金は稼げますから。だけど、思うようなプレーができないのならばもう辞めるしかないですから。それでも、〝自分なりのパフォーマンスはできたのかな？〟という思い

はありますね」

現役通算36勝29敗26セーブ——。

間違いなく、記録より記憶に残る選手だった。自身が残した成績について感想を聞くと、やはり年長である66年生まれの長嶋一茂を引き合いに出してギャオスは言った。

「サードが長嶋のカズちゃんじゃなかったら、もう少し勝っていましたね（笑）。でも、短い間だったけど、《ギャオス内藤》という人間を多くの人に知ってもらうことができました。いまだにこうやって仕事をいただけるわけですから」

ケラケラと笑うギャオスに、最後の質問を投げかける。

——もしも生まれ変わっても、再びプロ野球選手になりますか？

この問いに対して、ギャオスはアッサリと言った。

「生まれ変わっても野球をやるか？ 目立って存在感を発揮できるんなら、別に野球じゃなくてもいいかな（笑）。存在感を発揮できる場所であれば何でもいいです」

2時間にわたるインタビューにおいて、ギャオスのコメントは「目立ちたい」という思いに貫かれていた。前掲書には、23歳当時のこんな発言が記録されている。

ボクの小さい時からの夢は歌手。もちろん歌って踊って、女の子にキャーキャーいわれるアイドルですよ。でもネ、こんな顔でしょ？　こりゃ、普通の方法ではムリだな、と早々と察して野球選手を目指したわけなんです。野球で本物になれば歌とかも歌えるでしょ。そしたらその作戦がものの見事に成功しちゃった。

目立ちたい男――ギャオス内藤は、今も昔もまったくブレていない――。

ぎゃおす・ないとう
1968年7月24日生まれ、愛知県豊川市出身。豊川高校から86年ドラフト3位でヤクルト入団。初年度から開幕一軍を手にし、90年、91年は2年連続開幕投手を務めた。千葉ロッテ、中日と移籍し97年現役引退。本名・内藤尚行。愛称の「ギャオス内藤」を芸名として野球解説者、タレントとして活動中。右投右打、身長187cm・体重97kg。

【投手成績】

年度	所属	登板	勝利	敗北	セーブ	投球回	防御率
1987	ヤクルト	3	0	0	0	2.2	20.25
1988	ヤクルト	22	2	1	0	48.1	2.05
1989	ヤクルト	41	12	5	8	163	2.82
1990	ヤクルト	28	10	8	6	132.1	4.08
1991	ヤクルト	18	3	6	1	76	5.57
1992	ヤクルト	35	5	6	10	71	3.55
1993	ヤクルト	17	1	0	1	29	3.41
1994	ヤクルト	12	0	1	0	21.2	4.98
1995	千葉ロッテ	9	3	1	0	42.1	4.89
1996	千葉ロッテ	4	0	0	0	10	6.30
1996	中日	4	0	1	0	7.1	11.05
1997	中日	2	0	0	0	0.1	27.00
通　算		195	36	29	26	604	3.96

パンチ佐藤
竜宮城での5年間

PUNCH SATOH

コメント力の強い強心臓ルーキー

改めて記録を確認して驚いた。

パンチ佐藤こと、佐藤和弘がプロ野球選手だったのは1990（平成2）年から94年までのわずか5年のことである。たったの5年で放ったヒットは71本。記録以上の強烈なインパクトを残したプロ野球選手だった。

「あの5年間は竜宮城のようなものですよ。楽しかった5年、ステキだった5年間。わずかな期間のことなのに、今でも多くの人がパンチ佐藤を覚えていてくれる。それはとても嬉しいことですよ。一番・松永浩美、二番・パンチ佐藤、三番・門田博光、四番・石嶺和彦、五番・藤井康雄……。ね、すごい打線でしょ。短い期間だったけど、こんな打順だった時期もあるんですから、それは竜宮城としか言えないでしょ」

89年ドラフト指名時に、当時オリックス・ブレーブス監督の上田利治から指名あいさつを受けた際に、パンチパーマ姿の佐藤が「心は一つです」と返答。入団前にすでに注目を浴びた。

「あの年のオリックスは野茂（英雄）くんを1位指名したけど抽選で外してしまったんです。それで僕が1位指名されて上田監督から電話がかかってきて、〝野茂を外したら、今年一番の左打ちの外野手を指名するつもりだった。そうしたら君の名前が挙がった。どうだい、来てくれるね？〟と言われたら、〝心は一つです〟って言うしかない。別にウケ狙いじゃないですよ」

プロ入り後のヒーローインタビューでは「下痢するまで呑みたいです」と発言。これも、いまだに語られるエピソードだ。

「あの日は、たまたま彼女が球場まで見に来ていたんです。で、ヒーローインタビューをしている目の前、金網の向こうに彼女の姿を見つけたから、〝今日は三宮でとことん呑むぞ〟という意味で彼女に言っただけなんです（笑）」

あるいは、別の試合でのお立ち台では、公称2万7000人のファンを前に、「12万5000人のファンのみなさん、今日はどうもありがとうございました！」とあいさつして爆笑を誘ったこともある。

「あれは、〝こんなにいい試合をしているのに、何でスタンドはスカスカなのか、何でもっとお客さん、来てくれないの？〟という皮肉です（笑）」

入団前、入団直後から、パンチパーマ姿の風貌と独特な言語センスで一気に注目を浴びた。プロ1年目には代打起用中心ながらも、打率・331を記録する。

ルーキーイヤーの90年、パンチには今でも忘れられない試合がある。

90年9月9日、西宮球場で行われたブレーブス対西武ライオンズの一戦だ。乱打戦となった一戦は9回裏を迎えて7対11となっていた。

「4点負けていたんだけど、9回裏に中嶋聡がソロホームランを打って、その後もチャンスを作って二番の僕に回ってきたんです。〝佐藤、何でもいいから塁に出ろ！〟と言われて打席に入って、センター前にタイムリーヒットを打ちました。で、その後に門田さんがサヨナラ満塁ホームラン、まさに《ダイナマイト！》ですよ！　上田監督もこの試合で、何度も《ダイナマイト！》って叫んでいましたよ。上田監督の通算1000勝目。忘れられないですよ」

この試合は現在、オリックス・バファローズの球団公式YouTubeでダイジェストを見ることができるが、プロ1年目のパンチが躍動している姿が克明に記録されている。ファンも、そして本人も、誰もが順風満帆なスタートを切ったと思っていた。

しかし、パンチのプロ野球人生は、ここから試練に見舞われることになる……。

身体から炎が出ていた村田兆治、「仁丹」のような西崎幸広の投球

前述したように、パンチは89年ドラフト会議で1位指名された。注目のルーキーのプロ初打席は、90年開幕戦でいきなり訪れた。相手はロッテオリオンズ。マウンドには大エース・村田兆治。舞台としては申し分なかった。

「大差で負けていたので、代打として僕にも出番が訪れました。小学生だった頃、川崎球場で初めて見たピッチャーが村田さんでした。何という幸せ、何と光栄なことか。普段よりも短いバットを借りて、燃える思いで打席に向かいましたよ……」

簡単にツーストライクと追い込まれた。続く3球目、4球目、いずれも「ワンバウンドだ」と思ったものの、そこからグイーンと伸びてキャッチャーミットに収まった。

(これがプロのボールか……)

パンチは驚愕していた。正直言えば、まったく手が出なかったのだが、アンパイアはいずれも「ボール」と判定した。カウントはツー・ツーとなった。

現役時代の92年に発売された自著『パンチ佐藤の迷語録人生』(サンマーク出版)には、次のように描写されている。

そして、ツー・ツーからの五球目。村田さんの性格なら、僕みたいなルーキーに伝家の宝刀であるフォークボールを決め球として使ってくるはずがない、だからまたストレートでくると思いました。

「ようし、真っすぐだ」

そう思って、またバットを短く握ってマウンドを見ました。すると、村田さんの体からメラメラと赤い炎が出ているじゃないですか（これ、ホントですよ！）。もう『巨人の星』の世界です。

このとき村田が投じたのは、パンチの読みとは異なるフォークボール。バットが空を切る。プロ初打席は空振り三振に終わった。完敗だった。

「嬉しかったですね。あの大投手・村田兆治が僕のようなルーキー相手にフォークボールを投げて真剣勝負をしてくれた。夢のような話ですよ。このとき、〝村田さんのボールが打てなければプロでは通用しない〟という思いで打席に立っていました。で、プロ初打席で村田さんと対戦できたことで、〝逆に、あのボールが打てればプロでやっていけるんだ〟という基準ができた。それはすごく大きかったと思いますね」

その後、パンチは二軍行きを命じられるが、夏場に一軍に復帰。再び村田と対峙する。

「夏場過ぎに一軍に上がって、今度は3打数2安打。とにかく必死だったから、〝楽しい思い出〟というわけじゃないけど、これはやっぱり、忘れられない思い出ですよ」

当時のパ・リーグ投手陣はレベルが高かった。「とにかくプロの水に慣れたい」と思いながら日々、努力を続けた。それでもなかなか結果が出ない。特に手を焼いたのが、日本ハムファイターズが誇るトレンディエース・西崎幸広だ。

「あの頃、パ・リーグにはそうそうたるエースが各球団にいたけど、それなりに対応することは

ICHIRO
51

PUNCH
90
KOBE

できたんです。近鉄の野茂英雄、西武の渡辺久信、みんないいピッチャーでした。でも、きちんとボールは見えた。僕の調子がいいときは、むしろボールが大きく見えることもありました。でも西崎の場合は、ワンストライクはゴルフボール、ツーストライクはパチンコ玉、そして最後は仁丹ですよ。それであっけなく三振。仁丹なんか、打てるわけがないでしょ！」

すでに持ちネタになっているのだろう。よどみない口調で「パンチ漫談」は続いた。

鈴木一朗——イチローとの出会い

何かにつけて「どんどん目立て、どんどんマスコミにアピールしろ」と応援してくれた上田利治に代わって、91年からオリックスの監督となったのは土井正三だった。

巨人V9時代の立役者の一人である土井の就任とともに、阪急時代からの名跡である「ブレーブス」の名をやめ、「ブルーウェーブ」と改称。変革の道を歩み出した。現役引退直後の95年に発売されたパンチの著書『プロ野球・独断毒舌改造論』（ラインブックス）には土井監督を名指しで、あるいは「D監督」と表記して、辛辣に非難している。

例えば、こんな調子である。

D監督時代にも、僕は妙に人気があった。ネクストバッターズサークルでバットを振っていると歓声が巻き起こる。そんな僕を疎ましく思ったのか、D監督は僕に必ずこういった。

「パンチ、次に行くけど、おまえがグラウンドに出るとうるさいから、ベンチ裏でバットでも振ってろよ」

僕はピンチヒッターで登場するにもかかわらず、ネクストバッターズサークルに立つことが許されなかった。そのため相手投手とのタイミングを計ることができなかった。僕の姿を見てヤンヤの喝采を浴びせてくれるファンのこの声援は、プロ野球人であっても、D監督はどうも受入れられなかったようだ。


あるいは、「土井監督のいびりは陰湿を極めた」と実名表記で述べた後にこう続ける。

チームが遠征のため新幹線の新神戸に集合したときのことだ。僕の顔を見た土井監督は、

「パンチ、おまえここまで何で来たんだ」

こう聞かれたので僕は、

「ええ、地下鉄で来ました」

「何、プロの選手が地下鉄で来たの。僕が巨人にいたときは、遠征で駅まで行くっていえばベン

ツとかBMで東京駅まで送ってくれる友達がたくさんいたもんだよ。もちろん帰ったら迎えに来てくれるしねぇ。電車で駅から帰ったことなんかなかったよ」

とにかく、何かにつけてジャイアンツ時代の自慢話が披瀝されるのである。はたまた、新幹線の発車直前に駅弁を買っている場面で、「D監督」は言う。

「何、パンチ。中国人の奥さんは弁当も作ってくれないの。ご飯作ってくれないのか。それじゃ体にパワーもつかないわな」

いったい何のつもりでこんなことをいってるのか。

僕は遠征や旅行では駅弁だからこそ醍醐味があると思っている。もちろん女房が作れないわけでも作ってくれないわけでもないのだ。

この本によれば、とにかく「D監督」はねちっこい。パンチの述懐を聞こう。

「土井監督時代の3年間はロクに出番をもらえませんでしたね。監督からしたら、僕は足も遅く、守備も下手、一軍では使えなかったんでしょう。だから、〝クビにしてください。トレードに出してください〟って何度も言ったんだけどね。あの頃、近鉄(バファローズ)を見ていて、〝あぁ、オレも仰木（彬）監督の下で野球をやりてぇなぁ〃って、いつも思っていましたよ」

なぜ「D監督」と「土井監督」表記が混在するのかは謎だが、他人事ながら心配になり、「ここまで書いて大丈夫なのですか?」と尋ねる。

「いや、別に失うものもないですし、野球界に戻るつもりもないし、新たなスタートを切るには膿は出し切った方がいい。そんな思いでしたから」

監督の指示に従うことなく、自分の意思を貫こうとする自分の存在をよく思っていなかったのだと、今なら理解できる。しかし、当時はただただ不満が募るばかりだった。

この時期、パンチと同様に不遇をかこっていた若者がいた。

鈴木一朗——。後のイチローである。イチローの代名詞となる「振り子打法」をよく思っていなかった土井は「バッティングフォームを改造すれば試合に使う」と言ったものの、イチローは頑なにその申し出を拒んだのだという。

「当時、僕もイチローも二軍だったから、〃お前バカだなぁ、ニコニコしてればお前なら一軍じゃないかよ〃って言ったことがありますね。そうしたら彼は、〃いや、監督は2、3年で代わるけど、自分のバッティングはずっと変わりませんから〃って言っていました。彼はすでに3年後、5年後を見据えていたんですよ」

イチローがプロ入りしたのは92年のことだ。入団当時の印象をパンチが振り返る。

「右投げ左打ちの外野手が入ってくるって聞いたときはイヤな気持ちになりましたよ。でも、春のキャンプで彼を見て、〝あぁ、子どもの身体だな。まぁ、10年くらいは抜かれないだろう〟って思いましたね。でも、いざランニングが始まると、走り方がきれいで誰もがすぐに〝これはヤバいぞ〟って思いましたよ」

さらに、パンチは続ける。

「イチローはウサギとカメで言うところの《休まないウサギ》なんですよ。彼に追いつこうと猛練習しようにも、こちらがケガしてしまう。でも、彼はどんなことでも難なくこなせる。もう、レベルが違い過ぎましたから」

こうして、「休まないウサギ」の加入によって、パンチのプロ野球人生は、さらに大きな影響を受けることになる。

仰木彬に後押しされた30歳での早すぎる引退

パンチとイチローにとっての「冬の時代」は93年限りで終わった。土井に代わって、仰木彬が監督に就任したのだ。監督就任後、仰木は驚くべき提案をする。

「僕の登録名を《パンチ》に、イチローの登録名を《鈴木》から《イチロー》に変更したい。そう言われました。仰木さんの本心は〝イチローを売り出したい〟という思いで、〝でも、イチローだけ登録名を変更すると悪目立ちするかも？〟という不安があったんで、僕も一緒に登録名を変えることになったんです」

結果的にイチローは、この年シーズン210安打を記録する大ブレイクを果たし、パンチはこの年限りで現役を引退する。30歳になる直前のことだった。

「監督就任時に、〝パンチを再生させる〟って言っていたのに、夏場に二軍に落とされました。それで、仰木監督に直談判したんです。〝努力が足りないなら、もっと努力します。実力がないのならば辞めます〟って伝えたんです」

仰木の返答は意外なものだった。

「仰木監督からは、〝お前は左のピンチヒッターの一番手だ。でも、お前の年俸はわずか1000万円程度じゃないか。そんな稼ぎでは家族は養えない。お前は芸能界でやっていける素質がある。引退というのは1年早くてもいけないし、1年遅くてもいけない。今がそのタイミングだから引退しろ〟と言われました」

まったく想定していない返答にパンチも食い下がった。それでも、仰木の意志は固い。

「野球界ではピンチヒッターでも、芸能界ならレギュラーを獲れる！」

この言葉を受けて、パンチは早すぎる引退を決めた。なぜか仰木は「芸能界推し」だったが、パンチは気にも留めなかった。現役時代は特筆すべき成績を残せなかった。ひっそりとユニフォームを脱ぐつもりだった。しかし仰木は言った。

「引退会見をやろうじゃないか。オレも同席するから」

これこそ、「人たらし」としての仰木の真骨頂だった。

「僕レベルの選手のために、わざわざ監督が同席して引退会見を開いてくれるんだから、それは感動しますよ。そして、〝今年、パンチのおかげで勝てた試合が5、6試合はあった。本当ならば左のピンチヒッターとしてチームに残しておきたいけど……〟なんて、うまくまとめてくれましたけどね（笑）」

引退会見終了後、パンチの下に電話がかかってくる。やしきたかじんが所属する芸能事務所の社長からだった。

「驚きましたよ。〝仰木監督と話はついているから、うちに所属して一緒に頑張ろう〟と言われました。仰木さんは、そこまでレールを敷いてくれたんです。でも僕は、〝誰にも頼らずに自分の力でやってみよう〟と決意して、現役引退翌日に銀行に300万を持って《有限会社パンチ企画》を作りました。芸能プロじゃないですよ。古巣の熊谷組から仕事をもらって下請けで、ニッカポッカ穿いて、ツルハシ持って、汗水たらして働こうと決めていましたから」

結局、仰木からの申し出を丁重に断ったパンチは自分で事務所を作り、現役引退後の四半世紀以上、芸能界の荒波を生き抜くことになる。期せずして、仰木の「芸能界推し」は、あっけなく現実となったのである。

上田監督への思いは、今もずっと変わらずに

芸能界で生きていく決意をしたパンチの心の中には、プロ入り時の監督である上田利治の姿が今でも息づいているという。日々更新されている彼の公式ブログ『パンチ佐藤の一日一膳』は、その文末が必ず「DYNAMITE」で結ばれている。

「そうです、上田監督の口癖です。とにかく、上田監督は《ダイナマイト！》って言っていましたから。だから僕も、ちょっとでもいいことがあったら、《ダイナマイト！》って言うようにしています。自分を奮い立たせたいときにも《ダイナマイト！》です。家族からは、〝バカじゃないの？〟って笑われていますけど、それでもいつも《ダイナマイト！》なんです（笑）」

フジテレビの人気番組『プロ野球ニュース』のレポーターに抜擢され、当時ファイターズ監督だった上田の下に取材に行ったときのことだ。上田はパンチを激励する。

「おい、佐藤。元プロ野球選手で《芸能界の四番バッター》は板東英二だ。お前は板東英二には勝てない。だから、お前は《芸能界の一番バッター》を目指せ！」

滔々と語り続けるパンチの話を聞きながら、内心では「どういうこと？」という思いが拭えない。ぶしつけな態度を見せるインタビュアーのためにパンチが解説する。

「要は、〝口先、小手先ではなく、足を使って飛び回って汗をかけ〟ということですよ。そうやって、どんな仕事でも足を使って飛び回っていたら、海外取材、全国取材、グルメ取材と、いろいろな現場に行くことができました。ラーメンを食べる仕事でも、一口、二口で終わったらパンチじゃない。〝スープも全部飲み干すんだ〟という思いで頑張りましたよ！」

パンチの言葉の端々には、上田利治に対する思慕の思いがダダ漏れしていた。入団時のわずか1年だけのつき合いにもかかわらず、「本当に幸せな1年だった」としみじみと懐古し、改めてプロ野球人生を振り返る。

「最初に言ったように、僕にとって野球界で過ごした5年間は竜宮城のようなものでした。でも、二度と戻りたいとも思わないし、生まれ変わっても野球はやらず、柔道とか武道の先生になりたいな。金八先生じゃないけどさ、人生を教える師、そんな人間になりたいよね。だから、後悔はあるけど悔いはない。それが僕にとってのプロ野球時代ですね」

パンチはケラケラと笑った。まさに「ダイナマイト！」な威勢のいい口調だった。

一体、「後悔」と「悔い」は、どう違うのだろうか？

そんな疑問がどうでもよく思えてしまうほど、パンチは元気に笑っている——。

パンチ佐藤

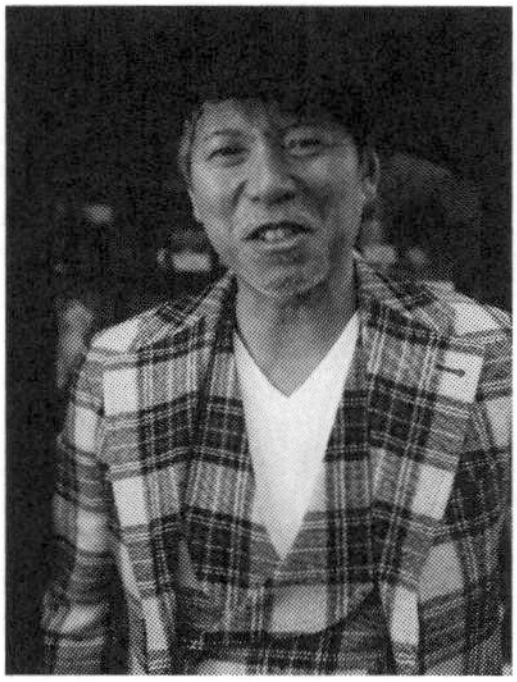

パンチさとう
1964年12月3日生まれ、神奈川県川崎市出身。武相高校から亜細亜大学を経て熊谷組入社。都市対抗野球史上2人目のサイクル安打を記録（89年）、2年連続社会人ベストナイン（88、89年）など外野手として活躍し、89年ドラフト1位でオリックス・ブレーブス入団、94年引退。本名・佐藤和弘。94年の登録名は「パンチ」。右投左打、身長177cm・体重78kg。

【打撃成績】

年度	所属	試合	打数	安打	本塁打	打点	盗塁	打率
1990	オリックス	42	133	44	1	8	3	.331
1991	オリックス	46	65	15	2	12	0	.231
1992	オリックス	35	37	6	0	4	0	.162
1993	オリックス	3	3	0	0	0	0	.000
1994	オリックス	23	22	6	0	2	0	.273
通　算		149	260	71	3	26	3	.273

高橋智
規格外の男

SATOSHI TAKAHASHI

仰木彬監督への不満が爆発

1998（平成10）年オフ――。

この日、オリックス・ブルーウェーブの納会が行われていた。壇上に立つのはヤクルトスワローズへのトレードが決まった直後の高橋智である。「デカ」の愛称で知られる高橋は、当時30歳を過ぎたばかりの脂の乗り切った時期にあった。しかし、なかなか出場機会に恵まれず、自ら志願してのスワローズ移籍となった。

「オリックスは大好きな球団です。本音を言えばこのチームから去りたくないです。でも、仕事はしたいし、野球は好きなのでヤクルトに行きます……」

正面に座るオリックス・宮内義彦オーナーを見据えて高橋は言った。殊勝な別れの言葉だった。しかし、内心でははらわたが煮えくり返る思いだった。本人が振り返る。

「心の中では、〝おいコラ、仰木！〟って言いそうになるのを必死にこらえていましたよ。だから監督の顔はまったく見ないで、オーナーだけを見て〝お世話になりました〟ってあいさつをしたんです（苦笑）」

当時、「仰木マジック」と呼ばれ、95年、96年とパ・リーグを制覇。96年には読売ジャイアンツを倒して日本一に輝いた仰木彬監督に対する不満が爆発寸前だったのだ。

「ずっと、〝この人の下ではやりたくない〟と思っていたから、何年も前からトレードを直訴していましたね。毎日、毎日スタメンを変える《仰木マジック》なんて、博打みたいなもんですから。あれは単に、《データ》という名の《レッテル》でしかないです。昔の相性だけで判断するけど、一度悪いイメージがつくと、その後は絶対にチャンスをもらえない。ずっとそのレッテルを覆すことはできないんですから。それでまったくチャンスを与えてもらえないんですから」

これまで、多くの野球人から「仰木さんには世話になった」「仰木監督は恩人です」という声を数多く耳にしてきた。漢気にあふれ、豪快でありながら、選手への気遣いも忘れない名将。仰木にはそんなパブリックイメージが定着している。しかし、高橋の言葉は激烈で、歯に衣着せぬ発言の裏からは不満の強さがよく伝わってきた。

「仰木さんの時代は一軍と二軍を行ったり来たり。なのに、全然クビにはならない。完全な飼い殺しですよ。いくらチームが優勝したって嬉しくもなんともないですよ」

あるとき、東京ドーム、西武球場（当時）と関東遠征が行われた。6試合を行って、高橋の出番は一度もなかった。「オレは何のために帯同したのだろう？」と不満が募った。

福岡遠征での出来事だった。

3連戦の2戦目の試合前に新井宏昌コーチに呼ばれ、「明日から二軍だ」と告げられた。代わりに一軍に昇格するのは何も実績のない若手選手だった。

「それはゴールデンウィークの頃だったんだけど、頭にきて〝もう二度とオレを（一軍に）上げるな〟って言って去りました。なのに、シーズン終盤になってまた一軍に呼ばれたから、二軍の監督室に行って、〝ふざけんなよ、もう呼ぶなって言ったでしょ〟って言ってやりました。当時の弓岡（敬二郎）監督はアタフタしていましたよ（笑）」

首脳陣に楯突くことによって「干される」という心配を何もしていないのだろうか？「決して笑い事ではないだろう」と不安に思っているインタビュアーをよそに、高橋は豪快に笑って、さらに続ける。

「ぶっちゃけ、野球って個人競技じゃないですか。オレ、〝チームのために〟なんて思ったこと、一度もないですから。もしも団体競技だというのなら、給料を一律にせぇよという話ですよ。例えばチームが3対11でボロ負けしたとしても、自分がヒットを打ったり、ホームランを打ったりしていれば、帰りのバスの中でも楽しかったですから」

野球は個人競技である――。

「チームのために」とは一度も考えたことがない――。

野球が団体競技であるならば、給料は一律にすべきだ――。

上下関係が厳しく、規律を重んじる野球界において、高橋は異質な考えを持っている。取材開始早々、そんな印象を抱かせつつ、ロングインタビューは始まった。

日本人離れした豪快な飛距離

1984（昭和59）年ドラフト4位で、神奈川・向上高校から阪急ブレーブスに入団した。甲子園出場はかなわなかったものの、「四番・エース」として注目を集め、プロには投手としての指名となった。当時のブレーブスには、大エース・山田久志を筆頭に、今井雄太郎、佐藤義則、山沖之彦ら、球界を代表するそうそうたる好投手が並んでいた。

「でも、当時のパ・リーグはほとんど報道されていなかったから、阪急のことはほとんど知らなかったです。当時知っていたのは山田さん、福本（豊）さん、あとはブーマー（・ウェルズ）ぐらいでした。要は水島新司先生の『ドカベン』や『あぶさん』の世界。実際に中に入ってみたら、確かにクセのある人ばかりでしたけどね（笑）」

プロ1年目は無我夢中で白球を投じ続けた。しかし、なかなか結果が伴わなかった。そもそも故障のため、満足に投げることができなかった。

「プロ入りしてからはケガばっかりでしたね。ヒジが痛いからろくにピッチングもできない。やることがないから、ふざけ半分でバッティング練習をして、スタンドにバンバン放り込んでたら、〝ピッチャーなんかさっさとやめてバッターになれ〟っていう感じになったんです。ファームの試合ではいきなり代打起用されて、初球をホームランにしたこともありました。あのときはみんな、ベンチでゲラゲラ笑っていましたね（笑）」

プロ2年目の86年秋から、正式に打者に転向した。投手への未練は何もなかった。

しばらくの間は雌伏の時期を過ごしたが、広島東洋カープ、ブレーブスで活躍した水谷実雄コーチの熱心な指導が少しずつ実を結んでいく。

「実は現役時代の水谷さんのことは何も知らなかったんです。今だったら、いくらでもググれるけど、当時はそんなこともできなかったですから。だから、当時の僕からしたら、水谷さんはただの鬼でした。100パーセント憎しみしかありませんでした」

現役引退後、水谷は1年だけ評論家活動を経験してブレーブスの二軍コーチに就任し、その就任会見において「高橋を鍛えたい」と口にした。

「当時、阪急の秋季練習は《6勤1休》の地獄のキャンプでした。朝8時から特打が始まって、一日中、泥にまみれて練習しました。ということは6時には起きて、7時にはグラウンドにいなければいけない。そして、9時からは全体練習が始まる。要は2回もウォーミングアップをしなければいけない。今の若い選手たちなら、きっと壊れてしまうと思いますよ。水谷さんは、他の選手には目もくれず、ピンポイントでオレばっかり集中的に練習させせました。だから、〝何なんだよ、この人は〟って思って、ただただ憎しみしかなかった。もちろん、後から考えればオレのことだけを見てくれているというのは、すごくありがたいことなんですけど、当時はただただ憎しみしかなかった」

気がつけば球団名は「阪急」から「オリックス」へと変わっていた。同時期には南海ホークスがダイエーに身売りを行い、本拠地が大阪から福岡に変わった。パ・リーグに激動の波が押し寄せようとしていた。

「身売りのウワサはずっと出ていたけど、オレ自身はまだ若かったから、親会社が変わることについては何も不安はなかったですよ。ただ、《オリックス》という名前は聞いたことがなかったので、〝大丈夫かいな？〟という気持ちはありましたね」

水谷がチームを離れた後、しばらくの間は一軍と二軍を行ったり来たりする日々が続いた。一軍に定着するためには結果が求められた。しかし、高橋が目指していたのは「確実性」ではなく、「豪快さ」だった。

「白いボールが来たら、力いっぱいぶっ叩けばいい。そんな意識でしたね。《放物線》はあんまり好きじゃないッス。木こりみたいな打ち方で、ドーン、ガーン、ギューン、ドーン。そんなホームランが好きでしたね（笑）」

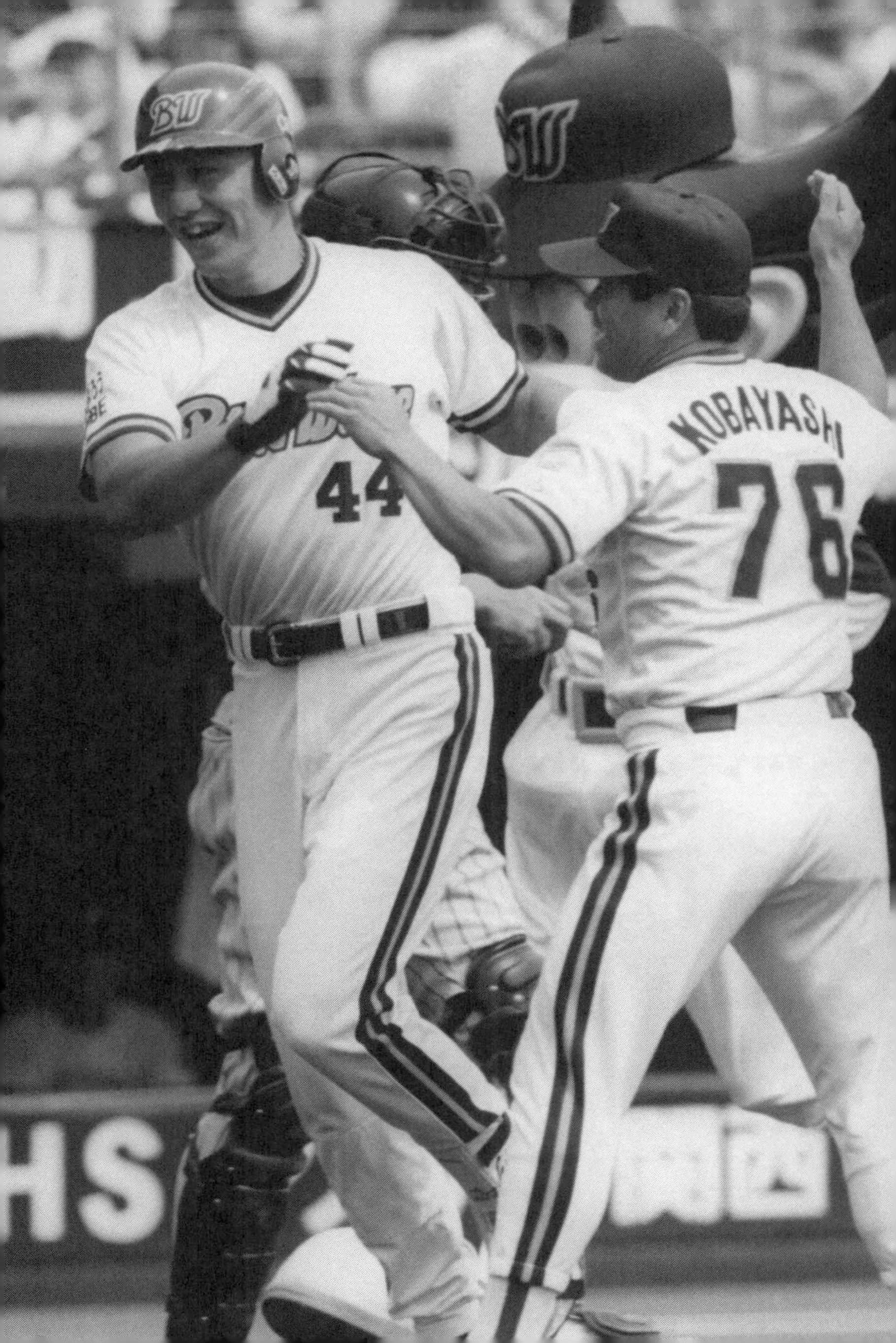
BW
44
KOBAYASHI
76
HS

ドーン、ガーン、ギューン、ドーン――。

まさに、高橋のホームランを形容する、適切過ぎる表現である。この頃、彼の交友関係は日本人チームメイトではなく、もっぱら他球団の外国人選手だったという。

「なぜか、外国人選手たちとは気が合いましたね。神戸の三宮の怪しいクラブでよく、ブーマーたちとつるんでましたよ。近鉄の（ラルフ・）ブライアント、（ジェシー・）リード、日本ハムの（マット・）ウインタースもいました。日本人選手とももちろんしゃべるけど、外国人と一緒にいるのは楽しかったですね。言葉？　そんなの関係ないですよ。身振り手振りでいくらでも何とかなるから（笑）」

どうして外国人選手たちとウマが合ったのか？　高橋はシンプルに答えた。

「基本的に日本の野球が合わないからですよ……」

続く言葉を待った。

「……送りバントとか、スモールベースボールとか、オレには合わないです。1対0で競り勝つよりも、10対9で勝った方が面白いし、ギリギリのスタンドインよりも、場外ホームランの方がスカッとするじゃないですか（笑）」

土井正三監督時代の92年にはベストナインを獲得、92～94年はオールスターにも選ばれた（94年は故障のため出場辞退）。日本人離れした飛距離を誇る豪快なバッティングで、一躍球界の注目選手となっていた。

「92年には東京ドームで3打席連続ホームランを打ったけど、あのときは人生最初のゾーンに入った瞬間でしたね。何しろ、真っ白なドッヂボールがフワーッと浮いているんですよ。あとは振るだけで、カーン、ドーンでホームランですから。あの感覚は今でも鮮明に覚えていますね。カーン、ドーン、ホームラン！」

ジャイアンツV9戦士である土井監督は高橋に期待を寄せていた。春季キャンプでは、自らの伝手を頼って長嶋茂雄、王貞治に「高橋の指導をしてほしい」と頼んだという。

「長嶋さんからも指導を受けました。〝ドーン、デーン、バーン〟とか指導されたけど、何一つ覚えていない。でも、帰るときには、〝すごくいいよー〟って言われました。何がいいんだか、いまだによくわからないですけど（笑）」

しかし、94年から監督に就任した仰木は、確実性のない高橋の打撃スタイルを好まなかった。イチロー、田口壮らの台頭もあり、年々出場試合数は減り、99年からは心機一転、捲土重来を期して、若松勉監督率いるスワローズに移籍することとなった。

「裏で中西（太）さんが、いろいろ動いてくれたんです。若松さんは中西さんの教え子だから。ヤクルトに決まって、めっちゃ嬉しかったです」

しかし、本来ならば新天地で心機一転となるところだったが、このトレード劇は新たな愛憎劇を生み出すこととなった。

若松勉監督への不満が爆発

「イチローや田口が出てきた頃から、野球が変わってきた気がしますね……」

高橋は、そう切り出した。

「……オリックスに限らず、球界全体が守備力重視、守り勝つ野球を目指すようになってきた気がします。だって、オレがレギュラー張ってた頃のオリックス外野陣って、レフト・石嶺（和彦）、で、ライト・門田（博光）、で、センターがオレですから。カーンって打球が飛んでも、門田さん、全然動いてくれないんだから（笑）。だからオレが右中間、左中間と動きっ放しですよ。肩も弱いし、守備範囲も狭いし、相手からしたら走り放題。上田（利治）監督時代のオリックスは打力だけが頼みでしたからね」

前述したように、新たな可能性にかけて新天地へと移籍した。ブルーウェーブ時代よりは出場機会が増えた。スワローズでもその打棒は健在だった。

移籍1年目の99年には91試合に出場して16本塁打、翌00年は98試合で13本塁打を記録。「ここぞ」という場面での勝負強さが目立った。しかし、この時点ですでに高橋の中には鬱屈した思いが渦を巻いていた。指揮官・若松勉への不満である。

「若松さんは単打で繋いでいく野球を目指していたから、オレのような大振りするバッターのことは評価していなかった。だから、〝じゃあ、大振りしなければいいんでしょ〟という思いはあるんだけど、それでは自分の魅力が半減してしまう。でも、スタイルを改めなければ試合では使ってもらえない……。そんなことの繰り返しでした」

前述したように、目指すのは「ドーン、ガーン、ギューン、ドーン」という豪快な野球である。高橋と若松監督との野球観はあまりにも違いすぎた。

「あの頃、一番が真中（満）、二番が（宮本）慎也でしょ。真中が出たら、100パーセントバントですから。真夏の1回裏、まだ日も落ちていない時期ですよ。お客さんもまだ弁当箱を開ける前に必ず送りバント。当時の（ロベルト・）ペタジーニ、（マーク・）スミスが言っていましたよ、〝ここはハイスクールか？〟って。若松さんは1対0で勝ちたいんです。ある試合で14点ぐらい取って勝った試合で、〝こんな大雑把な野球はしたくない〟って言っていたけど、〝勝った試合でそんなこと言うか、普通？〟ってあきれましたよ」

ちなみに、若松監督時代の01年、宮本はシーズン67犠打というNPB記録を樹立している。そんなある日、高橋のフラストレーションが爆発する。千葉マリンスタジアム（当時）で行われた対阪神タイガース戦のことである。

「この日、僕はホームランにツーベースを打っていました。で、3点か4点リードしていた試合終盤、送りバントのサインが出たんです……」

高橋は、自分の目を疑った。しかし、改めて確認してもベンチからは間違いなく犠牲バントのサインが出ていた。

「阪神のキャッチャーは矢野（輝弘／現・燿大）でしたよ。だから彼に、〝送りバントのサイン出たから、真っ直ぐ投げさせろ〟って言いました。矢野が〝ウソでしょ?〟って言うから、〝ホントだって。もしウソだったら、土下座して謝るから〟って（笑）」

結果は見事に送りバントを決めた。

しかし、この瞬間に若松に対する不信感が爆発する。ベンチに戻るや否やヘルメットを叩きつけ、試合中にもかかわらず、シャワーを浴びて無断で帰宅した。

「幕張から都心に向かう途中、マネージャーから電話がかかってきました。〝おい、デカ。どこにいるんだ? これからヒーローインタビューだぞ〟って。だから、〝今、首都高ッス〟って言いました。マネージャーからは必死に説得されましたね（笑）」

またしても高橋は楽しそうに笑っているが、ちっとも笑い事ではない。

「……でも、〝そんなのいらんッス〟って言って、球場には戻らなかったですね。ホント、若松さんに言いたかったッス。〝こっちにも生活が懸かっているんだ〟って」

代打起用の際、大事な場面では満身創痍の池山隆寛が起用され、ランナーのいない場面でしかコンディション万全な自分が起用されないことにも不満があった。

「やっぱり、生え抜きの池山さん優先なんですよ。仕方ないことなのかもしれないけど、それもイヤでしたね」

01年、スワローズは4年ぶりに日本一に輝いた。しかし、高橋はセ・リーグを制覇したときも、日本一に輝いたときも、いずれも胴上げには参加しなかった。

「当時二軍だったんですけど、〝胴上げに参加しろ〟って。行きたくないけど横浜スタジアムまで行って。レフトスタンドのスワローズファンにあいさつに行くじゃないですか。でも、その時点ですでに私服に着替えて帰ってましたもん。日本一のときは家にいたかな？　いや、どっか遊びに行ってたッスね」

結果的に高橋はこの年限りでチームを去る。スワローズ時代にも、二軍降格の際にコーチに対して「もう一軍に呼ばなくていい」と啖呵を切ったという。

高橋とスワローズの不幸なマッチング

パ・リーグで育ち、ブルーウェーブで野球を学んだ高橋にとって、セ・リーグの、そしてスワローズの野球はあまりにも異質に映っていた。

両者の出会いは95年、野村克也監督時代の日本シリーズにさかのぼる。阪神淡路大震災のあったこの年、「がんばろうＫＯＢＥ」を合言葉に、ブルーウェーブはパ・リーグを制覇。野村ヤクルトと日本シリーズで激突することとなった。

「まぁ、しつこかったですね。何も考えていないパ・リーグのアホ野球とは全然違いました。絶対に打てるボールが来ない。絶対に勝負して来ないですから。まぁ、手も足も出ずに完全にやられました」

それから４年後、高橋はスワローズ入りを果たした。

「僕がヤクルト入りしたのは、若松監督１年目の99年でした。その前年までは野村さんが監督だったから、まだ《野村野球》が残っていて、緻密な野球をしていました。で、周りの連中はノートにびっちりとミーティングの内容を書いているんだけど、〝これ全部、理解してんの？〟って聞いたら、〝いやぁ……〟とか言っているんですよ。だから、言ってやりましたよ。〝もう、メモなんかやめろよ。白いボールが来たら、何も考えずにぶっ叩けばいいんだから〟って」

結果論で言えば、高橋とスワローズとの出会いはミスマッチだった。高橋が求める野球とスワローズが求める野球観はあまりにも違いすぎた。結果的に、ただただ若松への不満が募ることとなってしまった。仰木同様、若松もまた「とても温厚な人」「若松さんを男にしたい」と多くの選手が募っている。高橋の感想は、もちろん違う。

こうして、チームを去った高橋が新天地として選んだのが台湾球界だった。

「まだできるという自信はありましたね。なまじっかパワーだけはあったんで、自信があったけど、今から思えば勘違いもはなはだしいんスけどね（笑）。日本国内でのトライアウトに、当時台湾球界に関わっていた郭泰源さん、渡辺久信さん、石井丈裕さんが見に来ていて、石井さんが、〃来年から、オレが監督をやるから〃ということで、知らない人より知ってる人がいた方がいいだろうということで入団しました。月に手取り70万円でしたね」

しかし、台湾では結果を残すことはできなかった。台湾球界で3カ月だけプレーをした後にサラリーマンに転身し、現在はエレベーターの補修会社で働いている。

「完全燃焼はしてないッスね。でも、もうしょうがない。認めるまでには時間がかかったけど、あの時点ですでに若い子たちのようには動けなかったッスから」

さまざまな軋轢と摩擦を経験したものの、それでも17年間のプロ生活を過ごした高橋に「振り返ってみてワガママだったなという反省はありますか?」と尋ねる。

「ワガママだったとは思わないです。だって、プロ野球は個人事業主の集団でしょう。自分のやり方を貫くことは決して悪いことじゃないから」

現役時代に豪快な一打でファンを魅了した「デカ」こと、高橋は言う。

「生まれ変わっても、プロ野球選手になりたいッスね。もちろん、そのときも飛距離を求めてブンブン振り回しますよ」

まるで「昭和のプロ野球選手」のような価値観を持つ男は不敵な笑みをたたえつつ、力強く言い切った。それは、体格も、パワーも、そして考え方も、何から何まで規格外で、強烈な個性とインパクトを残した高橋智らしい言葉だった——。

たかはし・さとし
1967年1月26日生まれ、神奈川県横浜市出身。向上高等学校からドラフト4位で阪急ブレーブス入団。92年にはキャリアハイとなる29本塁打を記録し、ベストナイン選出。99年以降はヤクルト、02年は台北誠泰太陽でプレーした。右投右打、身長194cm・体重100kg。

【打撃成績】

年度	所属	試合	打数	安打	本塁打	打点	盗塁	打率
1987	阪急	28	54	15	4	9	0	.278
1988	阪急	21	55	14	1	4	0	.255
1989	オリックス	17	12	3	0	0	1	.250
1990	オリックス	26	50	10	2	7	2	.200
1991	オリックス	123	413	101	23	67	7	.245
1992	オリックス	127	465	138	29	78	3	.297
1993	オリックス	97	370	93	11	48	6	.251
1994	オリックス	76	254	66	5	42	1	.260
1995	オリックス	50	126	33	5	14	1	.262
1996	オリックス	85	236	68	9	30	0	.288
1997	オリックス	65	153	32	5	17	0	.209
1998	オリックス	6	11	2	0	0	0	.182
1999	ヤクルト	91	256	75	16	43	1	.293
2000	ヤクルト	98	288	82	13	44	2	.285
2001	ヤクルト	35	34	5	1	5	0	.147
通　算		945	2777	737	124	408	24	.265

川尻哲郎
阪神暗黒時代の希望の光

11年間で7人の監督に

11年間のプロ生活では、実に7人の監督に仕えた。

在籍したのは阪神タイガースに9年、近鉄バファローズ最後のシーズンに1年、そして東北楽天ゴールデンイーグルスが誕生した2005(平成17)年の1年を最後に現役を引退した。

90年代の阪神暗黒時代、04年から05年にかけての「近鉄消滅、楽天誕生」という、球界再編騒動……。川尻哲郎の歴史は、日本プロ野球界の裏面史とも言えるかもしれない。

ノーヒットノーランを達成したこともある。日米野球では現役メジャーリーガーをキリキリ舞いさせたことも印象深い。彼のプロ野球人生は激動の日々だった。

「たいした成績は残していないかもしれないけど、それなりに記憶に残るようなことはできたんじゃないのかな? 現役時代の大半を過ごした阪神にはたくさんの思い出があるし、球界再編騒動のときには球界のために、自分なりに頑張ることもできたし、すごく充実したプロ野球生活だったと思いますけどね」

自ら経営する東京・新橋の「TIGER STADIUM」で川尻は言った。店内壁面には、彼がノーヒットノーランを達成した98年5月26日、対中日ドラゴンズ戦の試合結果、スコアボードが再現されている。

「阪神に入団したときは中村（勝広）さんが監督で、1年だけ藤田（平）さんが監督になって、次が吉田（義男）さん、そして野村（克也）さんがやってきて、その後は星野（仙一）さんか……。あの頃はめちゃくちゃだったよね（笑）」

指揮官が代わればチームのあり方も大きく変わる。この頃のタイガースは、チームとしての形がなかなか定まらなかった。

「だから僕は自分のピッチング、自分の考えをしっかりと持つようにしていました。コーチからの助言にもほとんど耳を貸さなかったです。そうしないとプロで生き抜くことはできないと思ったから」

亜細亜大学時代には、同級生の小池秀郎、高津臣吾がいて、目立つ存在ではなかった。小池は90年ドラフト時に、前年の野茂英雄に並ぶ8球団から1位指名を受けたアマチュア球界ナンバーワン投手であり、高津は後にヤクルトスワローズのリリーフエースとなり、メジャーリーガーにもなった。

「大学1年のときにはすでにベンチ入りしていたので、実は小池や高津よりも先にデビューしたんです。でもその後、僕が活躍できないでいる間に小池が台頭して、高津にも抜かれてしまいましたね（苦笑）」

大学卒業後、日産自動車に進み、社会人3年目にサイドスローに転向した。この思い切った決断が功を奏した。

「社会人1年目、2年目は鳴かず飛ばずだったんです。それで、2年目が終わったときに、当時の監督から、〝もう野球は諦めなさい〟と言われました。だけど、どうしても諦めきれなくて、〝あと1年だけやらせてください〟と自分の決意を伝えた結果、もう1年だけチャンスをもらえたんです」

このとき、「思い切ってサイドスローに変えてみないか?」という提案があったという。しかし、川尻は「サイドスローなんて邪道だ」と抵抗を示した。

「それで、ある意味では賭けなんですけど、〝もしも、上から投げて打たれるようなことがあればサイドスローにしよう〟と決意して投げた試合で打たれてしまったんです」

こうして、川尻は覚悟を決めた。そしてそれは正しい決断となった。

「自分でも気づいていなかったけど、腰の回転や腕の振りが、自分にはすごく合っていたようです。左肩の前で壁を作った結果、体重移動もスムーズになって、きちんと腕を前で振れるようになりました。この時点ではまだピッチングフォームは安定していなかったけど、球速もアップしたし、変化球もよく曲がるようになって、この頃からプロのスカウトの人たちから注目されるようになっていきました」

こうして94年ドラフト4位、26歳でタイガース入りした。プロでのトレーニングの成果によって身体ができたことで、懸案だった「フォームの安定」が実現し、ルーキーイヤーに8勝（11敗）を挙げ、翌年は13勝（9敗）で早くもチームの屋台骨を支える存在となった。そしてプロ4年目となる98年、川尻はブレイクのきっかけをつかんだ。

「この年僕、脱税事件で出場停止になっているんですよ（苦笑）……」

新人選手をターゲットにした経営コンサルタントによる「プロ野球脱税事件」に連座して、この年の川尻は開幕から3週間の出場停止処分を受けている。やはり、それもまた球界の裏面史として記憶されている出来事である。

「出場停止処分が出た後、吉田監督の家に呼ばれました。で、〝開幕からは出遅れるけど、お前はお前のできることをちゃんとしておけ〟って言われました。かなり前から処分が出ていたから、最初から4月中旬に照準を合わせていたので特に問題はなかったです。ノーヒットノーランのときも調子はよかったですし」

本人の言葉にあるように、「プロ野球脱税事件」により処分が下されたこの年、川尻はノーヒットノーランを達成しているのである。

阪神暗黒時代の主力として——

98年5月26日、岡山・マスカットスタジアムでの対ドラゴンズ戦――。

「この日は試合前のキャッチボールの段階から、〝調子がいいな、身体が軽いな〟って思っていたんですよね。相手先発は野口（茂樹）だったし、あの頃のうちの打線はなかなか点が取れなかったので慎重に投げました」

先制点はタイガースにもたらされた。2回裏に新庄剛志がタイムリーを放ち、川尻自らスクイズを決めて2点を奪った。

「2回に先制できたのは嬉しかったけど、その後は〝しっかり守り抜こう〟と、慎重かつ、大胆に投げました。この日はバッテリーを組んだ矢野（輝弘／現・燿大）の好リードに助けられました。彼も中日から移籍してきたから、元々、中日ナインのことはよく知っていたし、〝星野監督の前でいいところを見せよう〟と気持ちが入っていたんじゃないのかな」

大記録が間近に迫っていても、川尻は落ち着いていた。

「重圧は特に感じなかったです。〝先頭バッターは出さない〟ということを心がけて、一人ひとり丁寧に投げました。9回になって初めて、〝あ、こんなチャンスは滅多にないから、記録達成しなくちゃいけないな〟と感じたぐらいでしたね」

と言いつつも、やはり緊張はあった。川尻の場合は、本人よりもチームメイトがより顕著だったことを記憶している。

「ゲームが進むにつれ、周りの誰も声をかけてくれないし、そもそも近づいてくる人もいなかった（笑）。みんな緊張していたんでしょうね」

こうして川尻はノーヒットノーランを達成した。後日、祝福の場を設けてくれたのは後輩の新庄だった。

「新庄とはお互いに気が合いましたね。彼は僕のことを《ジリさん》って呼んで、僕は彼のことを《新ちゃん》って呼ぶ関係でした。投手と野手はあまり接点がないんだけど、この頃にはすでに一緒に呑みに行く仲になっていました。ノーヒットノーランを達成した後、彼が〝お祝いしましょう〟って言ってくれて、二人で六本木で呑んだりしましたね」

この年は日米野球でも大活躍した。メジャーを代表するカート・シリングと投げ合い、MLB選抜を無得点に抑える活躍を見せた。96年、さらに00年にも日米野球に出場していずれも好投した。日米野球での川尻は無双だった。

「日米野球で、僕のことを覚えていてくれる人は多いですね。たぶんね、誰も知らない記録を僕は持っているんです。14回だったか、15回だったか連続無失点記録なんです。カート・シリングと投げ合ったときは8回1／3、次の試合が6回まで無失点でしたから。でも、悲しいかな、ほとんど知られていないんですけどね（笑）」

Tigers
19
Tigers
25

野村克也がタイガースに遺したもの

翌99年には、監督に就任したばかりの野村克也に「タイガース初勝利」をプレゼントもした。

スワローズで黄金時代を築いた名将の就任は川尻にとっても刺激となった。

「スタートダッシュに成功して、〝もしかしたら強くなれるかな？〟という期待感はありました。野村さんが監督ということで、相手が勝手に警戒して墓穴を掘ったりすることも多かったしね。ただ、元々の実力はないから、結局は実力差がハッキリ表れてきて、後半戦にはまったく勝てなくなりましたけどね（笑）」

野村と言えば、選手に対する規律が厳しく、「茶髪、ひげは厳禁」というのは有名な話だ。

「でも僕、野村さんに反抗したことがあるんですよね……」

二軍生活が続き、一軍昇格を目前に控えた頃、コーチに呼ばれた。「ひげを剃れば一軍に上げる」と言われた。

「でも僕は剃りたくなかったから、コーチに向かって、〝新庄の茶髪はいいんですか？〟って聞いたんです。コーチは慌てていましたね（笑）。だって、ひげがあるから打たれる、ひげを剃ったら抑えられるってわけじゃないでしょ？」

監督に反抗的な態度を取れば、試合出場の機会を失うことになるかもしれない。もちろん、それは承知していた。しかし、自分で納得できないことはしたくなかった。

「当時も今も、〝監督に反抗したら干されるかもしれない〟という不安はないですよ。だって、プロの世界は自分の技術がすべてだから。それ以外ないんだから。例えば、新庄くんが日本ハムの監督になって、清宮（幸太郎）くんに、〝もっと痩せなさい〟って言ったり、立浪（和義）くんが若手に対して、〝ひげを剃れ〟と言ったりするのは、成績を残していない選手に対して、〝意識を変えなければ、何も変わらないぞ〟というメッセージですよ。でも、野村さんの場合は誰彼関係なく、みんなにそれを当てはめようとしたんです……」

その口調が、少しずつ熱を帯びる。

「……でも、中にはそれに当てはまらない人もいるはず。だから、〝オレには関係ねぇよ〟と、僕は考えていました。それで成績を残せなければ切られるだけ。そういう世界に生きているんだから。ずっとそう思っていましたけどね」

このときはコーチの必死の説得もあって、ひげを剃って無事に一軍に昇格したが、野村もまた「3年連続最下位」という屈辱とともにチームを去ることになる。

「結局、ひげを剃ることにしたのはその日の試合に投げたかったから。結果的には負けちゃったんだけど、やっぱり、プロ野球選手だから投げないことには何も始まらないから。野村さんも〝タイガースを優勝させたい〟という思いでやってきたんだと思うけど、正直、うまくいかなかったですよね。ただ、野村さんが来る前には手も足も出ない情けない試合も多かったけど、それは減りましたよね。負けるにしても、試合内容はよくなっていましたから。選手たちも頭を使うようになっていきましたからね」

後に「暗黒時代」と呼ばれることになる90年代タイガースだったが、この間の川尻は96、98、00年と隔年で二ケタ勝利を挙げた。チームは低迷期にあったが、川尻は確かに存在感を発揮していた。彼の活躍は、暗黒時代の希望の光でもあったのだ。

2リーグ12球団制存続のために

星野仙一が監督となり、タイガースは03年に優勝する。しかし、この年の川尻は2試合に登板して1勝1敗に終わっている。

「星野さんが監督になって戦力が整って、チームの雰囲気はガラッと変わりましたね。野村監督時代に出番を失っていた今岡（誠／現・真訪）や坪井（智哉）もヤル気を見せ始めたし、金本（知憲）、伊良部（秀輝）も加わったし。だけど僕自身は、故障もないのに出番もなくてね。優勝の瞬間も、〝球場に来い〟って言われたけど、自分が投げてもいないのに球場に行くわけにはいかないから断ったんだよね。メシでも食ってたのかな？　優勝の瞬間は後に映像で見たけど、今から思えば行っておけばよかったかな（笑）」

優勝を決めた03年オフ、戦力外通告を受けた。

半ば覚悟していたことだった。すでにタイガースに居場所はなかった。縁があってバファローズに移籍することが決まった。

「近鉄ではローテ争いにも勝って、ローテーション入りをしました。パ・リーグ相手に投げるのは初めてだったけど、意外と抑えることもできて、自分でも〝まだいけるぞ〟という手応えはありましたね」

出番も与えられ、心機一転、気合いに満ちていた頃、「近鉄身売り報道」が球界を席巻する。後に「球界再編騒動」と呼ばれる1リーグ10球団構想である。球界を揺るがす一大事だった。移籍したばかりではあったが、川尻の行動は早かった。

「球界のことを考えたら、近鉄が消滅して12球団が10球団になることは決していいことじゃないと思いました。誰に頼まれたわけじゃないけど、〝何か動かなければ〟の思いで、練習前後に議員さんやスポンサーを訪ねて署名活動をしました。どうせ自分の現役生活は長くない。だったら、〝球界のために何かしよう〟という思いが強かったんです」

しかし、バファローズの主力選手たちの反応は鈍かった。「近鉄がなくなったら、他のチームで頑張ればいい」と考えていたからだ。

当時若手だった岩隈久志や選手会長だった礒部公一らとともに「12球団制存続」へ駆けずり回る日々が続いた。練習どころではない。すでに35歳になっていた。「球界への最後の奉公」という意識が強かった。

「議員さんの下に陳情にも行きました。北朝鮮に拉致された横田めぐみさんに関する講演会場に出かけて行ったこともあったし、ファンの方からの署名も集めました。ちょうど僕は二軍にいたので、〝ちょっと議員さんのところに行ってくるので、練習を休みたいんですけど〟ってコーチに言うと、〝わかった、練習休んでいいよ〟という感じでした。それで夕方にグラウンドに戻ってきて軽くキャッチボールをする。あの頃はそんな生活でした」

バファローズへの移籍初年度となった04年、川尻は20試合に先発して4勝9敗という成績を残している。満足に練習ができない中での精一杯の結果だった。

こうして、川尻らの奮闘の甲斐あって、東北楽天ゴールデンイーグルスが誕生し、現在に至るまで2リーグ12球団制は堅持されることになった。

「別に自分が何かをやったとは思わないけど、今もこうして12球団でプロ野球が行われているのは嬉しいですよね」

どうして、タイガース出身の彼は「バファローズ存続」のために、ここまで身を粉にして奮闘することができたのだろう？　そんな質問を投げかけると、穏やかな表情で、川尻は淡々と繰り返した。

「さっきも言ったように、正直、〃近鉄のために〃というよりは、〃球界のために〃という思いが強かったのが事実です。12球団あるものが11球団になり、10球団になるかもしれない。もしもそうなったら、選手はもちろん、コーチや裏方さんたちが行き場をなくしてしまうし、ファンの人たちだって悲しい思いをする。それは決していいことではないですよね。どうせ自分の現役生活は、それほど長くはないのもわかっていたから、自分としては、〃ここは動かなくちゃいけないだろう〃、ただそう思っただけですよ」

何も気負いのない自然体で川尻は言った。

「ここがオレのスタジアム、ここを大切にしていく」

05年、50年ぶりの新生球団となる、東北楽天ゴールデンイーグルスが誕生した。川尻もその「一期生」として名を連ねることになった。

「オリックスは僕のことを必要としていないのはわかっていたから、初めから楽天に行くつもりでした。ただ、あの年はキャンプで大ケガをしたんです。肉離れをしてまったく走れなくなってしまった。肩やヒジは何ともないんだけど、走れないから思うように身体が動かない。まったく思い通りにならなかったですね」

　この年は2試合に登板し、0勝1敗、防御率8・64という成績に終わっている。田尾安志監督の期待に応えることはできなかった。

「二軍にいて、〝もう一軍には呼ばれることはないんだな……〟と思っているときに上に行くことになったんです。調子もよくなかったし、気持ちも乗っていない状態で投げても、やっぱり結果は出ないですよ。もちろん悪いのは自分自身なんだけど、結局それで戦力外通告を受けることになりました……」

　トライアウトを受けたものの、どこからも誘いはなく、「このとき、野球を辞めようと決めた」という。11年間のプロ生活は、自分でも納得のいくものだった。

「自分では〝よくやったな〟と思うし、〝やり切ったな〟という思いが強いです。そんなたいした成績は残していないけど、ノーヒットノーランも達成したし、日米野球でも活躍することができた。今でも、自分のことを覚えていてくれる人もいるし、すごく充実したプロ生活だったと思いますよ」

　川尻は、冒頭に掲げた言葉を繰り返した。

　現役生活で忘れられないシーンを問うと、プロ初登板となった95年4月28日、甲子園球場でのスワローズ戦を挙げた。

「最初、古田（敦也）さんを三振に抑えたんだけど、飯田（哲也）が二塁にいる場面で、セットポジションに入って、気づいたら彼が三塁にいてね。走られたことにすら気づいていないほど緊張していました。そう言えば、現役最終年は飯田と楽天でチームメイトでした。キャンプのときのバント練習で彼がサードランナーだったんだけど、彼のフェイントに騙されてスパイクの刃が人工芝の切れ目に引っかかったことで、右足を大ケガしたんです。飯田に始まって、飯田に終わった野球人生でしたね（笑）」

その笑顔は清々しい。現役生活において、何も悔いがないことを物語っているようだった。前述したように、現在は東京・新橋でプロ野球ファンをターゲットにした居酒屋で日々奮闘している。コロナ禍で苦しんだ日々もあったが、やりがいは大きい。

「ここはオレのスタジアムだから。ここを大切にしながら、今できることを一生懸命頑張っていく。それだけですよ」

コロナ禍も無事に乗り切った。２０２３（令和５）年は、古巣・タイガースの38年ぶりの日本一もあって、連日の満員が続いた。ようやく店も軌道に乗った。

「今はここでの生活がとても楽しいです。多くの野球ファンに囲まれて、毎日を楽しく過ごせています。新橋という場所を選んだのも、東京駅に近いからです。ここなら大阪の人でも来やすいんじゃないかって」

現役時代には、常に淡々と、そして飄々とマウンドで投げ続けていた。そして現役晩年には、人知れず「2リーグ12球団制」存続のために尽力した。球界を守った一人でありながら、そんなそぶりは微塵も感じさせない。

現役時代と変わらぬ穏やかなたたずまいで、川尻哲郎は今日も店に立っている。

かわじり・てつろう
1969年1月15日生まれ、東京都中野区出身。日大二高から亜細亜大学、日産自動車を経て94年ドラフト4位で阪神タイガース入団。98年ノーヒットノーラン達成、日米野球に三度出場するなど独特のサイドスローで活躍。近鉄、楽天と移籍し、05年シーズン限りで引退。右投右打、身長178cm・体重90kg。

【投手成績】

年度	所属	登板	勝利	敗北	セーブ	投球回	防御率
1995	阪神	29	8	11	0	148	3.10
1996	阪神	37	13	9	1	157.1	3.26
1997	阪神	32	5	14	2	124	3.92
1998	阪神	25	10	5	0	158.2	2.84
1999	阪神	18	3	5	0	91.2	4.52
2000	阪神	26	10	7	0	136.1	3.17
2001	阪神	21	1	6	0	48	6.38
2002	阪神	15	5	4	0	83.1	3.02
2003	阪神	2	1	1	0	5	9.00
2004	大阪近鉄	20	4	9	0	122.2	4.26
2005	東北楽天	2	0	1	0	8.1	8.64
通　算		227	60	72	3	1083.1	3.65

新浦壽夫

ビールとサイダー

HISAO NIIURA

伝説の「サイダー茶漬け」は、実はキリンレモンだった

取材現場のレストランに着席するとすぐに、新浦壽夫は言った。

「ちょっとビールをもらっちゃおうかな……」

大のビール党だということは聞いていた。同時に、長年の糖尿病患者であることも知っていた。ふと、素朴な疑問を口にした。

「今もインスリンを打っているのですか？」

間髪入れずに、「もちろん打っていますよ。死ぬまで打ち続けるわけだから」と新浦は言う。店員がビール瓶を運んでくると、「手酌は慣れていますから」と言い、自らグラスに注ぎ始めた。黄金色の美しい液体をひと口含むと、「これを呑んだら、つい口が軽くなっちゃうな」と、実にいい笑顔でほほ笑んだ。

「僕はビールが大好きなんだけど、1日に500ミリリットルを2本まで。時間は19時から23時までの間と決めているんです。たまには外で呑みたくなることもあるけど、酔って家まで帰るのも面倒だしね。だから、無茶な呑み方は何もしていませんから」

時刻は14時――。まるで、医者に弁明するかのような姿がおかしかった。

初めに尋ねたのは、昭和のプロ野球ファンにとって、あまりにも有名な「ある逸話」について

である。

ご飯にサイダーをかけて食べる——。

当時のエース新浦について、昭和時代の巨人ファンの間でまことしやかに流れていたエピソードだ。子ども向けの野球本にも紹介されていたため、今でも「新浦＝サイダー茶漬け」の印象を持つ者は多い。グラスを傾けつつ、楽しそうに新浦が口を開いた。

「最初にそれを言い出したのは牧野（茂）さんでしたね。札幌遠征時の昼食の際に、のどが渇いていたのでキリンレモンを飲みました。その瓶を横に置いたままお茶漬けを食べているときに、〝お前はご飯にサイダーをかけて食べるのか？〟と、牧野さんが口にしたひと言がオーバーに伝わったんです。この一件以降、コーラやサイダーの類はほとんど飲んでいないのに、あまりにもその印象が強いせいか、〝新浦はサイダー茶漬けのせいで糖尿病になったんだ〟と言われることも多いですね（笑）」

「サイダー」と言われていたから、てっきり「三ツ矢サイダー」だと思っていたのだが、真相は「キリンレモン」だったのだという。

この問答をきっかけとして、終始和やかな雰囲気でインタビューは始まった。

1976（昭和51）年から79年にかけて4年連続で二ケタ勝利を記録。第一次長嶋茂雄監督時代のエースとして活躍した。

しかし、長嶋が監督に就任した75年には２勝11敗という屈辱を味わっている。球団史上唯一の最下位に終わったこのシーズン、長嶋はどんなに打たれても、「ピッチャー新浦」と審判に告げ続けた。防御率は３・33と決して悪い数字ではなかった。それでも、大事な場面で痛打を喫し、黒星が積み重なっていく。「ジャイアンツが低迷しているのは、すべて新浦のせいだ」という風潮が日に日に強まっていく。

マスコミは「ノミの心臓」と揶揄し、新浦の名前がコールされると、球場全体からため息が湧き起こるほどだった。

「この頃、球場中からヤジを浴びました。〝新浦、引っ込め！〟なら、まだマシでした。子どもたちからも、親のマネをして〝朝鮮に帰れ！〟と言われることも何度もありましたし、〝最下位になった戦犯〟とも言われましたね……」

本人の言葉にあるように、51年５月11日、在日韓国人として生まれた。

「身体が大きかったから」という理由で中学時代から本格的に野球を始めると、すぐに才能が開花。静岡商業高校定時制から全日制に編入した68年夏にはエースとして甲子園に出場し、あっという間に準優勝投手となった。

しかし、甲子園大会終了後に「その騒動」は起こった。

「秋の国体が始まる前に、スポーツ新聞で《新浦は韓国籍だ》と報道されました。当時の規定では日本国籍を持つ者しか国体には出られませんでした。なぜ、台湾籍の王（貞治）さんや、韓国籍の金田（正一）さんの時代に変更してくれなかったのか……。当時は寂しさを感じていました。結局この騒動によって、次の年からは規定が変わったんです」

そして、この一件が新浦の運命を大きく変えることになる。

メジャー球団も「新浦争奪戦」に参加

当時の規定では、外国籍を有する者はドラフト制度の対象外となっていた。獲得に際しての障壁はない。真っ先に声をかけてきた球団があった。

「僕のところに直接連絡がきたわけではないけど、まずサンフランシスコ・ジャイアンツが獲得に乗り出したと報道されました。それを受けて、国内の巨人、中日、広島、大洋、東映、西鉄のスカウトが殺到しました。当時、うちはすごく貧乏だったので、弁護士だった叔父にすべてを任せて、条件のいい球団を最優先にしました。そして、どういう経緯なのかまったく知らないまま巨人入りが決まりました」

当時の高校生にとっては珍しいことだが、それまで新浦はまったくプロ野球に関心がなく、王も長嶋も「よくわかっていなかった」という。

「巨人軍の内情も知らないし、選手の名前も知りません。監督が川上（哲治）さんであることも知らなかったし、ONもよくわかっていなかった」

こうして、新浦は高校を中退し、68年シーズン途中の9月9日に入団発表を行う。当時の規定である1000万円に、さらに800万円を上乗せした1800万円の契約金を手にすることになった。8月22日の甲子園決勝から、わずか18日後の出来事だった。

入団会見では、記者から「尊敬する選手は？」と問われ、「金田正一さんです」と答えている。まったくプロ野球に関する知識のなかった新浦は、金田のことなど何も知らなかった。事前に球団職員から提示されたシナリオ通りの発言をしただけだった。

こうして、翌日のスポーツ新聞紙上には「金田二世」の文字が躍った。在日韓国人であり、左投げでもある新浦とイメージをダブらせたのだ。

その直後には、当時ジャイアンツに在籍していた金田から声をかけられた。一緒に食事をし、そのまま銭湯に行き二人で湯船につかった。金田が言った。

「お前はワシと体形がよぅ似とる。胴が長くて、足が短い。おまけにサウスポーも一緒だ。いいピッチャーになるぞ」

やはり、翌日の新聞にも「金田二世」と大きく掲載されたが、当の新浦自身はただただ困惑することしかできなかった。

「金田さん本人が言ってきたのか、新聞記者がセッティングしたのかはわからないけど、プロで通用する自信なんかまったくないですよ。だって、このときにはすでに肩を痛めていましたから。その後も、一切ボールを握らずにランニングばかりしていたから、周りからは〝契約金泥棒だ〟なんて言われましたね」

このときはまだ17歳だった。焦る必要はない。じっくりと治せばいい。

それが、当時の川上哲治監督の考えだった。

ジャイアンツ史上唯一、最下位の「戦犯」に

プロ２年目となった69年、左肩の痛みはさらに増していた。球団と相談の上、腕のいいトレーナーのいる広島で治療を続けていたところ、「新浦・蒸発」と騒がれた。広島では時間を持て余していたので、整体師の勧めで近所の酒屋の仕事を手伝っていたところ、「新浦・アルバイト」と大きく報じられた。２０２４（令和６）年４月時点で、Ｗｉｋｉｐｅｄｉａにも、そのようにハッキリと明記されている。しかし、新浦は首を横に振る。

「アルバイトというのは、その店からお金をもらうことを言うんです。でも僕は、お金はもらっていないし、時間があったからお店を手伝っただけですよ。《サイダー茶漬け》の一件もそうだ

新浦壽夫

し、後に〝新浦・覚醒剤使用か？〟と騒がれた一件もそうだし、マスコミには不信感しかないですね。だけど、実力があれば新聞記者も僕に何も言えなくなる。実力がないから叩かれる。その思いはとても強くなりましたし、今でもそう思っています」

飛躍のきっかけは、プロ3年目となった70年秋に参加した、ロサンゼルス・ドジャース傘下のベロビーチキャンプだった。

「青田昇さんに連れられて、僕と山内（新一）さんと、倉田（誠）さんとアメリカに行きました。このときにトミー・ラソーダからカーブを教わったんです。握りと投げ方を指導されて投げてみたら、すごく落差が大きく曲がりました。不思議なことに、まだ肩は痛かったはずなのに、このカーブを投げてるうちに肩の違和感がなくなっていったんです。それで翌年春の宮崎キャンプで一軍に合流することができました」

初めての一軍キャンプでは、大スター本人の希望により、長嶋茂雄を相手にバッティングピッチャーを務めることになった。新浦の白い歯がこぼれる。

「緊張したまま投げたら、いきなり長嶋さんのヘルメットをかすめる大暴投。それですぐに、〝新浦、もういい〟っていうことで降板させられて、その翌日には二軍がキャンプしている都城に落とされました。まさに、これがホントの都落ちでした（笑）」

それでも、この年は先発ローテーションの一角に食い込み、73年には3勝、翌74年は7勝6敗

1セーブで、ジャイアンツのV9にも貢献することとなった。
そして、74年限りで長嶋が現役を引退し、そのまま監督に就任するものの、就任1年目となる75年は球団史上初となる最下位に沈んだ。
この年、新浦は37試合に登板して2勝11敗に終わっている。このときの心境について、現役引退後に発売された『ぼくと野球と糖尿病　海を渡ったエースの闘病記』（文藝春秋）には、次のような記述がある。

ペナントレースの早い時期に優勝は逃げていった。
長嶋監督は、すでに来年の構想を考えていたのかもしれない。左のピッチャーを作らなければと。また私をピッチャーとして一本立ちさせようという恩情もあったのだと思う。しかし、私は汚い野次を浴びせられるたびに早くマウンドを降りたいと思っていたのだ。

さらに、こんな描写が続く。

七月下旬のある試合で「ピッチャー新浦！」に対して後楽園の観客席全体からブーイングが沸き上がった。マウンドに歩いていくとき、スタンドの通路を、蟻の行列のように並んだお客さんが帰っていく姿が見えた。

ああ、もうこれで終わりだなと思った。

改めて、この1年を振り返ってもらった。

「僕が投げれば負ける。たとえ抑えても、チームが負けたら、〝新浦のせいで負けた〟と言われる。試合途中にベンチからブルペンに向かうときには、〝お前、風呂にでも行くのか？　戻ってこなくていいぞ〟とヤジが飛ぶ。何をやってもダメなシーズンでした」

このままではいけない、何かを変えなければ……。

焦りばかりが新浦の胸の内に広がっていった。

「ケツの穴からヤニが出るまでタバコを吸え」

心機一転頑張るために、新浦が選んだのが「願掛け」だった。

「やっぱり、そのままでは絶対にダメだから、年が明けた1月1日から、願掛けをすることにしました。でも、大好きなお酒はやめるわけにはいかない（笑）。だから、タバコをやめることにしたんです」

タバコをやめて臨んだ春季キャンプにおいて、長嶋監督に呼び止められた。それは、いかにも長嶋らしい意外な提案だった。

「タバコをやめたことで少し太ったんです。すると長嶋さんに、〝どうしたんだ、その身体は？〟と尋ねられたので事情を説明したら、ものすごく怒られました……」

長嶋が言うには、「そんなことは関係ないから、どんどんタバコを吸え！」という意外過ぎる提案だった。

「……そして、〝ケツの穴からヤニが出るまでタバコを吸え〟って言われました（笑）。でも、結果的にそれがよかったんです。一度、筋肉が太くなって、そこから締めたことが理由なのかどうかはわからないけど、球の勢いが増して、球威が出てきたんです」

前述したように、長嶋監督時代に新浦の才能は開花する。

77年、78年には最優秀防御率のタイトルを獲得し、76〜79年にかけて4年連続でオールスターゲームに出場する。しかし77年、平和台球場で「ある事故」が起こった。

試合前の練習中、打球が新浦の右目を直撃したのである。

すぐに病院に駆けつける。あと数ミリずれていれば失明に至るという惨事ではあったが、幸いにして網膜には何も異常はなかった。

「すぐに長嶋さんがお見舞いに駆けつけてくれました。いきなり〝奥さん、妊娠しているだろう?〟って言うんです。何も心当たりはなかったけど、その直後に妊娠がわかりました。しばらくして男の子用の兜が長嶋さんから贈られてきました」

生まれてきた子どもは男の子だった。

「どうして、長嶋さんは性別までわかったんだろうね(笑)」

白い歯をこぼして、新浦は美味しそうにグラスを傾けた。

長嶋に勧められた韓国球界入り

80年シーズンを最後に長嶋が巨人を辞すると、後任の藤田元司監督時代には、江川卓、西本聖が台頭する。左肩、左ヒジ痛に悩まされていた新浦の出番は目に見えて減っていき、ローテーションの谷間に、ようやく先発機会をもらえる程度となった。

転機をもたらしたのは、当時評論家の長嶋だった。83年、シーズン終盤のことである。

「長嶋さんに食事に誘われて行ってみると、〝韓国でプレーしないか?〟って言われました。食事の席には韓国のサムスン関係者も同席していました……」

前年の82年に韓国プロ野球は誕生した。リーグ2年目となる83年シーズンにはジャイアンツ、南海ホークス、さらに広島東洋カープに在籍した福士敬章(松原明夫)が30勝16敗と大活躍していた。彼もまた在日韓国人だった。

「僕の憶測ですけど、福士さんの活躍があったので、サムスンとしては〝在日韓国人投手を獲得しよう〟となって、長嶋さんに話を持ち込んだんだと思うんです。でも、当時の僕はすでに帰化していましたから」

子どもの将来のことを考え、長男誕生時に新浦は日本国籍を取得している。その際に尽力したのが立川談志だった。

「うちの家内がまむしプロで毒蝮三太夫さんのマネージャーだった関係で、当時参議院議員だった談志さんがいろんな人を紹介してくれて帰化できました。そもそも韓国語もしゃべれないし、韓国球界には何も思い入れはありませんでした」

しかし、ジャイアンツにはすでに居場所はなかった。内心では「巨人の新浦で終わりたい」と願っていたものの、現実は厳しかった。新浦は韓国行きを決意した。

糖尿病を隠して日本球界復帰

初めての韓国での生活はとまどうことだらけだった。苛烈な練習環境の中、「日本野球を韓国に伝えたい」との思いで奮闘した。在日韓国人でありながら、すでに国籍は日本人になっていた。

韓国語はしゃべれず、韓国文化には何もなじみがない。前掲書には、次のような記述がある。

日本の一部の球場でも汚い野次が外国人選手に浴びせられるが、「パンチョッパリ」（半日本人）に代表される同様の罵声が口汚く飛びかうのである。


それでも、84〜86年の3シーズンで54勝20敗3セーブという記録を残した。これが、異文化の中で奮闘した新浦の3年間の成果だった。

韓国滞在中に膵臓はインスリンを分泌する機能を失い、自ら注射する生活が始まった。病気のために痩せてしまったことで、韓国のスポーツ紙では「覚醒剤を打っているのでは?」と報道されたこともある。

「円形脱毛症にもなったし、ストレスが原因となって糖尿病にもなりました。ここから、僕と糖尿病とのつき合いが始まることになりました」

契約満了となった86年シーズンオフになると、大洋ホエールズ、日本ハムファイターズ、そして古巣のジャイアンツから日本球界復帰の打診が届いた。それぞれ一様に心配していたのが、新浦の「激ヤセ報道」だった。糖尿病の影響もあって、傍目に見てわかるほど痩せこけ、「覚醒剤使用か?」という報道が常態化していたのだ。

「糖尿病であることは隠していたので、そんな報道もありました。韓国に来たときには、〝もう二度と日本でプレーすることはないだろう?〟と思っていたのに、〝もう一度、日本でプレーがしたい〟という思いが再燃しました。巨人に戻るつもりはなかったので、大洋に行くことにしました。そのときには糖尿病のことは隠していましたね」

本当の病状を隠しつつ、35歳での日本球界復帰。それでも新浦は結果を残した。日本球界復帰初年度となる87年には11勝12敗でカムバック賞も獲得した。

その後は92年から福岡ダイエーホークス、その年のシーズン途中にヤクルトスワローズに移籍して、この年限りでひっそりと引退した。

「完全燃焼と言えば完全燃焼じゃないですかね。僕の野球人生は、川上監督が頑丈な土台を築き、長嶋さんが雨風にも耐えられる太い柱を作り、自分の頑張りで外壁や内装を完成させた。そんな野球人生だったんじゃないのかな?」

川上や長嶋の支えとともに「日韓両国で作り上げた一軒の家」——24年間のプロ野球人生を、新浦はそんな言葉で総括した。

「ごちそうさまでした……」

実に美味しそうに最後のひと口を呑み干した。

慢性的な左肩の痛みを抱えつつ、失明の危機を乗り越えた。腸閉塞となり、血行障害を発症し、インスリン注射を打ち続けてつかんだ日韓通算170勝左腕は、「それじゃあ」と発して、静かに店を出て行った――。

にうら・ひさお
1951年5月11日東京都世田谷区生まれ、静岡県育ち。68年、静岡商業高校1年生エースとして夏の甲子園準優勝。同年9月9日にドラフト外で巨人入団が発表された。最優秀防御率(77年、78年)、最多奪三振（79年)、最高勝率（77年)、最優秀救援投手（78年)。韓国サムソン、大洋、ダイエーを経て92年ヤクルトで引退。左投左打、身長183cm・体重80kg。

【投手成績】

年度	所属	登板	勝利	敗北	セーブ	投球回	防御率
1971	読売	19	4	3	-	58.1	2.02
1972	読売	5	0	0	-	3.2	15.75
1973	読売	21	3	3	-	83.2	3.43
1974	読売	26	7	6	1	119.2	2.63
1975	読売	37	2	11	0	108	3.33
1976	読売	50	11	11	5	197.1	3.11
1977	読売	44	11	3	9	136	2.32
1978	読売	63	15	7	15	189	2.81
1979	読売	45	15	11	5	236.1	3.43
1980	読売	18	3	4	1	69	3.78
1981	読売	14	0	5	0	58.1	3.41
1982	読売	27	6	6	0	117	4.08
1983	読売	31	3	2	0	67.1	3.21
1987	横浜大洋	25	11	12	0	152	4.26
1988	横浜大洋	29	10	11	0	160.1	4.32
1989	横浜大洋	28	8	13	0	175	3.39
1990	横浜大洋	42	6	10	2	140	3.79
1991	横浜大洋	47	0	1	1	53.1	3.21
1992	福岡ダイエー	7	0	1	0	9	6.00
1992	ヤクルト	14	1	3	0	25.1	7.46
通　算		592	116	123	39	2158.2	3.45

小松辰雄
スピードガンの申し子

TATSUO KOMATSU

「宇野ヘディング事件」を密かに喜んでいた

「プロ入りして最初のキャンプ。ブルペンで先輩たちのピッチングを見て、〝あっ、勝ったな〟って思ったよね。完成度で言ったら、今の髙橋宏斗には全然勝てないけど、スピードだけなら間違いなく勝っていたから」

スピードガンの申し子――。

それが、中日ドラゴンズのエースとして活躍した小松辰雄のニックネームだ。スピードガンが普及し始めた頃、150キロ台の速球を投じるピッチャーは小松の他にほとんどいなかった。星稜高校時代から豪速球投手として注目を集めていた小松は、1977（昭和52）年ドラフト2位でドラゴンズ入りした。

「希望はセ・リーグだったね。ただ、クラウンライター（ライオンズ）が熱心だったみたいで、当時スカウトだった浦田（直治／後の西武編成部長）さんが〝うちは、江川君ではなく小松君を指名する〟と言っていたようだけど」

この年のドラフト会議は、予備抽選で指名順を決めてからの選手指名となっていた。77年ドラフトではクラウンライターが予備抽選1位となり、まずは江川卓を指名した。

「個人的な思いとしてはセ・リーグ希望だったけど、クラウンに1位指名されていたら入っていたかもしれないね。結局は中日の2位指名で、ちょっとゴネたんだよね（笑）。自信もあったし、プライドもあったんで、〝2位なら大学に行く〟って言ったんだけどね。あの年は中日が予備抽選12位で、1位指名は12番目だけど、2位指名は折り返しで1番目だった。そこで、〝何度も入団拒否をしていた藤沢公也を1位にして、すぐに君を2位で指名したんだ〟と説明を受けてね。その代わり、契約金、年俸は東洋大姫路から阪急（ブレーブス）に1位指名された松本正志と同じにしてもらうことで入団を決めたんだ」

しかし、冒頭の発言にあるように、当時のドラゴンズ投手陣において、早くも「スピードなら負けていないぞ」と確信したことがアダとなってしまった。

「当時の中日投手コーチは一軍が稲尾和久さん、二軍が権藤博さんだったね。1年目のキャンプで稲尾さんに〝放ってみるか？〟と言われてブルペンで投げたんだけど、夏以来ほとんど投げていないから肩も軽くてガンガン投げて。そしたら〝速いな〟ってみんな集まってきて。それで調子に乗って投げていたら、肩を壊しちゃってね（笑）。その後、内臓も痛めて、本格的に野球ができるようになったのが1年目の夏過ぎのことだったな」

プロ初登板は78年10月4日。ヤクルトスワローズが初優勝を決めた神宮球場での一戦となった。この試合で四番手に登場した小松は2回を無失点に抑えた。

「実はこのときはまだ肩が痛かったんだけど、コーチとしては1年目から雰囲気だけでも慣れさせたかったんじゃないのかな。最初のバッターが杉浦（享）さんで、三振に抑えたことはよく覚えているな。この日は完璧に抑えたけど、次の試合で広島の（ジム・）ライトルに満塁ホームランを打たれて、それで1年目の防御率は11点台（11・25）になっちゃった（笑）」

プロ初勝利は2年目の79年4月11日、ナゴヤ球場での対スワローズ戦だった。

「1年目にケガをしたから、〝2年目は最初から飛ばそう〟と思って、自主トレからガンガンやっていたら、キャンプのときには前年のユニフォームが小さく感じるぐらい身体もできていたので自信はあったよね。この試合は8回途中から登板して抑えて、高木（守道）さんの勝ち越しホームランで勝利投手になったんだよね」

満足に登板できるようになったプロ2年目には6勝9敗16セーブ、翌80年こそ1勝に終わったものの、プロ4年目となる81年には12勝6敗11セーブを記録し、プロ選手としての自信をつかんでいく。この頃にはスピードガン表示も広く普及し、小松のストレートはファンの注目を集めるようになっていた。

81年9月21日、後楽園球場での対読売ジャイアンツ戦は、今でも語り草となっている。この日、小松はジャイアンツの連続試合得点記録を174でストップしたのだ。

「巨人の連続得点が165試合ぐらいのときに、星野（仙一）さんが〝この記録を止められるのはお前か平松（政次）しかいない〟って言ったんだよね。それで星野さんが〝オレとお前のどちらかが止めようじゃないか。よし、10万円賭けよう！〟って。こっちは一度も完封なんてしたことがないけど、断るわけにいかないから、その誘いに乗ることにしたんだよね。でも、一度星野さんが完封寸前までいったことがあったんだけどね。ほら、あの宇野さんのプレーがあった日だけど……」

後に『珍プレー』として何度も放送される「宇野ヘディング事件」があったのは81年8月26日、同じくジャイアンツ戦でのことだった。

「あの日、7回まで2対0で勝っていたんだよね。で、7回裏ツーアウト二塁だったのかな、代打の山本功児さんがショートフライを打ち上げて〝チェンジだ〟と思った瞬間に、宇野さんの頭に当たってボールが転々としている間にランナーがホームインして。僕はホテルのテレビで見ていて、完全に〝星野さんにやられた〟って思って10万円の心配をしていたんだけど、あのプレーの瞬間、思わず〝やった！〟って、ガッツポーズが出た（笑）。試合には勝ったし、連続得点記録は続いたし、僕にとってはいい試合だったよね」

そして、小松は9月21日にジャイアンツの記録をストップした。

「調子はよかったんだよね。星野さんから〝巨人はお前のスライダーを狙っている〟とアドバイスをもらっていたから、前半はストレート中心で攻めて、後半からスライダーに切り替えて。星野さんにも〝よくやった〟と褒められた忘れられない試合だね」

星野仙一引退後、自他ともに認めるエースに

82年、ドラゴンズは念願の優勝を果たす。そしてこの年、セ・リーグ優勝を置き土産に星野は現役を引退した。小松にとっては忘れられないシーズンとなっている。

「82年は開幕戦と最後の優勝決定戦、この2試合しか先発していないんだよね……」

その理由を尋ねると、小松は「花粉症だ」と口にした。

「キャンプのときに風邪を引いたんだよね。今思えば、花粉症だったと思うんだけど、当時はそんな言葉もなかったからね。オープン戦もずっと体調が悪かったんだけど、近藤（貞雄）監督が〝開幕、投げろ〟と言うから、断るわけにもいかないんで投げたけど、序盤で5点取られて負けちゃってね。その後、名古屋でミニキャンプをしたんだけど、そこで内転筋を断裂してオールスター明けまで投げられなかった」

シーズン途中に復帰すると、リリーフとしての起用が多くなる。

「最初は中継ぎから復帰して、リリーフだった牛島（和彦）がヒジを故障したので、僕が抑えになって。そして、優勝がかかった最終戦。〝先発がいないぞ〟っていう状況だった。そうなったら

〝オレしかいないだろ〟っていうんで志願して先発したんだけどね。試合当日の練習前、投手陣がレフトに集められて、ピッチングコーチの権藤さんが〝今日、先発だと思う者、手を挙げろ〟と言うわけ。で、僕が手を挙げたら〝じゃあ、お前、投げろ〟って言われてね」

このとき、他の投手は誰も手を挙げなかったという。それは、誰もが「ここは小松しかいないだろう」と考えていたからだ。星野が現役を引退したことにより、当時の小松はすでに自他ともに認めるエースとなっていた。

この試合では、選手の緊張を和らげるために、近藤監督が試合前に選手たちにビールを呑ませたというエピソードが流布している。

「うん、そうだったみたいだね。僕は先発だからブルペンにいたけど、ロッカーでは呑んでいた選手もいたみたい（笑）。でも、僕はものすごく冷静だったことを覚えてる。先頭の山下（大輔）さんにいきなり初球をツーベース打たれたんだよね。そこで、先制点を与えるのがイヤだったから、一塁を埋めるために二番の高木豊にわざとフォアボールを与えたんだよね。二番でサードに送られて、三番で外野フライを打たれるのがイヤだったから、自分の判断で二番を歩かせた……」

本人が語る心理描写は、やはり具体的だ。

「……それなのに、すぐにベンチから投手がブルペンに向かったけど、頭の中では〝行かなくてもいい、大丈夫だから〟と考えていて、自分でも〝今日は冷静だな〟と思ったことを覚えている

Dragons
77
Dragons
20

ね。そして三番の基（満男）さんを仕留めてゼロに抑えて、その後はスイスイ進んで2安打完封。狙い通りだよ（笑）」

こうして小松は胴上げ投手となる。

「今は抑えが胴上げ投手になる時代でしょう。それだけに、先発完投して、胴上げされたのはいい思い出ですよ。それに、その後中日が優勝するたびに、このシーンを何度も流してもらえるのもよかったよね（笑）」

シーズン終了直後、息つく暇もなく日本シリーズが始まった。相手は、就任1年目でパ・リーグを制した広岡達朗率いる西武ライオンズだ。

小松はシリーズ開幕を託されたものの、白星を挙げることはできなかった。トータルで3試合に登板して1勝2敗、チームも2勝4敗で涙を呑んだ。

「10月18日にセ・リーグ優勝して、日本シリーズが23日開幕でしょ。中4日しかなくて、満足に練習もしていないし、情報もないし、疲れもあるし、厳しかったね。中4日で初戦の先発をしたけど、みんな疲れ果てていて、まったく試合にならなかったから。忘れられないのは第5戦。平野（謙）さんのライト線に抜ける打球が審判に当たってセカンドゴロになってアウトになった場面。あれで流れがガラッと変わっちゃったからね。あれは忘れられない《昭和の珍事件》だったよね」

このシーンもまた、後に『珍プレー』で何度も流されることとなった。

幻に終わった「落合・小松」トレード

84年からは杉下茂、権藤博、星野仙一ら歴代エースが背負った背番号《20》を託され、小松は自他ともに認めるドラゴンズのエースとなった。

「自分の頭の中では〝次に《20》をつけるのはオレしかいない〟とは思っていたよね。ちょうどそのときに、享栄高校の藤王(康晴)が入ってきて、球団から〝藤王に背番号《1》を与えたいんだけど、お前が《20》をつけないと、藤王にあげられない〟と言われてね、それで星野さんに電話をしたんだよね」

このとき星野は「背番号《20》を背負える自信があるのならつけろ」と言ったという。当時すでに、「オレはエースなんだ」という自覚と自負が、小松には芽生えていた。

「それで〝じゃあ、つけます〟と言って、《20》になったんだよね。他につけられる選手はいなかったし、自分でも自信があったしね。82年に優勝したぐらいから、そういう意識は持っていたかな。でも、《20》も、その後、宣銅烈や川崎(憲次郎)が背負ったでしょ。外国人のリリーフピッチャーがつけたり、4年間で0勝のFA投手がつけたり、あるいは新人の中田賢一にこの番号を渡したでしょ。それでちょっと意味合いが変わってきたけどね。この番号は新人に渡すような番号じゃないんだから」

04年ドラフト2巡目で中田賢一がドラゴンズに入団し、背番号《20》が与えられることが決まったとき、小松は星野に電話をしたという。

「僕が、〝新人に背番号《20》を与えるらしいですよ〟って言ったら、星野さんは〝ほっとけ、そんなもん！〟って言ってたよ。星野さんだって、面白くなかったはずだよ」

星野の引退後には、投手陣のリーダーとしての自覚はさらに強くなり、マスコミからは「小松の親分さん」とも言われていた。

「やっぱり星野さんがそうしているのを見ていたからね。若いヤツを自宅に呼んで料理を振る舞ったり、遠征ではみんなで食事に出かけたり。やっぱり、投手がまとまらないと強いチームにはならないから。そうした振る舞いは自然にできたよね」

そして87年、満を持して星野はドラゴンズの監督に就任する。

就任と同時に敢行したのが、ロッテオリオンズの落合博満と牛島和彦らドラゴンズ4選手による「1対4、世紀のトレード」である。小松が言う。

「でも、実際のところは僕と落合さんの1対1のトレードだったって、後に球団の人から聞いたことがあるんだよね」

小松の話によると、オリオンズからの申し出に対して、星野新監督は「小松は出せない」と突っぱねたという。それを受けて、ロッテサイドは、当時200勝達成を目前に控えていた大エース・村田兆治の「頼れるリリーフエースがほしい」という言葉を受けて、牛島を含む4選手で、この一件を受諾したのだという。

「もし、実現していたら、断れんからね。当然、ロッテに行っていただろうし、そうなったら人生変わっていたよね」

星野仙一と落合博満の確執の陰で……

星野監督の下、小松はエースとして、そして落合は主砲としてチームを支えることになり、監督就任2年目の88年にドラゴンズはリーグ制覇を果たした。

「それまでのドラゴンズには甘さもあったけど、星野さんが監督になってガラッと変わったよね。〝オレが球団の名前をもっと上げてやる〟って言って、監督賞もすごい額だったし。それで選手の目の色も変わったし。それまでの監督とは額が違ったからね」

かつて、山内一弘監督時代には「投手なら10勝したら10万円」程度だった「監督賞」は、星野政権下では毎試合出ることになった。さらに、その額も桁違いだった。

「この年、僕は開幕から3連勝をしたんだよね。完封、完封、完投だったかな? このときの賞金は50万、30万、20万。3試合で100万円もらった。そりゃ、みんな必死になるし、目の色が変わるよね(笑)」

星野監督と言えば「鉄拳制裁」が有名だが、当時すでにエースだった小松は「一度も殴られたことはなかった」と笑い、こう続けた。

「僕は殴られなかったけど、基本的には独身者がやられるんだよ。妻帯者は殴らない。星野さん自身が、〝女房、子どもがいるのに顔を腫らして帰らすわけにはいかんだろ〟って言ってたぐらいだから(笑)。いちばんやられていたのが、キャッチャーの(中村)武志かな。〝打たれるのはお前のリードが悪いんだ〟っていつも怒られてたからね。それで、あいつイップスになってサインが出せなくなってね」

「イップスでサインが出せない」とは一体、どういうことなのだろう?

「サイン交換のときに、一度グーにしてから指を何本か出すじゃない。でも、あいつはグーのままで指が出てこない。それでマウンドに呼んだんだよ、〝どうしたんだよ〟って。そうしたら〝指が下りません〟だって(笑)。打たれたら星野さんに怒られるから、サインを出せなくなっちゃってね。だから、仕方ないから僕がサインを出したよ。いちいち、首を振るとリズムが壊れてイヤだったから。そうそう、あるときなんか、打たれた後にアイツ、マスクをしたままベンチに戻ったこともあったよね。殴られるのをガードするために（笑）」

昭和天皇の病状が連日報じられる中で、星野ドラゴンズは見事に優勝した。しかし、翌1989（平成元）年1月、落合と星野をめぐるトラブルが勃発する。

自主トレ中の落合の発言が「球団批判」、さらには「星野批判」としてマスコミに大きく取り上げられることになった。それを受けて星野も応戦。「ならば引退する」と、落合が発言し、騒動はさらに過熱する。

「突然、星野さんの家に呼び出されて行ってみると、宇野（勝）さん、鈴木（孝政）さんもいて、〝オレが行くとダメだから、お前らが説得してくれ〟と言われてね。それで、翌日には長野の昼神温泉まで行って落合さんを説得しましたよ」

無事に一件落着となった陰には、小松の奔走があったのだ。

94年、納得できぬまま突然の現役引退

星野が去り、高木守道監督が就任した92年に9勝、93年は7勝を挙げたものの、94年は1勝に終わり、この年限りでユニフォームを脱いだ。

故障がちの晩年ではあったが、本人は現役続行を望んでいた中での現役引退となった。

「ずっと足が悪くてダッシュができなくて、スピードも出なくてね……。辞める7年前ぐらいからずっとごまかしながらやっていたからね。そして引退の3年前ぐらいからは先発マウンドに上がるときに全然緊張しなくなって、〝これはまずいな〟とはずっと思っていたね。理由はどうしてだかわからないけど。でも、別に引退の決意を自分からしたわけじゃないんだけどね」

大ベテランではあったが、小松は球団から引退勧告を受けたのだった。

「自分としてはもう1年やりたかったんだけど、総務から電話がかかってきてね。球団事務所に行っても何も言わないんだよ。ただ、〝北別府（学）ももう引退したしな……〟としか言わない。〝それは辞めろっていうことですか？〟と聞くと、〝うーん、まぁ、そうだ〟と。総務に言われるのが納得いかなくて、〝社長に会わせてくれ〟って、社長と一対一で話した。〝小松という選手はもう必要ないんですか？〟と聞くと、〝要らん〟と言われた。それで〝じゃあ、辞めます〟って言ってね」

後から考えれば、「他球団でプレーする道もあったかもしれない」と考えることもなくはない。それでも、本人の言葉を借りれば、「そのときは売り言葉に買い言葉で仕方なかったんだよ」と小さく笑った。

「8月に神宮でノックアウトされたときには、高木監督からは〝お前は来年に備えてファームに行って、今は若手にチャンスをやってくれ〟と言われていたんだけど、それが突然の引退勧告で驚いたよ。何も心の準備をしていなかったから。そうこうしているうちにチームが突然強くなって《10・8》を迎えたんだけどね……」

当時、ジャイアンツ監督だった長嶋茂雄が「国民的行事」と語った伝説の「10・8」決戦。小松はこの日、決戦の舞台となったナゴヤ球場にいたという。

「あの日は球場にいましたよ。巨人は登録されていない選手もみんなユニフォーム姿で待機していたのに、僕は〝スーツで来い〟と言われて私服待機だった。ということは、仮に優勝してもグラウンドに出ていくことができないということでしょ。ビールかけもできない。そういう配慮がなかったので、〝これじゃあ勝てないな〟と思ったよね」

優勝のかかった大一番である。それは、小松にとっての現役最終戦でもあったが、ほとんどの人がその事実を知らなかった。セレモニーも予定されていなかった。

結果的に、小松の引退試合は翌春のオープン戦で行われ、当時オリックス・ブルーウェーブに在籍していたイチローにツーベースヒットを打たれることで幕を閉じた。

「初球がボールだったので、〝フォアボールを出したらシャレにならんぞ〟ということで、ストレートを投げたら、それを打たれちゃった。あと2、3球は投げたかったんだけど、その辺はちょっと空気を読んでほしかったな（笑）」

改めて、自身の現役生活を小松が振り返る。

「最後に関しては、正直言えば不完全燃焼だけど、まぁ、しょうがないよね。今は佐々木朗希が160キロ台を計測する時代だけど、今のピッチャーはみんなでかいし、手も長いでしょ。でも、僕はこの身体でしょ。プロ5年目に内転筋を故障して、最後までテーピングをしながら、自分なりにやってきた。〝まぁ、よく頑張ったな〟と思いますよ」

現役通算122勝102敗50セーブを記録した「スピードガンの申し子」は、17年にわたる自身の現役生活を、そのように総括した――。

こまつ・たつお
1959年5月10日生まれ、石川県出身。星稜高校ではエースとして1976年夏、77年春夏と甲子園で活躍し、ドラフト2位で中日入団。150キロの豪速球を武器に85年には17勝を挙げ投手三冠、沢村賞に輝く。右投右打、身長178cm・体重82kg。

【投手成績】

年度	所属	登板	勝利	敗北	セーブ	投球回	防御率
1978	中日	2	0	0	0	4	11.25
1979	中日	54	6	9	16	97.1	2.69
1980	中日	39	1	5	6	64	3.66
1981	中日	42	12	6	11	152.2	3.06
1982	中日	28	4	4	9	62.1	2.61
1983	中日	35	7	14	5	191.1	3.20
1984	中日	29	11	6	2	186	3.05
1985	中日	33	17	8	1	210.1	2.65
1986	中日	24	7	9	0	138.2	3.50
1987	中日	28	17	6	0	200.1	2.74
1988	中日	24	12	7	0	157.1	3.26
1989	中日	5	0	4	0	24.2	7.66
1990	中日	18	6	5	0	111.2	4.11
1991	中日	23	5	4	0	95.2	4.42
1992	中日	22	9	9	0	125.2	4.80
1993	中日	16	7	4	0	77	3.62
1994	中日	10	1	2	0	41.2	6.26
通　算		432	122	102	50	1940.2	3.44

橋本清
絶望の淵から見えたもの

「野球界から完全に干されてしまった……」

ＰＬ学園時代には、同校初となる春夏連覇に貢献した。１９８７（昭和62）年ドラフト会議では読売ジャイアンツから１位指名され、引退したばかりの「昭和の怪物」江川卓の背番号《30》を受け継いだ。さらに、第二次長嶋茂雄監督が誕生した90年代には「勝利の方程式」の一角として、チームの優勝の立役者となった。

橋本清――。

華々しい経歴を誇る彼が、野球界の表舞台から姿を消してかなりの時間が経過した。２０２２（令和４）年春、橋本は東京・銀座の「牛肉割烹　汐華」という店で働いていた。

「野球界を離れて６年が経ちましたが、今でもこうして元気にやっています」

現役引退後も、『プロ野球ニュース』などで活躍した橋本は、どうして野球界を離れなければならなかったのか？

「反社会的勢力の人間をプロ野球選手に引き合わせたという理由から、野球界での活動を自粛するに至りました。でも、ＮＰＢから公式に追放されたわけではありません。あくまでも《自粛》ということなんですけど、いつまで自粛すればいいのか……」

本人の説明によれば、「芸能関係者だと紹介された人物が、実は反社会的勢力の人物であることが判明」し、事の重大性を鑑みたNPBから活動自粛を要請され、それを了承したものの、その後何の音沙汰もなく現在に至っているのだという。一部では、「橋本、永久追放」という報道もあったが、決して事実ではない。公式処分ではなく、あくまでも「要請」だった。

しかしそれは、彼を社会的に抹殺するには十分な措置だった。本人の言葉を借りれば、彼は「完全に干され」てしまったのである。

「仕事はすべてなくなり、収入は何十分の一となり、体重も15キロ減りました。野球界からは完全に干され、それまでの人間関係の9割方はいなくなりました」

このとき、失意の橋本に救いの手を差し伸べたのが、東京・新橋で「肉蔵でーぶ」を営むジャイアンツ時代の先輩・デーブ大久保だった。2017（平成29）年2月13日に配信された『NEWSポストセブン』にはこんな記事が掲載されている。


〝所在不明〟だった巨人OBの姿が、サラリーマンで賑わう東京・新橋の居酒屋で見られるようになったのは昨年の10月頃。常連客が興奮気味に言う。

「ビックリしました！　お店のTシャツを着たデカい中年男性が〝生ビールです〟って運んで来た。顔を見たら、あの橋本だったんです」


橋本とは、1987年のドラフト1位でPL学園から巨人に入団し、中継ぎ投手として活躍した橋本清氏（47）である。

本人による説明は続く。

「その後、デーブさんのところを辞めて、パートナーとともに銀座に共同で鮨屋を開店するという話もありました。でも、それもコロナでダメになって、その後は愛媛の松山でホルモン焼きの店を始めました。それが2020年6月のことでした。松山で店を開いたのは、うちの兄貴が松山商業高校出身で向こうに住んでいるし、僕自身も知り合いも多かったんです。そこで知り合いの社長さんから、〝よければ店でもやりませんか？〟と言われて、デーブさんのところで教わったことを生かしてお店を始めました……」

しかし、あまりにも時期が悪すぎた。意気込んで始めたものの、何度も「緊急事態宣言」が発出され、自宅待機を余儀なくされていた状況下では経営状況は一向に上向かずに、橋本は店を、そして松山を去ることを決めた。

「その後もコロナ禍が続いている中で、今度は知り合いに頼まれて、この店で働くことになりました。店には毎日出ています。役に立てているかどうかはわからないけど、少しでも自分ができることがあれば協力したい。引退後の今も、セットアッパーですよ。チームが勝つため、店が儲かるために、自分ができることをやるだけ。これが自分の生き方というのか、自分らしいのかなって気がします」

店のオーナーとして経営に携わるわけではない。厨房で調理をするわけでも、料理を運ぶわけでもなく、各席を回って談笑をするという役割を求められていた。

「やっぱり、ジャイアンツブランドであったり、ＰＬ学園の記憶がみなさんの中にも残っているということで、現役時代の思い出話をしたり、雑談をしたり、少しでもお客さんに喜んでいただけるように各テーブルを回っています。プロ野球選手が飲食店を始めて失敗するパターンは、本人が店にいないことです。そんなケースは何人も見てきましたから、せめて毎日、店に出るようにはしています」

つい数年前まで、野球解説者として多忙な日々を送っていたが、生活は激変した。球場に行くこともなくなり、テレビ中継を見ることもほとんどない。本人が語っているように、野球界の友人、知人の多くは離れていってしまった。

もちろん、彼にも言い分はある。しかし、誰も耳を貸そうとしない。真実を伝えるべく訴訟も考えたが、個人で組織と戦うにはあまりにも無力すぎた。

「初めの頃は、ずっと〝死にたい〟と思っていましたよ。〝何でオレだけがこんな目に遭わなければいけないんだよ〟とも思いました。人間不信にもなりました。だけど今では、じっと我慢することにしました。もう、貝になった方がいい。ときが過ぎてもう少し落ち着けば、冷静に耳を傾けてくれる人もいるはずだから……」

そして、橋本はこんな言葉をつぶやいた。

「だから本音を言えば、この取材も受けたくないんです……」

入団6年目にして、ようやく才能が開花

期待のルーキーとしてジャイアンツ入りしたものの、プロ入り数年間はまったく芽が出なかった。20歳になる頃にはすでに不安に苛まれていた。

「当時は桑田（真澄）さん、吉村（禎章）さん、歴代バリバリのＰＬの先輩がいたし、原（辰徳）さんも現役でした。テレビの中のスターばかりで、〝オレ、ここにいてええの？〟って感じでした。不安ばかりが大きくなって全然、居心地はよくなかったし、実際に自分の居場所もなかったですね。入団から５年間は芽が出なかったから、《橋本》って呼んでもらえず、ずっと《江川》っていじられてました（笑）」

前述したように、橋本の前に背番号《30》をつけていた江川卓のインパクトは絶大で、球団からの期待が、橋本自身を苦しめることになっていた。当時のジャイアンツは、ＰＬ学園の先輩である桑田をはじめ、斎藤雅樹、槙原寛己の「三本柱」が確立しており、いくらドラフト１位とは

いえ、高卒の若手に出番が与えられることはなかなかなかった。

それでも、何度か一軍昇格のチャンスもあった。しかし、そのたびにギックリ腰になったり、扁桃腺を腫らしたり、肝心な瞬間を逃してしまっていた。

「この頃は戦力外通告も頭をよぎっていたし、チーム内に居場所もなかったから〝他球団に行きたい〟といつも思っていましたよ」

PL学園同級生の立浪和義は中日ドラゴンズで1年目から大活躍し、大洋ホエールズに入団した野村弘樹は「ジャイアンツキラー」として、第一線で奮闘していた。92年には、同志社大学を経て、片岡篤史が日本ハムファイターズ入りしていた。PL学園時代の仲間たちは早くもチームの中心として躍動していた。

「野村が巨人戦に勝ったびに、いつも比較されましたよ。僕のところは常に《一軍登板なし》って書かれていたけどね（笑）」

入団時は王貞治監督だったが、89年からは藤田元司に引き継がれ、橋本にチャンスが訪れたのは、松井秀喜が入団した93年に監督となった長嶋茂雄監督時代である。

「長嶋さんには個人的にもかわいがってもらいました。石毛（博史）とともに、《勝利の方程式》と名づけて僕を売り出すきっかけを作ってもらいました」

入団6年目、ようやく開花のときが訪れようとしていた。

P L
GAKUEN
OSA
P L
GAKUEN
OSA
P L
GAKUEN
OSA

長嶋茂雄の「野村克也アレルギー」

90年代のセ・リーグは野村克也率いるヤクルトスワローズと、長嶋率いるジャイアンツの熾烈な優勝争いが続いた。

「あの頃のヤクルト打線はイヤでした。広沢（克己／現・広澤克実）さん、池山（隆寛）さんという大砲がいて、飯田（哲也）さん、土橋（勝征）さんというイヤらしいバッターがいてね。それに何よりも野村さんの存在自体が集中力を奪うんです」

当時はベンチ内でメガホンを使用することが許されていた。橋本は言う。

「野村さんがベンチから、〝オイ！〟と言うとインコース。無言だとアウトコース。こんなサイン伝達があったと、後にジャイアンツに移籍した広沢さんから聞きました。だから、神宮球場で試合があるときには、〝ひょっとしたら盗聴されているかもしれない〟と心配になって、ミーティングを筆談で行ったこともありました。あるいは、うちのキャッチャーは投球寸前までミットを構えないようにしていました。コースを知られるのを防ぐためです。投球モーションに入ってから急に構え始めるので、ピッチャーとしてはすごく投げづらかった。でも、それぐらい慎重になっていました」

長嶋自身も、野村に対してはかなりナーバスになっていたという。

「長嶋さんは、《野村》の《の》の字も口にしませんでした。いつも《向こうの監督》という言い方をしていましたね」

92、93、95、97年はスワローズ、90、94、96年はジャイアンツが優勝した。1990年代、長嶋と野村による静かな戦いは熾烈を極め、ジャイアンツとスワローズの一戦は、ときには制御不能なまでにヒートアップすることもあった。

それを象徴する試合がある。93年9月19日、東京ドームで行われた一戦だ。マウンドには橋本、左打席にはＰＬ学園の先輩である金森栄治である。

橋本が投じた一球は金森の背中を通る大暴投となった。明らかなビーンボールに激怒した金森がマウンドの橋本に詰め寄ると、これを契機にベンチから両チームの関係者が入り交じる。ジャイアンツの堀内恒夫コーチはユニフォームを破られ、顔を引っ掻き回され、眼鏡が破壊されてしまう大騒動となった。

「僕はコントロールに自信があるんで、あんな大暴投なんか投げることはありません。もちろん、ベンチからの指示でした。あの日は大乱闘となってしまったけど、翌日金森さんに謝罪に行くと、〝お前の意思でやってないのはわかっているから〟と言ってもらいました」

この話には後日談がある。ここから数年のときを経て、現役を引退した後のことだ。あるとき、橋本は金森に会う機会があった。

「このとき言われたのは、〝バチが当たったんだよ〟と言われました。デッドボールを与えたわけではないけど、バッターの背後を通るボールを投げることは、野球人として、いや、人としてやってはいけないこと。それで〝バチが当たったんだよ〟ということでした。だから、その後は故障が続いて、若くして引退することになってしまった。確かに、金森さんの言う通りかもしれないですね」

噛み締めるように、橋本は言った。

野村克也を頼ったものの……

橋本は94年の日本一に大きく貢献したが、その全盛期は長くは続かなかった。93年、94年ともに52試合に登板したものの、翌年からは遊離軟骨除去手術、トミー・ジョン手術と、相次ぐ故障に苦しめられ、96年は8試合、97年は2試合、そして98年からは3年連続で一軍での登板機会はなかった。

「腕がロックしてしまってまったく動かなくなりました。詳しく調べてみると、ヒジの中で骨片が悪さをして骨棘ができたことで、固定されたまま、まったく曲がらなくなったようです。さらに、その後も無理をして投げ続けていたら、今度はヒジがブチッというイヤな音を立てました。

診断の結果、靭帯断裂で手術を受けましたけど、それからは思うようなボールを投げることはまったくできなくなりました」

そして00年、長嶋茂雄と王貞治による「ON決戦」で日本中が沸いている中で、橋本はひっそりと戦力外通告を受けた。覚悟はしていた。それでも、まだまだ不完全燃焼だった。31歳、まだまだやれる自信はあった。


ここで橋本は意外な行動に出る。何の面識もない野村克也を頼ったのである。当時、野村はスワローズから阪神タイガースの監督に就任していた。

「戦力外通告を受けた後すぐに、緊張したまま野村さんに電話しました。今でも忘れもしません。電話に出たのは沙知代夫人でした。〝ジャイアンツにいました橋本清と申します〟と言うと、〝ちょっと待っててね〟と言われ、野村さんに代わってもらいました」

これには伏線があった。野村がスワローズの監督だった頃、たまたま新幹線ホームで野村夫妻に出会ったことがあった。

「このとき沙知代さんに、〝うちのダンナ、あなたのファンなのよ〟と言われました。そのことが頭に残っていました。地元の大阪に戻りたかったし、同じセ・リーグでジャイアンツを倒したかったから、野村さんを頼ることにしました」

電話口で野村に「ぜひ、入団テストを受けさせてください」と直訴する。右ヒジはすでに回復していた。まだまだ投げられる自信はあった。

「すまんな、もう成本（年秀）の獲得が決まったんだ……」

タイガースはすでに、千葉ロッテマリーンズのクローザー・成本の獲得を決めていた。10月24日にタイガースの入団テストが行われたが、このときジャイアンツは日本シリーズを戦っていたために一歩出遅れてしまったのだ。

「00年のジャイアンツは日本シリーズに出場していたので、その間に他球団の入団テストはほとんど終わっていて、残っていたのはダイエーとヤクルトだけ。〝どうせ受からないだろう〟と、腐った思いのままヤクルトの入団テストを受けて不合格でした。ストレートは１４０キロにも満たないんだから、合格するはずはないですよね……」

その後、ジャイアンツ入団時の監督だった王貞治率いるダイエーホークスのテストに合格したものの、翌01年限りで現役引退を決意する。

「まだまだやれるとは思っていたけど、もう諦めました。引退後、まずはリポーターから始めて5、6年かけて、ようやく評論家として活動できるようになりました。でも、今回の一件でそれもすべて失われてしまいましたけど……」

「原点は野球」という思いで過ごす忍従の日々

現役引退後は評論家として順調な日々を過ごしていた。しかし、前述した一件により、野球に関する仕事はすべて失われてしまい、自宅に引きこもる日々が続いた。

この頃の心境について、『文春オンライン』内の名物企画「文春野球」（22年5月5日付）において、橋本は赤裸々に語っている。

ある時、妻に向かって「死にたいわ」と漏らしたことがありました。でも、妻から「死んで何があるの?」と怒られ、目が覚めました。人間不信だと勝手に思い込んでいたけれど、少ないながらも周りには支えてくれる人がいる。そのことに気づけたのです。

この頃、橋本は知人に頼まれごとをされた。長年にわたって引きこもり生活を続けている人々の社会復帰を支援するために、「野球でつらかったときにはどんな心境で臨んでいたのか、自身の体験談を話してほしい」と依頼されたのだ。再び引用したい。

引きこもりになった事情は親の暴力など、人それぞれ。でも、共通していたのは人間としての純粋さでした。傷ついた人たち、人と接することに臆病になっていた人たちが僕の話を聞いて「頑張ります！」と前を向いてくれる。彼らと数カ月間にわたって触れ合うなかで、僕は逆に力をもらっていました。

「俺も落ち込んでいる場合じゃない。俺もまだまだだ！」

ジャイアンツの大先輩であるデーブ大久保やＰＬ学園からの仲間である片岡篤史が、人間不信に陥っていた橋本の球界復帰を後押しするべく、自身のＹｏｕＴｕｂｅチャンネルにゲストとして招いたこともある。

それでも、あの騒動からかなりの時間が経ったが、橋本には弁明の機会は与えられず、球界復帰の機運は高まっていない。改めて、現在の心境を問うた。

「今は仕事も充実しているので、何が何でも野球界に戻りたいという執着はありません。でも、一つ心残りがあるとすれば、『プロ野球ニュース』には復帰したいですね。あの番組はプロ野球の魅力を１００パーセント伝えるすばらしい番組です。ようやく仲間に入れてもらえただけに、それだけは残念ですね」

現在も、ＣＳチャンネル・フジテレビＯＮＥでは、試合のある日は毎晩、その日のゲームを詳細に解説するこの番組は好評を博している。

かつて、この番組には橋本の姿が確かにあった。

橋本の言い分がすべて真実であるのかどうかはわからない。

けれども、野球賭博に関与した選手が、1年間の失格処分を経て現役に復帰した事例がある一方で、正式な調査もなく、「自粛要請」だけで社会的抹殺を受けるのは、あまりにも理不尽である感は否めない。

「僕にも言い分はあるし、人間不信にもなりました。それでも、子どもたちに野球を教えるという情熱は失わなかった。この間も野球教室に呼ばれて、子どもたちと触れ合うことができたことが心の支えとなりました。原点は野球。その思いは変わっていないです」

それが、現在の橋本の偽らざる思いである。

最後に、「生まれ変わってもジャイアンツに入団したいですか？」と尋ねると、橋本はしばらくの間、考えてから静かに口を開いた。

「……うーん、どうでしょうね。でも、野球はやりたいです。もう一度、ジャイアンツに入りたいとは思わないし、PL学園じゃなくて大阪桐蔭に入ってみたいですね」

そんな言葉を口にした後、橋本は「あっ、でも……」と続けた。

「……でも、根がドMなので、やっぱりPLに入るかもしれないですね」

ケラケラと楽しそうに橋本は笑う。PL学園OBは、「二度とあの時代に戻りたくない」と口にしつつ、母校愛が強い。橋本も実に楽しそうに笑っている。

2時間に及んだロングインタビューにおいて、この瞬間だけ、心からの笑顔が弾けた——。

はしもと・きよし
1969年5月22日生まれ、大阪市摂津市出身。PL学園では左腕の野村弘樹と並び右のエースとして甲子園春夏連覇を達成（87年）。ドラフト1位で入団した読売ジャイアンツではセットアッパーとして活躍。00年オフ戦力外通告を受けダイエーに移籍し、01年現役引退。右投右打、身長188cm・体重90kg。

【投手成績】

年度	所属	登板	勝利	敗北	セーブ	投球回	防御率
1992	読売	1	0	0	0	1.2	0.00
1993	読売	52	6	4	3	88.1	1.83
1994	読売	52	2	4	3	67.1	2.41
1995	読売	19	1	3	2	21.1	8.44
1996	読売	8	0	1	0	6	12.00
1997	読売	2	0	0	0	3	6.00
通　算		134	9	12	8	187.2	3.17

松永浩美「見られる側」の男

高校中退、ドラフト外で阪急ブレーブスへ

「子どもの頃から、《見る人》は見る側の人にしかならない。でも、自分は《見られる人》になるんだから、自分からプロ野球を見ることもなかったですね。なるべく自分からは見ない、見に行かない。〝しょせん、見に行く人は見る側の人にしかなれない〟、子どもながらにそんな哲学を持っていましたね」

最初に尋ねた、「幼い頃、好きなプロ野球チームはあったのですか?」という質問に対して、松永浩美は「自分は《見られる側の人》になるつもりだった」とキッパリと言った。すでに幼少期において、彼は「見る人」と「見られる人」とは明確に立場が異なり、「自分は見られる側の人間なのだ」と自覚していたのだ。

幼い頃からスポーツは何でも得意だった。

誰よりも速く、誰よりも強く、そして誰よりも遠くへ――。

何をやっても群を抜いて友だちを圧倒していた。だからこそ、「見られる人」なのだという自覚と自負が幼くして芽生えていたのである。

「走ったら誰よりも速いし、遠投したら他のヤツよりも10メートルも20メートルも遠くに投げられたし、持久走をやればいちばん後ろのヤツを何周も追い抜いていました。スポーツに関しては、

何をやっても飛び抜けていましたね」

小学生の頃、学校単位での大会、競技会、催し物がしばしば開かれていたという。このときの松永は「個人単位ではなく、常に学校単位で考えていた」と語る。「学校単位」とは、はたしてどんな意味なのか？

「私は、スポーツならば何でもできました。だから、陸上大会でも、マラソン大会でも、いつもトップで結果を残すことを意識していました。私がもしも他の学校の生徒に負けてしまえば、私の学校のステータスも下がってしまう。私が負ければ、うちの学校の運動が苦手な生徒たちのステータスはさらに下がってしまいますから……」

少年時代の松永の胸の内には「オレが負ければ、うちの小学校の同級生たちに恥をかかせてしまう」という思いが強く根づいていたのだという。それを指して、松永は「学校単位」と口にしたのだ。

「……もちろん、頭のいい子は勉強で頑張ればいいわけだから、〝オレの分も頑張ってくれよ〟と思っていました（笑）。その代わり、スポーツに関しては、〝オレがみんなの分まで頑張ろう〟という思いで臨んでいましたね。持久走大会では1位になるのは当たり前。大切なのは〝ビリのヤツを何回追い抜かせるか？〟ということ。それで1位の価値が決まる。当時は、そんなことを真剣に考えていましたから」

中学時代に野球を始めた。中学1年の夏休みまでは野球部員ではなかったけれど、たまたま練習に誘われて投げてみたところ、「すごく速い球を投げるから、今日からエースだ」と言われ、その日からエースとして加入することになった。高校進学時には、多くの学校から誘われた。しかし、松永はあえて「誘いのなかった小倉工業」を選んだ。

「プロの世界や甲子園への憧れもなかったし、高校では野球をやるつもりはなかったけど、周りから誘われて野球部に入りました。すると、監督から当たり前のように〝マツ、お前はプロに行くんだろ?〟って。そんなつもりもなかったけど、そこから少しずつプロを意識するようになりましたね」

しかし、新チームのキャプテンに就任した高校2年秋、甲子園出場を逃した責任を問われて監督が退任。その直後、松永の下に直接連絡が入った。

「いきなり電話で、〝阪急がお前を欲しがっているんだけど、行く気あるか?〟って言われました。だから、〝来年頑張って甲子園に行ってプロを目指します〟って言ったら、〝いやいや、そうじゃないんだ。すぐに来年からほしいんだ〟って言われたんです。この時点ですでに、監督とスカウトの間で話がついていたようでした」

高校生活は折り返し地点にさしかかったばかりだったが、阪急ブレーブスとのパイプは前監督が握っていた。再び、松永家の電話のベルが鳴った。

「また、監督から電話をもらいました。このとき、〝お前は中学、高校と野球エリートだから、裏方の気持ちがわかっていない〟と言われました。そして、〝だから1年でも早くプロの世界に飛び込んで、下積みを経験した方がいい。それは必ずお前のためになるから〟と説得されました」

こうして、少しずつプロへの気持ちが傾いていく。松永は高校中退を選択し、ドラフト外、球団職員扱いでブレーブスに入団することを決めた。

「変えられないもの」は無視していい

1978（昭和53）年1月、ブレーブスへの入団が決まった。高校を中退し、不退転の決意で、松永はプロの世界に飛び込んだ。翌2月には早くも春季キャンプが始まる。

「当初は背番号もない状態で、用具係としてキャンプに参加しました。だから早めにグラウンドに行って準備をして、そこから自分の練習を始めました」

初めて対戦するプロの投手を相手に、ここでも松永は驚異の身体能力を発揮する。いきなり17球連発でホームランを放ったのである。

この光景に驚いたのが当時の一軍監督・上田利治である。

「当時の私は体力だけしか自信がなかったけど、もしもプロの世界で芽が出ずに若くして引退したら、私の履歴書には《高校中退》、つまり《中卒》と書くことしかできない。そう考えたら、何としてでもこの世界で結果を出さなければいけない。崖っぷちに立たされた思いで、5年スパンの計画を立てたんです」

当時17歳の松永少年は、プロ6年目、22歳の自分の姿を鮮明にイメージした。

「22歳で一軍で活躍するということは、21のときには一軍に呼ばれる選手になっていなければいけない。ならば二軍で3割5分から8分は打っておきたい。そうなると、20歳のときには二軍で3割以上を打てるように、19歳のときには……。そうやって逆算しながら具体的にあるべき姿をイメージしていきました」

しかし、予期せぬ事態が訪れる。それが「内野転向」「スイッチヒッター挑戦」である。いずれも、松永の潜在能力に魅せられた首脳陣からの提案だった。

「私としては文句なしにオッケーでした。いろいろ提案されるということは、首脳陣の頭の中には〝少しでも使えるチャンスを作り出したい〟という思いがあったからでしょう。試合に出られるのならば何でもいい。自分のプランに固執する必要はない。変えられるものはどんどん変えていけばいい。そんな思いでした」

世の中には「変えられるもの」と「変えられないもの」がある――。

これこそが、その後の松永を貫く生き方の指針であり、人生哲学でもあった。

Braves
8

「私が阪急に入ったことは、この時点では変えることはできない。でも、レギュラーになるために自分のスタイルを変えることはいくらでもできる。《変えられないもの》にはこだわらずに、素直に受け入れる。でも、《変えられるもの》はどんどん変えていけばいい。だから、スイッチヒッターに挑戦することも何も問題はありません。《変えられるもの》には徹底的に時間とエネルギーを使うだけです」

入団早々、広島東洋カープとの合同チームでウインターリーグに参加した。このとき、当時のカープの打撃コーチである山本一義との出会いが、松永にとっての転機となった。

「カープには髙橋慶彦、山崎隆造、正田耕三と、スイッチヒッターがたくさんいたけど、このと

きのバッティングコーチだった山本さんと一緒になりました。で、身体のバランスを整えるために左でスイングをしていたら、〝いいスイングをしているから、左でも打ったらどうだ？〟と提案されて、それから練習するようになったんです」

長年右だけで打っていたものの、このときから本格的に左打ちにも取り組むようになった。そして、ここでも松永は驚異の身体能力を発揮する。すぐに左打席でも結果を残したのである。その理由を本人が分析する。

「あのね、左で打つのって意外と難しくないですよ。みんな真剣にやっていないだけなんですよ……」

あまりにもアッサリと語るので、少々面食らっていると松永は続けた。

「……これも、《変えられるもの》ですから。右で打っていた人間が左でも打つ。これは《変えられないこと》ではないですから。自分の意思で、必死に練習すれば打てるようになる可能性はあるものでしょ。《変えられるもの》については、そこに時間とエネルギーを集中すればいい。それだけのことですよ」

あまりにも簡単に語るので、思わず「そうすれば誰でも両打ちができますか？」と質問する。すると松永はさらにアッサリと、そっけない口調で言った。

「できます。必ずできます」

こうして、現在でも「伝説のスイッチヒッター」と称される松永のプロ野球人生が本格的にスタートするのである。

「あんたらとは考えている次元が違うんだよ」

もちろん、松永が一流選手となったのは、単に「身体能力に優れていたから」だけではない。常に野球のことを考え続ける不断の努力を怠らない勤勉さ、研究熱心さを兼ね備えていたことも大きな要因だった。

野球専門誌『週刊ベースボール』（ベースボール・マガジン社）には、名選手たちのプレー中の連続写真が掲載されている。まだ若かった頃の松永もまた、このページを熱心に研究したという。

「あるとき、落合（博満）さんの分解写真が掲載されていたので、自分の打撃フォームと並べて比較しました。そうすると何かヘンなんです。そこでじっくり比べてみると、〝オレの写真は何か1コマ足りないよな〟ってことに気がつきました……」

自分と落合とは何が違うのか？　丹念に誌面を眺めていても、すぐには答えが出なかった。けれども、「絶対にこの1コマこそ、重要なポイントなのだろう」ということはすぐに理解できた。しばらくの間熟考して、ようやく松永は解答を得る。

「それは、いわゆる《インサイドアウト》ということでした。私のスイングはバットが外から出ているのに対して、落合さんの場合はバットが身体の内側から巻きつくように出てくる。その違いによって、私と落合さんとは《１コマ》の違いになっている。そこに気づいてから、さらに研究を続けたんです」

守備練習のときには、率先してノッカーを務めるコーチの傍らについて、ボールを手渡す役割を買って出た。その姿を見て、他の選手たちからは「松永はコーチにおべんちゃらを使っている」と批判されたこともあったが、まったく意に介することはなかった。

「そんなもの全然気にならなかったですよ。私には意図がありましたから」

松永が語る「意図」とは何か？　その理由は明確だった。

「私は常々、〝首から上と下とでは、自分であって自分じゃないんだ〟と思っています。つまり、自分の頭で考えていることと、実際に動いてみることには微妙なズレがあるということです。つまり、《理解している＝できる》ということではないんです。頭で理解していても、実際にはその通りに動けていないということはよくあるんです」

他の選手がノックを受けている姿を見て、松永は「もう少し腰を落とすべきだったな」とか、「ワンステップ多かった」とか、「もう一歩前に出るべきだった」などと、他人のプレーを自分なりの反省材料としていた。松永は言う。

「コーチの隣にいると、そのコーチが選手に対して〝ちょっと腰が高いぞ〟とか、〝もう一歩前に出ろ！〟という声がよく聞こえます。同じ位置から、同じプレーを見て、そのコーチがどんなアドバイスを送るのか？　私はそれが知りたかったんです。そして、自分と同じ感覚を持つコーチなら信用できる。そう考えていました。だから、他人から何を言われても、〝あんたらとは考えている次元が違うんだよ〟って思っていました」

練習に取り組む意識もまた、彼は一流だったのである。

あえて「生意気なキャラ」を演じていた

松永が入団した70年代後半のブレーブスは黄金時代を迎えていた。山田久志、福本豊、加藤秀司、簑田浩二など、脂の乗り切った一流選手がズラリと並んでいた。

「あるべきチームの姿とは、精神的支柱となるベテランがいて若手の手本となり、ベテランへの刺激となる中堅がいて、そこに伸び盛りの若手がいる。この理想形こそ、当時の阪急でした」

松永も順調な成長曲線を描き、82年には不動のサードとしてレギュラーに定着。83年にはブーマー・ウェルズも加わり、84年にはリーグ優勝を果たした。

注目選手となった松永は、報道陣に対しても強気な発言を繰り返す。その背景にあったのは

「あえて生意気なキャラを演じよう」という決意であり、戦略である。
「最初の頃は活躍するたびに新聞でも大きく取り上げられていたのに、その後はいくら活躍しても、成績を残しても記事にならなくなってきた。そこであえて、ちょっと生意気なことを言ったの。そうしたら記事になるのよ。そうなったら言うしかない（笑）。それからは意図的に生意気なキャラを演じるようになりましたね」
現在とは違い、80年代パ・リーグの注目度は圧倒的に低かった。だからこそ、マスコミへのアピールを意識した。例えば、『週刊ベースボール』（85年8月5日号）には盗塁王のタイトルをめぐってこんな発言が掲載されている。

今年、初めのうちは、20個ぐらいでいいや、という気持ちでした。だから、オープン戦で、コーチから走れのサインが出ても、首を振って走らなかったぐらいなんです。でも、いまは、違いますよ。年間50～60も走ろうとは思いませんけど（ニヤリ）。一、二番を打っていたら、楽に走れますよ、50や60。走ろうと思えば、絶対走れます。

あるいは、同じ号では、広岡達朗が監督を務め、しばしば「管理野球」と称された当時の西武ライオンズについて、こんな発言もある。

西武の野球ったら、わりとこう、貧乏人がする野球のような気がするんですよ。コセコセ、コセコセとね。

ベテランとなり、チームの中心選手となると、その発言はさらに過激なものとなっていく。マスコミからの注目度は上がったが、その分敵も増えるし、批判も増えていく。

「別にチームで浮いてもいいと思っていたし、友だちなんかいらないですから。もちろん、ファンの人からの批判もありましたよ。生意気な発言をするからには自信の裏づけがなければダメですから、その分、一生懸命練習もしたし、試合にも臨みました。それでも批判は多かったけど、他人の感情はコントロールできないでしょ。それこそ、《変えられないもの》に労力を使っても仕方ない。だから、全然、気にならなかったですけどね」

こうして松永は一流選手への階段を上り、球界を代表する選手となったのだ。

FA制度導入に尽力し、自ら行使

88年オフにはブレーブスが身売りし、新生・オリックスの一員となった。この間には選手会長も歴任し、ＦＡ制度導入に尽力している。そして、１９９３（平成５）年には阪神タイガースに移籍するものの、翌94年には「現役晩年は地元の九州でプレーしたい」との思いで、自ら導入したＦＡによって福岡ダイエーホークスに移籍した。

「この頃、ドラフト指名された選手が入団拒否を行うケースがいくつかありました。私が命を懸けて戦っている世界なのに、若者にとっては魅力を感じられない業界となっていることが寂しくて、少しでも魅力ある職場とするための一環として、選手の権利を勝ち取るためにＦＡ制度導入に取り組みました。導入されたばかりだからこそ、いろいろ言われることもあるだろうし、多少の痛みを伴うこともあるだろうと考えました。これを他の選手にやらせるわけにはいかない。だから自分で権利を行使することにしました」

わずか1年となったタイガース在籍については物議をかもした。

「今でも批判は多いですよ。でも、タイガースという人気球団所属選手がＦＡを行ったことに意味があったと、今でも思っています。以前、ある選手の移籍のニュースについてＳＮＳに感想を述べたら、ダイレクトメッセージで〝裏切ったお前が言うな〟って言われました。だから、〝そうですよね、オレが言ったらダメですよね～〟っておうむ返ししたら、逆に〝アンタ、意外といい人だね〟って返信がきました。ここで言い返したらダメなんです。だって他人の感情はコントロールできないんだから（笑）」

移籍先のホークスでは満足な結果を残せず、97年で現役を引退した。

現役通算1904安打、打率・293を記録。名球会の入会条件である2000安打を目前に控え、惜しまれながらの引退となった。

「完全燃焼とは言えないよね。でも、阪神からダイエーに行くときに〝この球団を最後に引退する〟って宣言した以上、他の球団に行くつもりはなかった。実は近鉄からオファーもあったんだけど、名球会にも興味はなかったから、〝どうしても2000本打ちたい〟とも思っていなかったし。あとは野球での経験を次の人生に生かすこと。それだけを意識していました」

これまで、さまざまなスイッチヒッターが誕生した。その中で、松永だけが左でも、右でもホームランが打てる唯一無二の存在だった。最後に「生まれ変わっても、野球選手になりますか?」と尋ねると、「もう、いいかな」と口にした後、こんな言葉を続けた。

「……いや、今の知識をこのまま持てるのならもう一度、野球をやりたいな。もちろん、スイッチヒッターとしてね。それも日本だけじゃなく、海外でも、〝松永はすごいな〟って言われる選手になりたいよね」

若手時代にはピッツバーグ・パイレーツ、ニューヨーク・ヤンキースの3Aから誘いを受けたこともあったという。現在、多くの日本人メジャーリーガーが誕生するきっかけとなったのは、松永らが導入したFA制度のおかげでもある。

もしも彼がメジャーリーガーとなっていたら、幼少期がそうだったように、「個人単位」ではなく、日本野球を背負った「国家単位」でプレーをしていたことだろう。

一体、どんな選手となっていたのか？「史上最高のスイッチヒッター」として、また別の人生を歩んでいたのだろうか？

まつなが・ひろみ
1960年9月27日生まれ、福岡県出身。78年福岡県立小倉工業高等学校を中退しドラフト外で阪急ブレーブス入団。盗塁王（85年）、最高出塁率（89年）、ベストナイン5回、ゴールデングラブ賞4回ほか表彰、記録多数。右投両打、身長180cm・体重78kg。

【打撃成績】

年度	所属	試合	打数	安打	本塁打	打点	盗塁	打率
1981	阪急	73	92	30	2	15	4	.326
1982	阪急	128	398	94	12	44	21	.236
1983	阪急	122	427	120	21	74	20	.281
1984	阪急	125	458	142	19	70	21	.310
1985	阪急	130	481	154	26	87	38	.320
1986	阪急	130	492	148	19	75	20	.301
1987	阪急	114	393	114	11	45	9	.290
1988	阪急	130	473	154	16	77	11	.326
1989	オリックス	124	470	145	17	60	14	.309
1990	オリックス	128	518	147	21	70	26	.284
1991	オリックス	130	484	152	13	76	20	.314
1992	オリックス	118	473	141	3	39	15	.298
1993	阪神	80	303	89	8	31	3	.294
1994	福岡ダイエー	116	477	150	8	55	8	.314
1995	福岡ダイエー	87	320	76	3	21	5	.238
1996	福岡ダイエー	66	207	45	3	13	3	.217
1997	福岡ダイエー	15	24	3	1	3	1	.125
通　算		1816	6490	1904	203	855	239	.293

佐野慈紀
不屈の野球人

SHIGEKI SANO

「右腕切断」というショッキングな告白

それは、あまりにも衝撃すぎる「告白」だった——。

２０２４（令和６）年４月30日付、公式ブログ『佐野慈紀のピッカリブログ』には、「56歳」と題された次のような一文が掲載された。

２０２４／05／01
感染症が進み明日右腕を切断する事に。
56歳
最初の出来事が右腕を失う事。
涙は出なかった。
もちろんショックはあるけれど
何とか機能を残そうとしたけど。。。
ままならない。
受け入れることなんて出来ないけど
生きる為には乗り越えないとな。

思い入れはたくさんある。
思い出も語り尽きない。
一緒に戦ってくれた右腕
感動を分かち合った右腕
明日、お別れする。
ごめんなさい。
この言葉しか浮かばない。

23年4月、重症下肢虚血により右足中指を切断。同年12月、感染症が足から手の指先に転移していることが判明し、右手人差し指と中指を切断。翌24年1月、心臓弁膜症が発覚。いずれも、持病の糖尿病に加えて、動脈硬化による血流不良が原因だった。そして5月1日、「一緒に戦ってくれた」、そして「感動を分かち合った」右腕を失った……。

「ああいう形でブログで発表したのは、一つは自分のための備忘録として。そしてもう一つは隠してもしょうがないので、〝隠すぐらいならば公にした方が自分がラクになるのかな？〟という思いがきっかけです……」

手術から10日ほど経過した。受話器の向こうの佐野は淡々と振り返った。

「……反響がすごく大きくて驚いています。やっぱり応援してくれる声が多くて、それはすごくありがたかったです」

そして佐野は、手術後の心境について率直な思いを口にした。

「正直、ホッとした部分もあるし、ラクになった部分もあります。腕の機能を残すために、洗浄をしていたんですけど、それがものすごく痛いんです。手術によって、その痛みから解放されてホッとした部分はあります。でも、だからといって、〝現状を受け入れられているか？〟と言えば、正直、受け入れているわけではないですけど、〝まぁ、しゃーないな〟という思いだというのが正直なところです」

一連のブログには手術前後の葛藤が赤裸々につづられている。そこに込めた思いを尋ねると、佐野は訥々と続けた。

「単なる強がりです。落ち込んでる姿を見せて、周りから余計に心配されるのもイヤでしたから。一緒に悲しんでくれる人がたくさんいたのはすごくありがたかったですけど、仲間からは〝なんや、しょーもないな〟とか、〝これからはどこの組事務所にも入っていけるな〟とか、ツッコまれたり、イジられたりしてもらったことがすごくありがたかったです」

手術後のX（旧・Twitter）では、メジャーリーグ中継を見た感想が多く投稿されている。それは「野球人」としての佐野の誇りでもあるという。

「僕は野球人なんです。野球人だから、野球のことをつぶやくのが日常であるし、生活の一部でもある。なんら特別なことじゃないんです。今はメジャーリーグも日本のプロ野球も、どこでも見ることができる時代です。これだけ大きな手術をした後でも、野球を見ることができる。僕は少しかもしれないけど野球に携わっていました。だから他の人よりもいろいろな気づきがある。それがすごく楽しいし、嬉しいんです」

心の動揺を押し隠すかのように、佐野は淡々と受け答えを続ける。

「今の心境としては、〝このまま腐ってたまるか！〟、そんな思いですね」

かつて、彼が口にした「野球人」としての生き様を尋ねたのは、コロナ禍に揺れる21年のことだった。そのときの彼の言葉の数々を、まずは紹介したい——。

全然嬉しくなかった年俸1億円

中継ぎ投手として、NPB史上初の1億円プレイヤー——。

近鉄バファローズで活躍した佐野慈紀は、しばしばこのように形容される。しかし、本人の表情は晴れやかではない。

「結果、1億円には到達したけど、その前に年俸交渉で揉めているんです……」

1996（平成8）年シーズン終了後、契約更改でのことである。

最初の交渉の際に、チーム関係者から「今季はお前がチーム一の評価だ」と聞いていた。当時のバファローズ投手陣において、チーム一の年俸が赤堀元之の1億円で、佐野が8000万円だった。

「最初の交渉で、チーム一の評価だという確認ができたので、〝じゃあ、赤堀の契約を見てからまた来ます〟って保留しました。その間に赤堀が5000万円アップした。僕としては〝チーム一だ〟という評価をいただいているんだから、最低でも5000万は上がると思うじゃないですか。でも、結果は3000万アップ。フロントからしたら、〝1億超えたんやからいいやろ〟という感覚なんですよ……」

なぜ赤堀が5000万円増で、「チーム一」の自分が3000万円のアップなのか？　佐野は執拗に食い下がった。こうして二度目の交渉も決裂する。

「それで、三回目の交渉。そうしたら、球団側からは〝実は査定点数では君は一番じゃないんだよ〟って言われました。手元の資料を見ると、僕の点数は《5000ナンボ》でした。でも、たまたま赤堀の点数も見えちゃったんです。そこには確か《3800》って書いてありました」

背番号《14》の佐野の点数を見せる際に、たまたま背番号《19》の赤堀の数字も見えてしまったのだという。

「赤堀の点数は見えたけど、気づかぬフリして、〝ちなみに、これは点数が高い方が評価がいいんですか？〟って聞いたら、〝そりゃ、高い方がいいよ〟って言うんです。で、〝今、赤堀の数字が見えたけど、僕の方が高いじゃないですか〟って言ったら、完全に『サザエさん』ですよ。〝ンガフッフ〟みたいな（苦笑）」

三回目の交渉も決裂した。その後、年俸調停を申請する泥沼状態に陥ったものの、結局は佐野が折れた。

「こうして1億1000万円になりました。だから、《史上初の中継ぎ1億円プレイヤー》と言われても、全然嬉しくなかったんです（笑）」

白い歯をこぼしつつ、吐き捨てるように佐野は言った。

仰木と光山に救われたルーキーイヤー

愛媛の名門・松山商業高校から近畿大学に進学し、90年ドラフト3位でバファローズに入団した。前年には同年齢の野茂英雄が入団。若き投手陣と破壊力抜群のいてまえ打線を中心として、仰木彬監督の下、常勝西武ライオンズと熾烈なペナント争いを演じていた。

「前年は野茂が大活躍していたし、大学時代の88（昭和63）年にはあの《10・19》もありました。

もう時効ですけど、テレビを見ながら近鉄とロッテとどちらが勝つか、みんなで賭けていました。僕は近鉄でした（笑）。それに、僕は元々阿波野（秀幸）さんに憧れていたので、近鉄のイメージはすごくよかったんです」

入団時、バファローズを率いていたのが仰木彬だった。佐野は1年目から38試合に登板。6勝2敗2セーブという好成績を残した。仰木は佐野を評価していたのだ。

「いえいえ、〝評価している〟というよりは、仰木さんはすごくゲンを担ぐ人なんです。僕が挙げた6勝はほとんど逆転勝利でした。勝ち運があって、体力があるから起用されただけなんです（笑）」

このとき、佐野の能力を最大限に引き出してくれたのが女房役の光山英和である。きっかけはルーキーイヤーの91年、シーズン半ばに訪れた対ライオンズ戦だった。

「コントロールには絶対の自信があったので、開幕一軍に残れて何試合かは無難に投げていました。でも、ある日の西武戦ではいつものピッチングが全然通用しない。ほぼＫＯ状態の一死満塁で秋山（幸二）さんを打席に迎えました……」

マウンド上の佐野は「明日からは二軍だな……」と覚悟を決めていた。と同時に「どうせ二軍に行くんなら、秋山さんと真っ向勝負したる」と考えた。

「アウトコースのスライダーという光山さんのサインに首を振って、インコースばかり投げました。全部、インコースにストレートを投げた結果、レフト線にタイムリーツーベースを打たれて、結局試合をぶち壊しました……」

ようやくライオンズの猛攻が終わり、ベンチに戻ると、光山は「何で真っ直ぐばかり投げさせるんだ」と、仰木から激しい叱責を受けることとなった。

「でも、光山さんは何も言わずに黙って怒られているんです。で、謝りに行ったんです。すると光山さんは、〝ええねん。お前、あんないいボール投げれるなら、これからはもっと投げてこいよ〟って言ってくれたんです。あのときは本当に嬉しかったし、感激しました」

結局、佐野は二軍に降格することはなかった。仰木もまた「お前、ようやく思い切り投げられるようになったな」と言ってくれたのだという。

「それからは、〝もう光山さんに恥をかかすわけにはいかない〟って思いが強くなりました。元々、コントロールはよかったので、結果も伴っていたし、勝ち試合にも使ってもらえるようになったんです」

物事に動じることなく、ピンチの場面でも腹を括ることができ、楽天的に、そして前向きに考えることのできる佐野はプロ向きの性格だったのである。

「近鉄らしさ」がどんどん失われていく寂しさ

佐野にとって、当時のバファローズは実に居心地がいいチームだった。

「僕はピッチャーなのでピッチャー陣といつも一緒に過ごしていました。みんな仲がよくて、壁がないいんです。技術的なことに関しても、〝プロならば盗んで覚えろ〟ということはなく、自分の経験や情報は何でも教えてくれる。その代わりに、〝そこから這い上がれるかどうかはお前次第やぞ〟という雰囲気がありました。遊び過ぎたときにはきちんと〝ダメなものはダメだ〟と叱ってくれる。すごく居心地がいい空間でした」

しかし、佐野にとっての幸福な時代は長くは続かなかった。92年限りで仰木が退任すると、後任の鈴木啓示監督への不満が次第に大きくなっていく。

「結論から言うと、鈴木監督には完全に反発していました。鈴木体制になってから野手の雰囲気がおかしくなって、さらにピッチャー陣の調整に口出し始めてからは、〝こんな野球で勝てるはずがない〟って、監督を見下し始めてしまったんです」

94年開幕戦、バファローズはライオンズに敗れている。戦前には「野茂と心中する」と口にしていた鈴木監督は、先発の野茂が好投していたにもかかわらず、9回ピンチの場面で急遽、赤堀元之にスイッチした。しかし、伊東勤に逆転満塁サヨナラホームランを浴びてチームは敗れた。

「あの日、チームの主砲である石井（浩郎）さんのホームランでリードしていたのに、途中で石井さんを交代させてしまった。さらに、ライトの鈴木（貴久）さんも代えてしまった。鈴木さんは打撃はもちろん、すごく守備もいいのに代える理由がわからなかった。西武との大事な開幕戦で野手の主力を次々と外し、最後には野茂まで交代してしまった。開幕早々、いきなり石井さんを潰した、鈴木さんを潰した、さらにエースの野茂も、リリーフエースの赤堀も潰してしまった。完全に選手たちの心は離れていきました」

鈴木監督時代に、かつての仲間たちは散り散りになった。95年から野茂はメジャーリーガーとなり、吉井理人はヤクルトスワローズに移籍する。

気心知れた仲間たちが少しずつチームを去っていく。それでも佐野は、鈴木監督時代にキャリアハイの成績を残している。本人が述懐する。

「不信感しかなかったから反発しただけですよ……」

仰木監督時代を振り返ると「本当にいい仲間と楽しい時間だった」と語った。しかし、仰木が去った後となると「反発と不信感ばかりだった」と表情が曇る。

「先輩たちは頼りになるお兄ちゃんという感覚でした。ヤンチャな弟たちに、自由に好き勝手にやらせてくれる雰囲気がありました。でも、どんどんみんながチームを離れていく。あれだけ楽しかったチームなのに、少しも楽しくない。そんな中で、気がつけば自分たちがチームの中心選手となっていました」

それは、バファローズへの愛があふれる発言だった。

「近鉄を背負う」という覚悟と責任感

97年、現役プロ野球選手でありながら、映画『恋と花火と観覧車』に出演した。撮影時は28歳だったが、41歳独身で糖尿病もちの電気屋のおっさん「海老原義和」役での出演だった。後に糖尿病に苦しむことになる佐野にとっては皮肉な役回りであった。

「この頃、オフシーズンになるととんねるずのタカさん（石橋貴明）の番組に呼ばれる機会が多くて、それをきっかけに秋元康さんと知り合いになりました。で、〝今度、映画を作るんだけど、出てみない？〟と誘われたので出ることにしました」

現役選手が映画に出ることには賛否両論があった。しかし、この頃の佐野には「メディアに出て目立ちたい」という確たる思いがあった。自己顕示欲を満たすためではない。「近鉄のために」という思いがあったからである。

「阿波野さんがいなくなり、吉井さんがチームを去って、野茂もいなくなった。チーム成績も低迷していたので、新聞記者もほとんど姿を見せなくなった。僕としては、〝近鉄はこんなにいいチームなのに、どうして注目されないんだろう？〟という悔しさがありました。それでこの頃は、〝オレが近鉄を背負っているんだ〟と勝手に使命感を感じていましたね」

後に「ピッカリ投法」と名づけられる、自身の薄くなった頭髪をアピールするピッチングフォームで注目された。佐野にとって、仰木時代のバファローズは青春であり、プロとしての刺激を味わうことのできる至福の時期だった。

しかしその後、盟友である野茂との金銭トラブルが週刊誌を賑わせたことは記憶に新しい。野茂の好意で借りた金の返済を怠り続けたのだ。

「この件について、僕から言えることは何もないです。全面的に僕が不義理をしました……」

佐野の口は重い。

「信用を取り戻すことは簡単ではないと思います。でも、きちんと誠意を持って接しているつもりです。もう一度昔の仲間とは堂々と顔を上げて会いたい。もうこれ以上、野茂も、昔の仲間も、ファンの人たちも裏切りたくない。それが今の率直な心境なんです。もしも許されるのならば、もう一度野茂と向き合って、きちんと謝罪がしたいです……」

薄くなった頭髪をネタに「ピッカリ投法」を披露していた頃とは打って変わった神妙な面持ちで佐野は言った。

「あのときの近鉄は本当にいいチームだった……」

……以上が2021年に行ったロングインタビューにおける佐野の発言である。

それから3年が経過して、冒頭で記したように「右腕切断」というショッキングな現実の中で、彼は現在も闘病生活を続けている。

「最初に言ったように、まだまだ〝受け入れる〟という境地には達していません。でも、僕は野球人なので、これからも野球を通じて生きていくつもりです。あのピッカリ投法も、左手一本でも必ずもう一度再現します。約束します、僕は野球人ですから」

かつて行ったインタビューでは、「近鉄愛」が、そこかしこに現れていた。その近鉄も、04年の球界再編騒動で姿を消した。かつて佐野はこんなことを言っていた。

「僕は2003年の1シーズンだけオリックスに在籍したから、余計に強く感じるんですけど、やっぱり、近鉄とオリックスは別のチームです。近鉄というチームは一度も日本一を経験することなく消滅しました。もちろん、一OBとして〝近鉄として日本一になりたかった〟という思いはありますけど、正直言えば、〝仰木監督の下、あのメンバーで日本一になりたかった〟という思いの方が強いです」

このとき、「もしも生まれ変わるとしたら、再びプロ野球選手になりたいですか?」と尋ねた。

佐野は静かな口調で言った。

「どうですかね、もう近鉄はないんでね……」

その答えを受けて、「もしも近鉄が今も存在していたら?」と続けた。

「……近鉄が今もあれば? もちろんプロ野球選手になりたいですよ。いや、〝近鉄に入りたい〟というよりは、〝あのメンバーで野球がしたい〟という思いですね。あのときの近鉄は本当にいいチームだったから……」


大きな手術を終えた直後であるにもかかわらず、いや、大病を経験したからこそ、佐野の胸中には「自分は野球人なのだ」という思いが色濃くにじんでいた。闘病生活はしばらくの間続く。それでも、彼の胸の内には「野球人である」という誇りがある。

二度目のインタビューの最後に、入院中の佐野はこんなことを口にした。

「野球ってね、楽しいものなんですよ……」

続く言葉を待った。

「……ファンの人からすれば、見ていて腹が立つこともたくさんあると思うんです。そのときに、一喜一憂するのは当然のことだと思うんですけど、でも最後には〝今日も野球って面白かったな〟って思ってほしい。そう思ってもらえることで、たとえその日失敗した選手でも、明日からまた頑張れるんです。それだけは改めて伝えたいです」

それは、自らを「野球人」と語る男の心からの思いだった。この思いがある限り、彼は決してファイティングポーズを取ることをやめない。

「野球ってね、楽しいものなんですよ……」

不屈の野球人――佐野慈紀の、野球に対する熱い思いはさらに燃え盛っている。

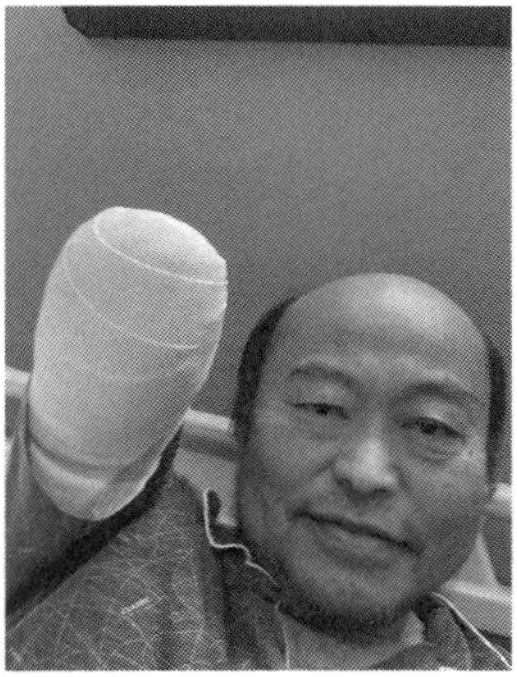

さの・しげき
1968年4月30日生まれ、愛媛県松山市出身。本名・旧登録名は佐野重樹。松山商業高校では3年次に夏の甲子園準優勝、近畿大学工学部ではエースとして広島六大学リーグ10連覇に貢献。90年ドラフト3位で近鉄入団し、初年度から一軍の中継ぎ投手として活躍した。中日、オリックスを経て03年限りで現役引退。右投右打、身長175㎝・体重87kg。

【投手成績】

年度	所属	登板	勝利	敗北	セーブ	投球回	防御率
1991	近　鉄	38	6	2	2	73	3.82
1992	近　鉄	31	4	2	1	62.1	4.19
1993	近　鉄	43	2	3	3	76.2	2.00
1994	近　鉄	47	8	4	2	93.1	3.47
1995	近　鉄	44	10	4	6	79.2	3.50
1996	近　鉄	57	5	3	7	97.2	2.95
1997	近　鉄	52	2	5	5	73.2	3.91
1999	大阪近鉄	28	3	8	1	72.1	5.47
2000	中　日	11	1	0	0	16.2	8.10
2003	オリックス	2	0	0	0	3	21.00
通　算		353	41	31	27	648.1	3.80

おわりに

旅はまだ終わらない

本書には23人の男たちの言葉が並んでいるが、実は発売直前までは22名の予定だった。校了間際に23人となったのは急遽、佐野慈紀を収載することを決めたからだ。『実話ナックルズ』連載時には、すでに彼に話を聞いていた。当然、本書でも彼の言葉を掲載するつもりだったが、なかなか本人に連絡を取ることができず、書籍化の許諾を得ることができなかったのだ。

しかし、2024(令和6)年5月、彼が「右腕切断を決意した」というショッキングなニュースが飛び込んできたことで、事態は一変する。大手術後で肉体的にはもちろん、精神的にも大きなショックを受けていることは、容易に想像できた。それでも、いや、それだからこそ、彼の野球への思いについて、改めて話を聞きたいと思い、同時に本書にも登場していただきたいと心から思った。「一ライター」の単なるエゴイズムであることは承知しつつも、SNSを通じて再度コンタクトを取ってみたところ、すぐに本人からの快諾を得ることとなった。

受話器の向こうの佐野の声には力がなかった。それでも、「右腕を失った今、改めて野球に救われ、その魅力を実感している」という内容のコメントは聞く者の胸を打った。彼は言った。

「野球ってね、楽しいものなんですよ……」

そこから始まる言葉は、ファンに向けての心からのメッセージであり、同時に現役選手たちへの心からのエールでもあった。改めて、本書411ページの佐野の言葉を読んでほしい。この言葉を聞いたときには胸が詰まり、しばらくの間、言葉が出てこなかった。

始まりは「会いたい人に会いに行きたい」という思いだった。連載が終了し、一冊の本になることで、本企画は一応の決着を見ることとなった。しかし、まだまだお会いしたい方はたくさんいる。これからも「異端の男たち」に話を伺う機会もあることだろう。旅はまだ終わらない。

本書に登場していただいた23名の野球人は本当にカッコよかった。貴重な時間を割いて、拙いインタビューに真摯に対応してくれたことに本当に感謝したい。連載から書籍化まで伴走を続けてくれた大洋図書・早川和樹氏、すてきな写真を撮影してくれたカメラマン・池田宏氏、酒航太氏にも感謝。そして、本書を手に取ってくれた読者のみなさんに、心から感謝したい。

野球ってね、楽しいものなんですよ――。

2024年5月　長谷川晶一

長谷川晶一（はせがわ・しょういち）
1970年5月13日生まれ。早稲田大学商学部卒業。出版社勤務を経て、2003年にノンフィクションライターに。『詰むや、詰まざるや　森・西武 vs 野村・ヤクルトの2年間　完全版』（双葉文庫）、『名将前夜　生涯一監督・野村克也の原点』、『大阪偕星学園キムチ部　素人高校生が漬物で全国制覇した成長の記録』（ともにKADOKAWA）ほか著書多数。

プロ野球アウトロー列伝
異端の男たち

発行日　　2024年6月28日　初版第1刷発行

著　　者　長谷川晶一
編集発行人　早川和樹
装　　丁　小屋公之
撮　　影　池田宏
　　　　　酒航太（角盈男、大野雄次）
写真提供　産経新聞社、共同通信社（G.G.佐藤）
発行・発売　株式会社大洋図書
　　　　　〒101-0065
　　　　　東京都千代田区西神田3-3-9 大洋ビル
　　　　　電話:03-3263-2424（代表）
印刷・製本所　中央精版印刷株式会社

ISBN 978-4-8130-7625-4 C0095

本書は、「実話ナックルズ」2020年10月号より2023年10月号まで連載された
「アウト・ロー野球狂列伝」に加筆修正し再構成したものです。
各選手の成績は一般社団法人日本野球機構のウェブサイト（https://npb.jp）を参照しています。